学习心理研究

XUEXI XINLI YANJIU

桑青松 著

安徽人民出版社

图书在版编目(CIP)数据

学习心理研究 / 桑青松著 . — 合肥：安徽人民出版社，2010. 2
ISBN 978-7-212-03747-5

Ⅰ.学…　Ⅱ.桑…　Ⅲ.学习心理学—研究　Ⅳ.G442

中国版本图书馆 CIP 数据核字（2010）第 028455 号

学习心理研究

桑青松　著

出版发行：安徽人民出版社
地　　址：合肥市政务文化新区圣泉路 1118 号出版传媒大厦 8 楼
发 行 部：0551—3533258　3533292（传真）　邮编：230071
组　　编：安徽师范大学编辑部　电话：0553-3937079　3883579
经　　销：新华书店
印　　制：芜湖新欣传媒有限公司
开　　本：787 × 960　1/16　印张：21.5　字数：341 千
版　　次：2010 年 2 月第 1 版　2010 年 2 月第 1 次印刷
标准书号：ISBN 978-7-212-03747-5
定　　价：36.00 元

前 言

教育过程是“创造”人的过程，也是人的价值的积淀过程。教育过程的实现必须以尊重人的本质，遵循人的身心发展特点和规律为前提。依据学生的身心发展规律，让学生愉快学习，主动探求，满足求知欲望，激发进一步学习的兴趣，是当今教育心理学研究的重要课题。不断深化学习心理问题的研究和探索，建立一门学习科学，关系到人才成长、科技进步和社会发展等重大问题。学习心理研究成果必将对提升学习质量，深化教育教学改革，推进教育事业发展，促进社会和谐进步都具有重要意义。

学习心理是教育心理学的重要组成部分之一。古今中外，不少思想家、教育家也特别重视对学习心理问题的研究。从孔子开始，历代有不少思想家、教育家都发表过许多颇有价值的见解，其内容所涉及的学习领域和范围是比较广泛的。心理学家对学习基本规律及个体行为特征的研究，形成了较为丰富且具影响的学习理论派别，其贡献巨大。具体表征在：学习理论有助于人们更为准确地理解人类外在行为的形成改变和内在心理机制的相互作用与影响，有助于人们真实把握个体的认知结构及其发展特征，有助于人们更加科学地利用学习规律来不断完善认知结构、改变或矫正不良行为以及自觉地提高个体适应能力。特别是近年来，心理科学的迅猛发展，东西方学习理论研究的不断深入，学习心理研究的新成果不断呈现，为广大教育理论与实践工作者提供了诸多的借鉴。《学习心理研究》一书试图从多维视角拓展学习心理研究相关问题，旨在帮助人们树立科学的学习理念，有效地认识理解和掌握学习心理研究相关的基本知识、基本技能，增强人们在学习过程中的创新精神和实践能力。

《学习心理研究》一书基于百余年来科学心理学的学习理论研究成果，结合社会转型文化多元等社会背景，以个体发展的认知因素和非认知因素两条主线，将理论研究与实践研究相结合。研究过程中，对学习心理相关问题进行了系统的描述和详尽的分析。主要内容包括：第一章，绪论，包括学习心理学研究对象、学习心理学研究的特点与任务、学习心理学研究的方法；第二章，学习的过程理论，包括从心理过程角度看待学习心理的经典理论学说；第三章，学习的认知发展，包括从认知角度看待学习心理的经典理论；第四章，学习的社会背景理论，包括从社会角度看待学习心理的经典理论；第五章，脑的研究与学习，包括一些脑科学和与学习有关的脑机制；第六章，学习心理的认知因素，包括认知的发展与学习、问题解决与创造力培养以及学习的迁移；第七章，学习心理的非认知因素，包括学习动机的激发与培养、学习的归因与效能、学习品质的发展与优化；第八章，学习策略及其教学，包括学习策略教学的原则、学习策略教学的条件、学习策略教学的技术；第九章，学习适应性及其教育干预，包括学习适应性概述、学习适应性的分类与特征、学习适应性的教育与干预；第十章，考试焦虑及其调适，包括对考试焦虑的界定、对考试焦虑的调控方法；第十一章，自主学习及其成就目标定向，包括自主学习目标定向、自主学习的特点分析；第十二章，学习心理健康及其维护，包括学习心理健康的概述、学习心理健康的实践研究。我们认为，加强学习心理研究有助于学习者准确把握学习心理机制，有效指导自身学习实践，对提高教育者的专业素质，完善知识结构具有重要的作用，同时，也有助于人们掌握现代学习理论与学习心理规律。

本书的出版得到了安徽省质量工程建设项目“心理学教学团队”研究项目的资助，同时本书也是安徽省高校中青年学科带头人、安徽省学术与技术带头人后备人选资助研究项目的主要成果。在此，对给予大力支持和帮助的领导和专家表示衷心的感谢！我的已经毕业的研究生周炎根、潘有文、王艳萍、黄卫明、张涛、吴梅等同学为我撰写本书提供了必要的素材。安徽人民出版社的领导和责任编辑付出了大量的心血，在此一并表示感谢！

在本书的撰写过程中，借鉴、参考和引用了国内外大量研究成果，在此对这些成果的著作权人和作者表示真挚的感谢和敬意。由于学识有限，书中疏漏之处在所难免，敬请专家和广大读者批评、指正。

作　者
2009 年夏

目录

前　言 ………………………………………………………………………… 1

第一章　绪　论 ……………………………………………………………… 1

第一节　学习心理研究的对象 ……………………………………………… 1

一、学习心理研究的概念 ……………………………………………… 1

二、学习心理研究的特点 ……………………………………………… 4

三、学习心理研究的理论基础 ………………………………………… 6

第二节　学习心理研究的范式 ……………………………………………… 7

一、科学研究的范式 …………………………………………………… 7

二、学习心理研究的范式 ……………………………………………… 8

三、学习心理研究范式的类型与特征 ………………………………… 9

四、学习心理研究范式发展与变革 …………………………………… 11

第三节　学习心理研究的价值 ……………………………………………… 13

一、学习心理研究在心理学科发展中的地位 ………………………… 13

二、学习理论是教育科学中诸多分支学科的理论基础 ……………… 14

第四节　学习心理思想的演变 ……………………………………………… 15

一、中国古代学习心理思想 …………………………………………… 15

二、西方学习心理学思想的萌芽 ……………………………………… 21

第二章　学习的过程理论 …………………………………………………… 28

第一节　斯金纳操作条件反射学说 ………………………………………… 28

一、斯金纳的学习实验 ………………………………………………… 28

二、斯金纳的辨别学习和反应分化学习理论 ………………………… 30

三、斯金纳的强化原理 ………………………………………………… 31

四、斯金纳的程序教学 ………………………………………………… 34

五、对斯金纳学习理论的评价 …… 35
第二节 加涅信息加工学习理论 …… 36
一、学习的概述 …… 36
二、学习过程 …… 38
第三节 奥苏贝尔意义学习理论 …… 42
一、认知结构同化论 …… 43
二、意义学习理论的涵义 …… 44
三、意义学习的类型 …… 46
四、教学原则 …… 48
第三章 学习的认知发展理论 …… 50
第一节 布鲁纳的认知发现理论 …… 50
一、认知表征的涵义 …… 50
二、发现学习的涵义 …… 52
三、布鲁纳的教学论思想 …… 53
第二节 皮亚杰的认知发展理论 …… 55
一、皮亚杰认知发展理论中的基本假设 …… 55
二、认知发展的机制 …… 57
三、认知发展的阶段理论 …… 59
第三节 维果茨基文化历史理论 …… 66
一、高级心理机能的社会起源 …… 66
二、活动与内化 …… 67
三、维果茨基的工具理论 …… 68
四、最近发展区 …… 69
第四章 学习的社会背景理论 …… 70
第一节 社会学习理论 …… 70
一、班杜拉的社会认知论 …… 70
二、交互决定观 …… 71
三、观察学习的四个阶段 …… 72
第二节 情境学习理论 …… 74
一、情境学习的内涵 …… 75
二、情境学习的应用 …… 78

第三节　生态学习理论 …… 80
一、生态心理学 …… 81
二、生态学习观的内涵 …… 83
三、生态学习观的主要原则 …… 83
四、生态学习观的启示 …… 85
第五章　脑的研究与学习 …… 88
第一节　脑的结构、功能与发展 …… 88
一、脑的结构与功能 …… 88
二、脑的发展 …… 90
三、脑功能的差异 …… 91
四、大脑潜能与智力的开发 …… 94
第二节　脑的信息加工模式与学习 …… 95
一、信息加工在大脑中的生理表现 …… 95
二、信息加工模型与学习 …… 97
第二节　基于脑的学习 …… 101
一、基于脑的学习原则 …… 101
二、人类十一大智力中心与脑 …… 105
三、与学习有关的相关脑区 …… 109
四、脑电波与最佳学习状态 …… 111
五、如何科学用脑 …… 112
第六章　学习心理的认知因素 …… 113
第一节　认知发展与学习 …… 113
一、认知发展概述 …… 113
二、记忆力与学习 …… 115
三、想象力与学习 …… 118
四、思维与学习 …… 120
第二节　问题解决与创造力培养 …… 122
一、问题解决概述 …… 122
二、问题解决的影响因素 …… 125
三、创造能力的培养 …… 128
第三节　学习的迁移与教学 …… 130

一、学习迁移概述 …… 130
二、学习迁移的理论 …… 133
三、促进学习迁移的教学策略 …… 140
第七章 学习心理的非认知因素 …… 143
第一节 学习动机 …… 143
一、学习动机的概述 …… 143
二、学习动机的理论 …… 144
三、学习动机的激发与培养 …… 149
第二节 学习成功感 …… 154
一、学习成功感的内涵 …… 154
二、学习成功感的研究进展 …… 155
三、学习成功感的调查研究 …… 159
第三节 学习品质 …… 163
一、学习兴趣 …… 164
二、学习性格 …… 169
三、学业情绪 …… 174
四、学习意志 …… 177
第八章 学习策略及其教学 …… 181
第一节 学习策略概述 …… 181
一、学习策略的概念 …… 181
二、学习策略的分类及常用学习策略 …… 184
三、学习策略的获得与发展 …… 188
第二节 学习策略教学 …… 194
一、关于学习策略教学的争议 …… 194
二、学习策略的教学模式及技术 …… 196
三、学习策略的教学原则及条件 …… 199
四、学习策略的创新与培养 …… 203
第三节 学科学习策略 …… 208
一、中学语文学习的策略 …… 209
二、中学英语学习的策略 …… 211
三、中学数学学习的策略 …… 215

第九章 学习适应性及其教育干预 ………… 219
第一节 学习适应性概述 ………… 219
一、学习适应性的定义 ………… 219
二、影响学习适应性的因素 ………… 222
三、学习适应性的现状及其意义 ………… 226
第二节 学习适应的诊断与表现 ………… 231
一、学习适应的诊断 ………… 231
二、学习适应的表现 ………… 232
第三节 学习适应性的教育干预 ………… 238
一、小学生学习适应性教育干预 ………… 238
二、中学生学习适应性的教育干预 ………… 241
三、大学生学习适应性教育干预 ………… 244
第十章 考试焦虑及其调适 ………… 247
第一节 考试焦虑概述 ………… 247
一、考试焦虑 ………… 247
二、考试焦虑的形成过程 ………… 248
三、考试焦虑的影响因素 ………… 250
四、考试焦虑的评定工具 ………… 253
第二节 考试焦虑与自我概念 ………… 254
一、自我概念的研究 ………… 254
二、自我概念与考试焦虑的关系 ………… 256
三、初中生考试焦虑与自我概念的关系 ………… 257
第三节 学生考试焦虑的调控 ………… 262
一、调整自我认知 ………… 262
二、培养良好的人格,提高心理素质 ………… 263
三、加强自我暗示,增强自信心 ………… 264
四、调整考试动机,形成良好的考试状态 ………… 265
五、调整期待水平,减轻心理负担 ………… 266
六、指导学生掌握一些具体的心理调节方法 ………… 267
七、对学生进行必要的应试技能、技巧辅导 ………… 268
第十一章 自主学习及其成就目标定向 ………… 270

第一节 自主学习概述 …… 270
一、自主学习的现状 …… 270
二、成就目标定向研究的现状 …… 272
三、自主学习、成就目标定向与学习成绩的关系 …… 275
第二节 大学生自主学习、成就目标定向与学业成就 …… 278
一、大学生自主学习的特点 …… 278
二、大学生成就目标定向的特点 …… 280
三、大学生自主学习、成就目标定向与学业成就的关系 …… 281
第三节 大学生自主学习的特点分析 …… 285
一、大学生自主学习的特点 …… 285
二、大学生成就目标定向的特点 …… 286
三、大学生自主学习、成就目标定向与学业成就关系的分析 … 288
第十二章 学习心理健康及其维护 …… 296
第一节 学习心理健康概述 …… 296
一、学习心理健康问题的理论研究 …… 296
二、学习心理健康研究的价值取向 …… 304
三、学习心理健康的标准与实现 …… 306
第二节 学习心理健康问题的实证研究 …… 311
一、小学生心理健康研究结果与分析 …… 312
二、研究结论 …… 318
三、学生学习心理健康教育途径与方法 …… 318
参考文献 …… 323

第一章 绪 论

学习理论的研究是20世纪心理学界研究的重点领域之一。学习理论的问世导致了教育心理学的诞生，并一直成为教育心理学的理论基础和核心内容。在一个世纪的时间里，心理学家们对学习过程做了大量的实验研究和理论探讨，创造了许多不同观点的学习理论或学说。这些理论或学说从不同的角度、层次和侧面揭示了学习过程的一些本质特征和基本规律，提出了一些有应用价值的学习方法和教学方法。这些理论和方法被广泛地应用到教学实践领域，推动了教学改革和教学水平的提高，成为教育科学中各个学科研究领域的理论基础。

第一节 学习心理研究的对象

一、学习心理研究的概念

(一)学习的内涵

学习是动物和人所共有的心理现象。人和动物的行为有两类：一类是本能行为，是通过遗传而获得的种族经验，是生来就有的；一类是习得行为，是在后天环境中通过学习而获得的个体经验。人的语言的习得，知识技能的掌握，生活习惯的养成，宗教信仰、价值观念的获得，甚至人的情感、态度和个性，无一不是后天学习的结果。达尔文早在1873年《人与动物的表情》一书中，就提出心理进化说，即人种由物种演化而成，人类智慧源于动物智慧，动物和人在心理上有其连续性。动物心理学就是研究这种联系，也叫比较心理学或演化心理学。学习心理学家为了研究人类学习，首先进行动物学习的实验研究。“人类源于动物界这一事实决定人永远不能摆脱兽性，所以问题永远只能在于摆脱得多些或少一些，在于兽性或人性程度上的差异。”[①]与动物学习相比，人类的学习不仅在量上与其有巨大的差别，在质上的差别尤其显著。因为人类的学习是在生活实践中，在与其他人的交往中，通过语言的中介作用进行的。并且，人类的学习又是有目的的、自觉的、积极主动的过程。

首先，人类的学习是在社会生活实践中通过思维活动产生和实现。人一出生，就生活在一个特定社会中，并逐渐从一个自然人转变成一个社会人，即个体社会化。在这个过程中，人逐步掌握和运用语言进行思维，从而认识自然界和社会现象及其规律，并根据这些规律对自然和社会进行改造。个体社会化，既是人的社会实践活动过程，也是人类的学习过程。

其次，人类的学习是掌握社会历史经验和个体经验的过程。人在社会化过程中，一方面要学习人类几千年所积累的社会历史经验，同时也在自身实践中积累个体的经验。其中，对社会历史经验的学习，在人类的学习中占据着重要地位，个体的知识经验与社会经验相比，只占很小一部分。

再次，人类的学习是以语言为中介。人对语言的掌握，增加了个体学习和掌握社会历史经验的可能性。借助语言这一工具，能使人通过学习把别人的经验转化为自己的经验，把人类的社会历史经验转化为个体的精神财富。

最后，人类的学习是自觉的、有目的、有计划的。人的意识在人类学习中起着支配和调节作用。能动性是意识的基本特征，表现在人类的学习活动中就是自觉地、有目的地、有计划地去学习各种知识经验，并使之成为认识世界和改造世界的一种内在力量。

总之，人类的学习是人在社会实践活动中，以语言为中介，通过思维自觉地、有目的地、有计划地掌握社会历史经验和个体经验的过程。我国著名心理学家潘菽对人类的学习下了这样的定义：“人类的学习是在社会生活实践中，以语言为中介，自觉地、积极主动地掌握社会的和个体的经验的过程。”[②]

（二）学习心理研究的对象

学习心理研究是心理学的一门分支学科，是对学习规律和学习条件的系统阐述，它主要研究人类与动物的行为特征和认知心理过程。鉴于学习心理研究注重把心理学的一般原理应用于学习领域，从这个角度来讲，它

① 马克思恩格斯全集[M].第20卷.北京：人民出版社，1971：110.

② 姚梅林.学习心理学[M].北京：北京师范大学出版社，2006：5.

是一门应用性学科；鉴于学习心理研究主要探讨行为是如何变化的，并试图解释和预测行为的变化，从而为课程与教学理论奠定基础，从这个角度来看，它又是一种基础理论。学习理论揭示人类学习活动的本质和规律，解释和说明学习过程的心理机制，指导人类学习，特别是指导学生的学习和教师的课堂教学的心理学原理或学说。系统地了解掌握这些学习理论和准确地运用这些理论，对我们全面地认识学习过程的本质和规律，指导学生的学习和教师的教学，乃至对学习理论深入研究都有十分重要的参考价值和指导意义。

学习，这一人类重要而又普遍的活动，不是单层平面结构，而是多方面多层次的立体结构。横的方面包括德、智、体等；纵的方面又是分为多层次的。人类学习从广义的学习到狭义的学习大体上可分为三等级。

第一个等级的学习指人在本质上有别于动物的学习。学习是生命体普遍存在的现象，人类的学习和动物的学习有其连续性和相似性。这种学习是动物和人类生活中的普遍现象，诸如饥餐渴饮、新陈代谢等等。但人类学习和动物学习的本质区别是主要的，区别主要表现在三个方面。第一，由于人的"本质并不是单个人所固有的抽象物，在其现实性上，它是一切社会关系的总和。"[①]第二，由于人类能够创造和使用生产工具进行劳动，加之语言的产生，促使人脑的发展，使人有了愈来愈清楚的意识和抽象思维能力，使人类学习具有能动性，并且主动地去认识世界和改造世界。人类具有的主观能动性，必然在学习的过程中表现出来，诸如自觉性、顽强性、自制性等。动物的生活方式则消极适应自然界为基本特征。第三，人类的学习还有继承性。动物的学习是以个体适应的方式进行，与人类获得直接经验表面上略有相似之处。然而人的学习决不仅限于取得直接经验，还要继承前人间接经验。间接经验的获取，必须以社会传递为前提，以语言文字为工具，这是动物根本做不到的。所以，人类的学习是在社会中进行的，离开了社会也就无所谓人类的学习。人类学习的社会性首先体现在学习的动机上。人类社会生活的丰富性，决定着人类学习动机的多样性，有物质的、精神的、群体的、个体的等等。其次，体现在学习对象上，人需要学什么，从人类劳动产生以来就具有它的社会意义。人类学习活动的规律正如社会发展的规律一样，是任何力量

① 马克思恩格斯全集[M].第1卷.北京：人民出版社，1972：18.

都阻挡不住的。再次,体现在学习方式的通用性上,人类学习活动由原始社会中自然的、分散的学习方式到学校的兴起,这是人类学习史上的重要革命。当今,伴随人类知识、信息载体的发展和推广以及人类活动方式的多样化,学习更显示出其广泛的社会意义。

第二个等级的学习是指学生的学习。它是一种在教师指导下,有计划、有目的、有组织、有系统进行的,是以掌握间接经验为主的学习。学生的学习过程,所走的是人类认识活动最经济、最简捷的道路。正因如此,在几千年文明历史中所积累的最基本知识,才能从小学到大学的十几年时间里被接受下来。其内容主要有:思想品德和行为习惯的养成;知识和技能的获得;智力和能力的提高。

第三个等级的学习专指学生获得知识和技能以及提高智力和能力的过程,即所谓智育。学生在学习过程中,通过一定形式和一定时间的学习活动,把人类千百年来积累的最基本、最主要的知识学到手,把前人积累的经验逐步转化为自己的经验,在获取知识的同时,也发展了人的智力和能力。在学习活动中,各种智力因素都渗透其中,尤其是智力的核心要素——思维能力更为明显。

二、学习心理研究的特点

(一)广泛性

从学习心理研究的范围来看,既要研究青少年时期人们的学习问题,又要研究中老年时期人们的学习问题,既要研究人们未成熟时期的学习问题,又要研究人们成熟时期的学习问题。事实告诉我们,一个人从出生那天起,就开始接受教育和向各方面学习的过程。为了使人们一生各个发展阶段都受到教育和学习,党和国家实施了学龄前教育、学校教育和成人教育,提高整个中华民族的思想道德素质和科学文化素质。

从与其他学科的关系来看,学习心理学贯穿一切科学知识领域,无论是自然科学还是社会科学的学习,都有一个怎样学习的问题。当然,学习心理学的构建和发展也离不开其他科学的发展,尤其是心理学、教育学、思维科学、信息科学、人才学、脑生理科学等科学的理论,既是构建这门学科的不可缺少的材料,它们新的科研成果又是这门学科发展的必要条件。

(二)综合性

学习心理学作为相对独立的一门学科,有机地综合了许多学科的内容。换句话说,要真正掌握这一门科学,不仅要懂得马克思主义哲学、心理学、教育学、人才学、社会学、逻辑学、历史学和伦理学的一些东西,还要掌握信息论、控制论、系统论和教育的方法。总之,它是一门以教育科学发展观为指导并与心理学、教育学、思维科学、信息科学、人才学、认知神经科学、逻辑学、道德学等融为一体的综合性学科。

(三)应用性

怎样学习的问题离不开学习的过程,只有在学习过程中才有怎样学习的问题,离开了学习过程,也就无所谓怎样学习的问题。同样,学习的过程和怎样学习的问题也是紧密相连的,只要进行学习,就有怎样学习的问题,离开了怎样学习的问题来谈学习的过程,就无法说清楚。所以,学习心理研究是一门应用性学科,对学习效果有直接作用。学习坚毅而得法者,就能更多更快更好地掌握知识,就能使构建的知识结构和智能结构更加合理、适用,就能捷足先登科学高峰。治学不得法者,就会事倍功半,举轻若重,知识学得死,缺乏创造性,甚至可能变成"书橱",不能解决任何实际问题。唐代著名诗人李白曾写了一首《嘲鲁儒》的诗:"鲁叟谈五经,白发死章句。问以经济策,茫若坠烟雾"。这首诗把那些治学不得法,知识学得死,不能解决任何实际问题的书呆子刻画得惟妙惟肖。

(四)艺术性

学习过程是一种从无知到有知,从知之不多到知之甚多,由不甚理解到融会贯通,由迷惑、探索到胜利、成功的过程。这种过程,不同于简单的机械运动过程,而是揉进了人的意志、情感、兴趣、知识、智慧、才能以及人和社会等方方面面的复杂、微妙的关系和相互作用的过程。这使得学习这种复杂的人类活动,大大超出了"科学"的范畴,而带上了艺术的色彩,是科学和艺术的结合。一个人要想学有所成,思有所得,就必须学会用艺术的眼光去对待学习,讲求学习的艺术。我国近代著名学者王国维在《人间词话》中,曾经用古词名句形象生动地描述过学习活动的艺术特点。他说古今之大学问者,在学习过程中必须经历三种境界：即“昨夜西风凋碧树，独上高楼，望尽天涯路”是第一境界，是学习的开始阶段；面对巍巍书山，上下求索；“衣带渐宽终不悔，为伊消得人憔悴”是第二境界，表明学习已进入到艰苦的阶段，勤奋探索阶段；“众里寻她千百度，蓦然回首，那人却在灯火阑珊处”是第三境界，表明经过一番刻苦钻研之后，取得一定成效，心中茅塞顿开，眼前豁然开朗，惊喜之余，悟出其中的奥妙。所以，自古以来，大凡学有所成的人，都是一些掌握了一定的学习艺术的人。我国清初的学者顾炎武把书“越读越厚”，科学家爱因斯坦把书“越读越薄”等等，都是学习艺术成功的典范。学习艺术的运用是以知识、经验、气质、才能为前提和基础的，学习艺术的发挥，只有在掌握知识、运用知识的过程中才能逐步显现出来。人们常说的“炉火纯青”、“天衣无缝”，则是对学习艺术境界的最高要求。

三、学习心理研究的理论基础

众所周知，心理学最初是从哲学领域中分离出来的。在哲学史上，一些哲学大师对人的认识过程作了各种各样的描述。从亚里士多德到后来的经验论和联想论，从柏拉图到后来的先天论和整体论，对认识的解释基本上形成两大流派。这种哲学认识论上的分歧对后来学习理论流派的分野有着相当大的影响。马克思主义经典作家则从人的社会性、人的历史发展的角度，对人的认识作了科学的说明。

国内外的一些学习理论家们将20世纪的学习理论概括为两种学习观，即认知主义的学习观和行为主义的学习观。认知主义的学习观在哲学思想上以理性主义哲学为思想基础。“理性主义的一般哲学论点是，理性是知识的最初来源；知识、信仰和行动的唯一可靠的基础乃是理性材料，而不是感觉资料、典籍、神灵的启示或直觉。”体现理性主义哲学思想的认知主义的学习在知识的获得上强调心理组织功能的作用。它们把知觉看成是主体对客观现象的主观选择和组织的结果，知觉的内容是具有不可分割的整体属性的一个整体。知识的获得以主体已有的认知结构或知识结构为基础，是新知识、新信息与已有的认知结构相互作用的结果。只有当主体的认知结构同化有关的新知识时，新知识才具有心理意义。主体头脑中的知识不是杂乱无章的，而是有着严密的组织形式。这种严密的组织形式常常用“图式”、“认知结构”、“编码系统”等术语来加以描述或代表。这种图式、认知结构或编码系统在学习过程中是不断发展变化的。这种发展和变化代表着学习给主体带来的增益,表现为知识的丰富和认知能力的提高。总之,在理性主义的思想下,认知主义的学习观强调主体的认知功能和已有知识经验或心理模式在学习过程中的主观能动作用。

行为主义的学习观则继承了经验主义的哲学传统。经验主义的观点强调经验乃知识的唯一源泉。经验主义虽然不否认有些知识可从各种经验之间关系的理性思考中推衍出来,但特别重视感觉经验。我们的观念来自感觉印象,或是感觉印象的直接复制(所谓简单观念),或是若干简单观念或若干复杂观念的组合。经验主义的特征是:①感觉主义,假设一切知识来源于感觉经验;②还原主义,主张基本的、简单的观念材料组成一切复杂的观念,而复杂的观念转过来还原为这些简单的观念;③联想主义,认为观念等心理要素是通过时间上紧靠在一起(接近)出现的经验的联合活动而形成联结的;④机械主义,相信心像一架机器,由简单的元件组成,无任何神秘部分。体现经验主义哲学思想的行为主义的学习观把学习看成是刺激和反应形成联结的过程。影响这种联结的不是学习者内部的心理因素,而是"接近"、"频率"、"练习"和"强化"等外部条件。两种学习观反映出两种哲学思想对学习理论研究的深刻影响。

第二节 学习心理研究的范式

一、科学研究的范式

"范式"(paradigm)这一概念出自库恩的《科学革命的结构》一书,它是指一个共同体成员所共享的信仰、价值、技术等的集合。[①]它支配着看待问题的视角、研究的行为以及解释资料的方法,对其共同体的成员有一定的规范与约束的作用。从一般意义上讲,库恩"范式"的含义是指某一科学共同体围绕某一学科或专业所具有的理论上或方法上的共同信念。这种共同信念规定了科学共同体所拥有的共同的基本理论、基本观点、基本方法,为他们提供了共同的理论模型和解决问题的框架,或者说是理论体系、研究规则和方法

① 叶浩生,王继瑛. 质化研究:心理学研究方法的范式革命[J]. 心理科学,2008,31(4):794—799.

的“结构模式”。库恩认为,哥白尼、牛顿、达尔文、庞加莱、爱因斯坦等所进行的研究,都因改变了当时的研究范式才引发了科学史上的革命。库恩所说的范式不是指客观世界的知识,而仅仅是不同科学家在不同心理条件下产生的不同信念,范式本身没有真、假之分或真理可言。赫曼斯指出,范式为科学研究制定了指导原则,是“研究特定问题的手段”和“解决问题的方法”。[①]因此,范式实际上包括了科学共同体所共有的理论假设、研究模式、研究方法、价值标准和形而上学的原则。范式不仅是科学研究的必要条件,而且是学科成熟的标志。也就是说,只有当一门学科的研究者形成了共同的范式,该学科才从前科学时期进入科学时期。

科学之所以成为科学,或之所以区别于宗教或伪科学,就在于认知的权威,即科学客观地描述实在;而认知的权威又在于用以发现和描述规律的理性准则——科学方法的权威。古典科学强调观察、归纳、预测和重演。波普尔(Karl Popper)强调可证伪性(Falsifiability),即科学的理论必须是可证伪的;传统理论正是在不断被证伪的过程中逐渐被新兴理论所代替。库恩(Thomas Kuhn)强调研究范式(Paradigm)的演进和变迁。他指出,“科学不是事实、理论和方法的简单堆砌,科学的发展也不是知识的简单积累,而是通过范式的不断转换所进行的不断革命的进程”。[②]他据此来确定科学,主要是指自然科学发展中所经历的阶段,即前范式阶段、范式阶段、危机阶段、革命阶段和新范式阶段。

二、学习心理研究的范式

“心理学在不同的历史时期使用不同的概念框架及其相关的研究模式,因而产生了不同的心理学范式,例如构造主义不同于行为主义,精神分析不同于格式塔心理学,认知心理学不同于人本主义”。[③]我们认为,只要满足了范式内涵的基本要求,即科学共同体所拥有的共同的信念,遵循着一套共同的理论模型和解决问题的框架,那么研究范式就是存在的。学习心理研究上升成为科学体系,要正确描述和解释学习活动,必须依靠科学的认识论和方

① Hermans, Theo. Translation in Systems: Descriptive and Systemic Approach Explained . St. Jerome, 1999: 9-10.

② 库恩. 科学革命的结构[M]. 上海:上海科学技术出版社,1980:16—19.

③ 霍涌泉, 刘华. 心理学理论研究的范式转换及其意义 [J]. 陕西师范大学学报,2007,36(4):111—112.

法论。在学习心理学形成和发展过程中，学习心理学家拥有某种共同的信念，并且形成了共同的研究方法，共同的解决问题的框架，这样，学习心理研究是可以引入范式概念的，学习心理研究范式是存在的。学习心理研究范式的确立必须具备以下基本条件：第一，遵守它的研究者及研究者所共有的研究信念或基本假设；第二，有一套研究规则典范或方法论；第三，取得了历史性成就。具备这三个条件，一个研究范式就可以确定下来。心理学的主流是从心理主义、行为主义到认知主义，既是心理学发展中形成的三种理论观点，又是科学心理学发展的三个阶段，其中的每一个阶段都有自己的自然科学背景，其形成与发展都受到当时自然科学发展成果的深刻影响。进入20世纪五六十年代以后，学习心理研究改变了行为主义的研究范式，把学习问题研究引入了全新的领域——认知心理学的学习理论。虽然三者对于人的心理现象的认识迥异，但却有着一脉相承的内在联系。以库恩的“范式论”看来，它们应同属一个研究范式，最大特点就是对人的物化研究。

三、学习心理研究范式的类型与特征

学习心理研究一直受两种极为不同的研究范式的影响，它们指引着学习心理研究的探讨方法，且各有其拥护者。一种是科学主义研究范式，在我国主要包括观察、调查、测量、实验等方法，在国外主要指“过程－结果”研究，也叫教学效能研究；一种是人文主义研究范式，在我国主要指历史文献研究、个案研究、课堂跟踪研究、心理哲学研究等方法，在国外主要指人类学研究、诠释学研究、民族志研究等方法。两种研究范式各具特点。

科学主义研究范式是以如下的方法论原则为基本信念的：①决定论：认为任何事物都有其发生的原因，教育研究就是要发现和揭示教育现象的因果关系，为预测和控制提供稳定的基础。②经验论：认为可靠知识只能来源于经验，理论和假设的可靠性取决于是否有经验证据的证实。③还原论：主张将复杂的因素通过分离、简化，还原为直接的经验内容，通过对简化了的对象的可控性研究，达到对复杂现象的认识。④价值无涉论：认为科学只涉及事实，与价值问题无关，价值判断必须从研究中摒除或还原为事实问题，研究应持客观中立立场。

科学主义范式应用于学习心理研究的特点：①客观性：学习心理作为一种客观存在，有一定的客观制约性和规律性，所以可以用统计与测量的方法，

把握学习事实的内在规律性。②普遍性:认为通过实验验证、运用统计分析,在一定的样本范围内可概括归纳出类似的特征,强调研究结果的普遍适用性。这种研究范式主要受17世纪自然科学研究方法的影响。自然科学研究以观察和实验为主,通过观察、实验归纳为经验定律,用数学演绎的方法把经验定律提高到一定的理论高度,然后提出假设,用实验、观察去验证假设。自然科学的发展对心理研究方法论的影响从某种角度看是以思维方式的变革为中介的,它所引起的思维方式的变革,使人们从以上帝为中心转向了以感觉经验为中心。由此,培根提出了感觉经验论;夸美纽斯提出了自然法则论;洛克既重视感觉经验,又不忘理性的作用,并以此构成了他的心理研究方法论基础。

人文主义研究范式对科学主义研究范式的教育研究进行了批评，提出了自己的方法论原则：①人本主义：科学主义研究范式的心理研究以固有的、先验的观念去检验所谓的经验材料,是无法揭示其真谛的。因为人的现象与物的现象之间存在着本质的差异，人的行为并非全然不证自明、可量化、能被客观测量的,包括教育在内的社会现象充满着意义和诠释,教育研究应对人类的日常教育活动及意义进行理解和诠释。②系统论:科学主义研究范式的教育研究在教育研究对象范围问题上，把复杂现象或过程分解成为若干因素或独立的几个部分,把具有整体联系的研究对象孤立抽取出来,这种还原论方法是注定要失败的。学习心理研究应以整体的观点研究学习心理现象和问题，研究者应对真实情境中的研究对象及与之相联系的全部背景因素进行整体研究,注重对研究对象的社会的、文化的、历史的理解。

人文主义研究范式最大的特点是:①人文性:具有强烈的人文关怀和平民意识,关注人们的日常生活和价值取向。②情境性:是在自然情境下对个人的“生活世界”以及社会组织的日常运作进行探究,对他们的生活故事和意义建构作出“解释性理解”。③主观性:提倡研究者对研究情境的参与,直面实事,对事物的复杂性和过程性进行长期、深入、细致的考察,作出的分析和解释带有明显的主观主义色彩。人文主义研究范式尽管有以上优点,但仍有许多局限性:第一,一般侧重于描述具体学校和班级生活中师生间的生活景象,过分强调研究对象的独特性,因而无法解释班级活动的整体结构和功能,目前还无法形成理论体系;第二,所采用的研究方法通常仅适合特定情境中对小样本深入的观察,研究者要集观察者、访谈者、记录者与分析者于一身,需要有较高的专业素养,能够对主观的经验与感受进行不带偏见的整理和研究,否则研究的结论便会丧失真实的价值;第三,研究取得的资料缺乏严谨研究设计,没有标准化的测量工具,研究过程也是随时变化,因此,研究结果带有极强的主观的、感性的、非严格的学术性;最后,人文主义的定性研究侧重于对于教育的内容价值和意义的诠释与理解,忽视了对教育作为社会有机组成部分的外在价值的研究,从而使内部的研究取向带有很大的理想色彩,缺乏现实可能性的论证。

比较而言,科学主义研究取向是一种实证的研究,它是以心理学为研究基础,进行单向因果联系的研究,重视知识学习层面,注重对外在行为的分析。人文主义研究取向是一种诠释与理解的研究,它以人类学、诠释学为指导,进行双向复杂情境的研究,注重对内在意义的探究。自19世纪末,科学主义研究范式和人文主义研究范式开始了论争,论争的焦点在于:信度与效度;客观性与主观性;分割与整体。各自的特点也就成了其缺点。两者争执不下,于是在20世纪中后期,出现了两大研究范式的互补现象,提出了心理研究的综合范式。因为学习心理研究内容的多样性,需要多元的研究方法来探讨,而科学主义和人文主义的不同研究范式,正好适合心理问题的复杂性,不同的问题可以用不同的研究方法来解决,不同的研究方法又归属于不同的研究范式。鉴于学习心理问题的复杂性,应有学习心理研究特有的方法体系特征——“哲学、科学与艺术方法的具体综合”。所以,它既需要科学的方式研究整体事物的规律性和确定性,又需要人文的方式研究事物之中的个别性和差异性。

四、学习心理研究范式的发展与变革

(一)扩大研究视域

理论视域的扩展自然会促使研究模式呈现出多样性和丰富性。库恩的观点有利于心理学家认识到心理学研究的“价值负荷”特性,使重视社会历史文化因素成为可能。依照价值中立的观点,心理学的研究是一种“事实”的客观探讨,不掺杂任何主观的价值因素;心理学任务是发现不受任何文化历史影响的、一般的、抽象的和普遍的心理机制,这种倾向导致了心理学家拒绝考虑任何社会历史文化因素的影响,并排斥任何价值观和哲学信念的指导作用,从而使心理学家在解释意识和行为时把眼光仅仅局限在个体的内部或直接的环境刺激上,导致了个体主义和还原论在心理学中的泛滥。库恩的范式论对价值因素的强调使心理学家重视历史文化因素成为可能。库恩的范式论也有利于摆脱西方中心主义对心理学的影响，建立心理学的多元文化模式。现代心理学在理论上和方法上大都是以西方心理学为中心的。这种西方中心主义使心理学家们把视线局限在单一文化的社会中，失去了透过文化来洞察人类的心理与行为的视角，对心理学发展产生了消极影响。著名的美国心理学家墨菲也不得不承认，西方心理学的大多数问题只有在西方历史—西方地理的、经济的、军事的、科学的背景等范围内才是有意义的问题。库恩的范式论对历史因素、多元价值及对自然科学解释模式的重视等为建立心理学的多元文化模式奠定了基础。现代许多心理学家渐渐意识到，人类行为强烈地受历史文化因素的影响，把文化与人类行为联系起来考察的心理学家才能真正揭示人类的本性。心理学应根据多元文化的实际，构建心理学的多元文化模式。

（二）引入多元互补的研究模式

量的研究就是采用实验、调查、测验、结构观察以及已有的数量化资料，对心理现象进行客观的研究，将所得结果作相应的统计推断，使研究结果有普遍的适用性。质的研究就是在自然的情境下采用无结构访谈、焦点访谈、参与型观察、实物分析等，对心理现象进行详细的描述，并以当事人的视角理解其对现象的意义或对事物的看法，不对研究结果作普遍的推演。可以看出量的研究和质的研究都指的是相关的一类研究范式，而不是指称某一具体的研究方法。近年来方法学家不仅在研究范式上寻找质的研究与量的研究的对话与融通（Alasuutar，1995；Carey，1993；Cronbach，1975），而且在具体操作上也在探讨质的研究与量的研究相整合的方式。

符号加工和联结主义是认知心理学的两种研究范式，二者在认知心理学内部产生了一系列的争论。在一般认知问题上的争论主要表现在语义理解、心理表征以及一些具体的认知问题上；在方法论问题上的区别主要表现在是结构模拟、黑箱方法、还原主义还是结构与功能模拟、灰箱方法和整体主义上。两种范式争论的本质问题是究竟哪种范式更加符合认知过程的本质。联结主义范式似有取代符号加工范式的趋势，但它也不能完全揭示人类的高级认知功能，因而出现了行为主义的进化论研究范式。

（三）研究方法的客观科学化

我国“学习心理研究范式”的研究取得了一系列成果，但也暴露出了一些问题，作为一个新的术语，学习心理研究范式与学习心理研究方法论、学习心理学研究模式等概念的关系需要进一步澄清，范式理论对学习心理研究的意义也需要进一步明确。目前，研究多着重在范式是什么、有几种学习心理研究的范式、各种范式的特点、范式演进的过程与趋向等问题上，在范式更迭的条件与逻辑、新范式的标志、新旧范式更迭的社会心理状态等问题的研究上还是空白，尤其在如何遵循原有范式的基础上构建新的学习心理研究范式这一问题上更少有人问津。

范式这一来自方法论哲学的术语有很强的包容性，我们在检视范式的同时，更要考虑如何使之为学习心理研究服务，如何具体体现，切实地应用范式理论指导学习心理研究，确切地说，除了纵向的罗列已有的学习心理研究范式外，还要进一步思考范式的内部结构、体系，深刻地挖掘它的功能。对于学习心理研究范式的研究思路需要拓宽，除了从整体上把握每一范式特性外，还可从范式的构成入手，研究每一构成成份的发展线索。例如，如果承认范式是由观念、习惯、方法三个主要成份构成的，那么就可以分别探讨这三种成份形成与发展的历史与逻辑，然后把这三个方面综合，从而形成关于学习心理研究范式发展的总体景观。

第三节 学习心理研究的价值

一、学习心理研究在心理学科发展中的地位

学习心理研究的意义在于探索人类学习过程的本质和规律，指导人类的学习活动，特别是指导学生的学习和教师的课堂教学。所以，从学习理论诞生直至今天，学习理论研究一直处于心理学研究的重要地位，在教育心理学中一直处于核心地位。美国当代著名的学习理论研究专家鲍尔和希尔加德指出："哲学心理学最初试图探究人的本性，随后心理学分离出来，成为'精神生活的科学'。这里的问题是：心、意识、自觉是什么？心身的关系如何？心是怎样开始发展的？它是怎样获得外界知识的？它怎样终于知道他人之心的？它怎样认识自己的？什么东西驱使我们去行动？什么是自我？什么东西使人始终保持同一性？等等。凡此种种问题为现代心理学提供了智慧的基础"。①

① 鲍尔，希尔加德. 邵瑞珍等译. 学习论：学习活动的规律探索[M]. 上海：上海教育出版社，1987:5.

学习心理研究在心理学中的重要地位是由学习的重要意义和该问题研究的重要心理学价值决定的。首先,学习是一种复杂的活动过程。因为影响该活动过程的内部因素和外部因素众多。内部因素包括学习个体的心理发展水平、智力水平、认知特征、情感意志、个性特征、行为反应、动机水平和自我调控能力等等。外部因素包括自然环境和社会环境。此外,学习活动引起的身心变化多。学习会引起心理、生理和行为反应等多方面的变化。再有,学习的层次多、类型多。从动物最简单的学习到人类的复杂学习,由简到繁可以分为许多层次和种类。因此,学习过程是一种多因、多果、多层次、多种类、多侧面的复杂过程,这就给研究这种进程带来了极大的困难。心理学家们选择不同的个体,针对不同的学习类型,从不同的角度,采用多科不同的方法对其开展多方面、多类型的研究。

其次,学习问题是一个综合问题,也是心理学研究的重要基本问题之一。学习理论研究不仅与所有的心理学问题有关,而且还要涉及到哲学中的认识论问题、人的本性问题、知识的本质问题和智慧的起源问题等等。所以,学习问题几乎是当代各个心理学派都必须研究的问题。学习理论研究在心理学研究领域中的这种重要地位使它几乎成为心理学的带头学科,带动或推动了其他学科领域的研究和发展。

再者,当代的认知心理学仍然把学习问题作为研究的重点问题,而且把对学习问题的研究与人工智能科学和计算机模拟紧密地结合起来。在认知过程的计算机模拟中,最困难的就是人类知识学习过程的模拟。因为,学习是最能体现人类智能品格的东西。所以,学习的认知过程的研究也是认知科学研究的重点和难点问题。

二、学习理论是教育科学中诸多分支学科的理论基础

学习理论一直是教育心理学的重要基础理论。按照学习理论和教育心理学的诞生顺序,是先有学习理论,才有教育心理学。是学习理论导致了教育心理学的诞生。所以,从教育心理学诞生的那天起直至今天,学习心理问题一直是教育心理学的核心问题。这是因为学生的学习是教育和教学的基础和前提,没有受教育者的学习,教育和教学就失去了意义。教育和教学的目的是通过积极有效的影响,改变学生的知识结构、思想观念、道德品质和行为习惯等,而这些改变都需要通过学生的学习来实现。

学习理论不仅是教育心理学的理论基础，而且也是教学论、课程论、德育论、德育心理学、教育技术学、学科教育学和各学科教学法等的理论基础。①学习论是教学论的基础，两者本应结合起来。但是由于历史的原因，学习论一直囿于心理学的怀抱，而教学论一直是教育科学的重要研究领域。近年来，两方面的理论专家们越来越感觉到两者紧密结合的必要。一个将学习理论与教学实践紧密合在一起的心理学分支——“教学心理学”已经形成，并王在蓬勃发展中。②学习论是德育论和德育心理学的基础。人的道德品质和行为习惯也不是生来就有的，而是后天习得的。著名学习理论家班杜拉就是从研究儿童的道德行为的学习入手，提出了社会学习理论。③课程论是根据各学科知识结构的特点以及培养人才的标准，探讨不同年龄和不同专业的学生所学课程内容和结构的理论。课程的设置必须考虑学生的学习能力和学习特点，必须以学习理论的研究为基础。④教育技术学是探讨现代化教学设备和手段如何在课堂教学中使用，并提高课堂教学效果的专门研究领域。一切教学的形式、设备和手段都必须以提高学生的学习效果为目的，以学习理论的理论依据。⑤学科教育学和学科教学法是专门探讨各学科教学理论和教学方法的学科，各学科的教学都要以各学科的学习为基础。各学科的学习理论乃是各学科教育学和教学法的理论基础。近年来，各学科的学习理论研究也有所发展。

第四节 学习心理思想的演变

人类对学习的研究有着悠久的历史。在古代，一些思想家、哲学家和教育家就提出了一些学习方法和教学方法，并对学习的意义、作用、条件和学习的本质及规律等作过较深入的探讨，也形成了一些思想观点和学说。但这些思想观点和学说建立在经验总结和思辨的基础上，将其称为学习心理思想。把自桑代克以来，建立在科学实验基础之上的学习过程性质和规律的心理学原理称为学习理论。

一、中国古代学习心理思想

学习心理思想是中国传统教学理论的核心。中国古代教育家直接论述教的不多，大多是从学的角度来论述教学，以学论教，且认为教学的核心是学习。对学生来说，重要是学而不是教；对教师来说，就是如何让学生学会学习。传统教育家对学习问题十分重视,花了大量精力去研究学生的学习,学习理论成为传统教学理论的核心。古代虽然没有形成完整的学习理论,但在大量的古代典籍中却包含了丰富的关于学习的心理学思想, 至今仍有积极意义。“学习”一词很早就在我国古代文献中出现,如孔子说“学而时习之,不亦说乎”(《论语学而》),“学而不思则罔,思而不学则殆”(《论语为政》)。这是我国古代儒家教育心理思想中的学习观点。这些话在一定程度上揭示了学习与练习、学习与情感、学习与思维的关系,显示了我国古代学习心理思想的丰富性。

(一)关于学习的认识

孔子认为学习过程是学、思、行的过程。“学而不思则罔,思而不学则殆”;“弗学何以行? 弗思何以得?小人勉之”(《论语·为政》);“吾尝终日不食,终夜不寝,以思,无益,不如学也”(〈论语·卫灵公》)。明确地表述了学习中学与思的关系。孔子曰:“性相近,习相远也”,即人的本性中与生俱来的先天的东西是接近的、差不多的,但由于所处的环境和所受的教育不同,人的社会习性就会变得相去甚远, 充分肯定了学习对人性的影响。荀子十分强调学习。“学不可以已”;“吾尝终日而思矣,不如须臾之所学也。”(《劝学》),关于怎样学习,强调了学习和实践的关系。

韩愈认为学习的作用是使人懂得仁义之道。张之洞则认为学习具有治身心、益智慧、应世事的作用。张载曰:“学为大益,在自求变化气质,不尔(皆为人之弊),卒无所发明,不得见圣人之奥。故学者先须变化气质,变化气质与虚心相表里。”曾国藩认为学习是为了“进德”与“修业”,学习可以变化人的气质,可以发展人的心理潜能,促进身心健康。“变化气质”的观点是站在一个较高的层次来认识学习对人性的影响作用。张栻认为学习就是要 “顺性”即顺应学习者的性情;学习就是要“尽性”,即充分发挥学习者的潜能。

王夫之的“所谓知者,而求觉焉,所谓能者,而求效焉,于是而有学。因所说而涵泳之,知日进不已也。于所效而服习之,能日熟而不息也。”(《四书训义》卷五)意即;学是从未知到已知、从无能到有能的过程;习是涵泳已获得的知识,练习已掌握的技能,使之得到巩固的过程。传统学习论认为,学习具有培养道德、掌握知识、发展智力、训练技能的作用。这种对学习功能的认识是正确的。

(二)学习的影响因素

1. 非智力因素

(1)学习的动机和兴趣。孔子认为立志对于学习是十分重要的,教导学生要“志于学”,要激发学习动机,下决心去探求学问。“三军可夺帅,匹夫不可夺志也”,更强调了学习动机的重要性。同时,他也强调兴趣的作用,曰:“知之者不如好之者。”还认识到情感对于动机有培养和激励作用。他爱生如子,“学而不厌,诲人不倦。”他说:“爱之,能勿劳乎?忠焉,能勿诲乎?”因对学生的爱而为之操劳;因对学生的爱而对之进行谆谆教诲,孜孜不倦。他常常扪心自问:“默而识之,学而不厌,诲人不倦,何有于我哉?”旨在通过爱使学生亲近自己,进而热爱学习,从而达到激励和强化学习动机之目的。

张载认为:一个天资好和勤奋刻苦的人,如果对学习活动没有一定的动机和兴趣,那么他就不能较好地掌握人类的知识经验。他说:“学者不论天资美恶,亦不专在勤苦,但观其趣向着心处如何。学者以尧舜之事须刻日月要得之,犹恐不至,有何娩而不为!此始学之良术也。”又说:“人若志趣不远,心不在焉,虽学无成。”情绪是人的一种内心体验,贯穿于整个学习过程,情绪的好坏直接影响学习的效果。张载认为:好的情绪,快乐的情绪能对人的学习产生积极的影响,使人不断进步。他说:“乐则生矣,学至于乐则自不已,故进也。生犹进,有知乃德性之知也。吾曹于穷神知化之事,不能丝发。”曾国藩把立志看作学习中第一位的事情,即所谓:“盖世人读书,第一要有志”。指出立志在学习中具有定向作用,能使学习者摆脱周围环境的干扰,发挥学习的自觉性,使学习者独立自强,充分发挥学习的能动性。

(2)性格、品德。性格、品德作为非智力因素对学习的影响作用在现代学习心理理论中已得到证实。人们的性格差异以及品德的好坏对学习内容的掌握均有一定的影响。研究学习心理,就不能不研究人的性格和品德。孔子是最早承认和重视人的性格差异的教育家,同时他也看到了性格对于人的智力发展的影响作用。在教育实践中,孔子依据学生的不同性格特点来开发他们的智力,因材施教。张载说:“人之好强者,以其所知少也,所知多则不自强满……人多是耻于问人,假使今日问于人,明日胜于人,有何不可!”。在心理学中,“好强”、“自强满”(自满、骄傲)、“耻问”等均属于人的性格因素。张载认为,人如果有了这些不好的性格因素,就会干扰学习活动而影响知识的掌握。他又说:“立本既正,然后修持。修持之道,既须虚心,又须得礼,内外发明,此合内外之道也。当是谓圣人之言,考前言往往以畜其德,度义择善而行之。”张载论述了学习与品德之间的关系,受儒家思想的影响,张载也认为学习的目的是提高人的道德修养水平,所以在学习过程中,既要虚心请教(性格因素),又要端正品行,“以畜其德”(培养其品德)、“内外之道”共同作用,才能“矫恶为善,矫惰为勤”,达到学习的最终目的。

2. 智力因素

(1)思维。思维是智力的核心,是认识活动系统中的枢纽,还是心理活动中最复杂的形式,也是认识过程中的最高阶段。孔子虽没有明确提出思维的概念,但已注意到思维这种重要的心理现象,看到思维在智力中的地位和作用,他所说的“思”已包含了思维的基本过程——分析、判断、推理、综合、抽象和概括,曰:“学而不思则罔”认为学习过程中应当运用思维,分析、判断所学的内容,并进行归纳和概括,总结、抽象出事物发展的规律,达到对事物的理性认识,只有这样的学习才是有效的学习。此外还把人的智力分为“上智”与“下愚”二种,孔子说:“中人以上,可以语上;中人以下,不可以语上也。”,“中人以上”主要指的“上智”者,“中人以下”就主要指“下愚”了。“中人”则是处于二者之间的智力发展水平。孔子把这三种智力水平与学习联系起来,认为“中人”通过学习可以达到“中人以上”,但他否认“中人以下”可以通过学习达到“中人”的水平。他说:“生而知之者上也;学而知之者次也;困而学之,又其次也;困而不学,民斯为下也。”

荀子云:“君子之学,入乎耳,箸乎心,布乎四体,形乎动静”,强调要通过思维将知识融会贯通。《淮南子》则有了进一步的认识:夫内不开于中而强学问者,入于耳,而不著于心,此何异于聋者之歌也……是故不得于心而有经天下之气,是犹无耳而欲调钟鼓,无目而欲喜文章也,亦必不胜其任矣。在学习中要充分发挥“驰骋于是非之境,而出入于百事之门户”的“心”,即思维的作用,把接受的知识消化吸收,在内心凝积下来,且能再从内心发散出去,变成行动,“应于外而行之”,这样内外贯通才能真正学习。

(2)记忆。关于记忆力这一智力中的又一重要因素,孔子也有独到的见解。首先,强调识记的重要性,“学如不及,犹恐先之。”说明学了就应当记住,不要忘记。其次,孔子主张识记以后要进行巩固。“学而时习之,不亦说乎。”这里,孔子把知识的巩固和人的情绪联系起来,“习”有两个含义:一是熟习;

二是实习。所学而能时时熟习，心中自然能深切了解，永久不忘，这当然是令人愉快的事。曾国藩对记忆在学习中的作用，强调记忆或背诵并非机械记忆，而是理解记忆，即在“熟读”基础上的记忆。

(三)学习的策略

学习策略是学习心理研究中必须涉及到的一个重要内容。

1. 博学与专一

历代教育大家都强调博学与专一的结合。孔子主张“多闻，择其善者而从之”。张载认为，博学是学习的基本要素，也是“义精”(专)的基础。他说：“惟博学然后有查处以参较琢磨，学博则转密察，钻之弥坚，于实处转实，转诚转信，故只要博学，学愈博则义愈精微。”可见，“博学”和“义精”不但不矛盾，而且是辩证统一的关系。

2. 学、思、行相结合

古代思想家强调学习要善于动脑思考，以达到融会贯通。“不学而好思，虽知不广矣。学而慢其身，虽学不落矣。”(《荀子·劝学》)孔子非常重视学与思的辩证关系，主张思以学为基础，学与思相结合。他说：“学而不思则罔，思而不学则殆”，就是说：只学习而不思考就会迷惑而无所收获，只思考而不学习就会很危险。他以自己的亲身实践告诫学生：“吾尝终日不食，终夜不寝，以思，无益，不如学也。”孔子的这一观点，初步接触到了感性认识与理性认识的关系。“学不可以已”，“吾尝终日而思矣，不如须臾之所学也。”(《劝学》)关于怎样学习，荀子强调了学习和实践的关系，“不登高山，不知天之高也……”

3. 复　习

古代教育家、思想家强调学习中复习的重要性，认为复习不仅有助于知识的巩固，也有助于知识的进一步理解。孔子早在两千多年前就曾提出：“学而时习之”，认为学习到了一定的时候，要进行适当的练习、复习、实习从而做到“温故而知新”，强调了练习、复习、巩固，在学习过程中的重要性。韩愈曾提出了具体的记忆方法。“口不绝吟于六艺之文，手不停披于百家之编”，“记事必提其要，纂言者必钩其去。”强调既动口又动手，采取提纲挈领的办法进行记忆和理解深奥的知识。朱熹提出“熟读精思”，主张读书不应一味向前，还应回过头来读，这样才能加深理解，牢固记忆。他说，学者观书，病在只要向前，不肯退步，若愈向前，愈看得不分晓，不若退步，却看得牢。

4. 勤奋与恒心

董仲舒认为，学习本身是艰苦的事情，并不是每一项学习内容都令人感兴趣。学习之事成效如何，关键在于主观能动性的发挥。因此学习需要坚定的意志，应该努力，肯于刻苦钻研，这便是“强勉”。他说：“强勉学问，则闻见博而知益明；强勉行道，则德日起而大有功。”（《春秋繁露·玉杯》）不论治学或是修德，都需要发挥“强勉”精神，才能成功。

5. 交　友

交友也是一种学习方法，通过人与人之间的言语交往，可以开拓自己的思维空间，同时取他人之长而补自己之短，使自己的学问不断进步。张载说：“学不长者无他求，惟是与朋友讲治”“更须朋友之助，一日间朋友论着，则一日间意思差别，须日日如此讲论，久则自觉进也。”这一观点，不仅继承和发展了先秦教育著作《学记》“相观而善”的学习心理思想，同时与现代西方学习心理理论比较注重个体研究现象相一致，梁启超也说“朋友是相互切磋、砥砺学问的良伴，故要体会学习的兴趣，必须找朋友。”

（四）中国传统学习心理的理论特色

古代教育家不同程度地揭示了学习的思维加工、动力、个性心理。他们从心理学角度，强调目的感知、理解记忆、意义学习、主动学习，强调由思而疑而问的问题学习，重视发展学生的智力特别是思维能力。他们重视了解学习者的心理发展水平、学习者的知识、智力、兴趣、个性、爱好、性格、先天素质等心理因素，根据学习者的心理特点和水平，有针对性地进行教育，《学记》把了解学生作为教学成败的关键。他们重视学习者心理素质特别是非认知心理素质的培养，重视培养学生的志向理想，激发学生的兴趣爱好，训练其意志品质，发展他们的能力，提高其心理整体发展水平。

古代教育家揭示了学习活动发生发展的心理特点和规律，为古代教育、学习提供了理论依据，对传统学习理论和实践的发展产生了深远影响。这些带有规律性的认识，不仅在过去被教学实践证明是正确的，就是在今天看来也是符合教育、学习的实际和且有科学性的，值得当今建立有中国特色的学习心理理论借鉴和弘扬并指导学生的学习实践。

但是，传统学习理论也有消极和不足的一面，表现为：以伦理为中心的人文知识占有主要地位，构成学习的主要内容，遏制了人们对自然科学的追求和科学技术的发展；受宗法观念的影响而强调教师权威（不是中心）；注重继承观念的支配，强调“述而不作”的接受学习，限制了人们创造性的发展；受实践(用)理性的思维方式所制约，理论的抽象思辨不够，呈现出具体性、实用性，影响了理论向思辨性、系统性方面发展。

总之，传统学习理论精华与杂芜并存。在建设有中国特色的教学理论过程中，我们应当继承发扬传统学习理论的精华，克服剔除其消极面，将传统学习理论与现代学习理论相结合，促进传统学习理论在现代条件下的创造性转化。传统学习理论强调学生主体，强调学生的主观能动性，强调培养思维能力，强调理论学习与实际训练相结合，强调传授知识、发展智力与培养非智力因素相结合，强调教师的积极指导作用，强调学习能力和方法的培养等思想，都与现代教学理论不谋而合。应当对传统学习理论的优秀方面进行创造性的阐释改造，使之成为现代教学理论的构成因子，指导当代教学与学习实践。

二、西方学习心理学思想的萌芽

西方的学习心理学思想源远流长，可追溯到古希腊、古罗马时代，有丰富的学习心理学思想观点。

(一)苏格拉底的学习心理学思想

苏格拉底学习心理学思想主要反映在其学生柏拉图所著《苏咯拉底对话集》、《苏格拉底回想录》之中。美德由学习而来，神为人安排了灵魂，并赋予其智慧。寻找智慧、发现真理不必外求，而须从自己的内心去探求。对自身智慧发现的越多，就越接近真理，越接近至善。还认为美德就是知识，美德是一种智慧。认为只有有思考力的人，才是具备勇敢、节制、刚毅等美德的人。美德从何而来，“美德从教育而来。”强调理性思维，认为学习的目的在于通过认识自己而获得知识，最终成为有智慧、有完善道德的人。苏格拉底认为，一个人在学习过程中，主要是靠自己去思考问题，即依靠自知。教育者的主要作用不是传授知识，而重在启发学生去求取知识，使学生认识到自己的无知而调动其求知的欲望。教育者并不教给学生具体的知识，只是把存在于学生内心的知识引出来，成为学生自己的知识与技能。

(二)柏拉图的学习心理学思想

1. 学习是一种回忆过程

柏拉图认为人的一切知识都是由天赋而来， 它以潜在的方式存在于人的灵魂之中。学习就是对这些知识的论证和沉思,以便使其复苏;感觉到的对象使我们想起形式,因为它们与形式相似,或者因为两个对象或观念在我们的经验中频繁地联系。这就是后来在许多学习心理学体系中成为中心论题的两条基本联想律:相似律和接近律。教学目的是为了恢复人的固有知识。教学过程即是"回忆"理念的过程。在教学中,柏拉图重视对普遍、一般的认识,特别重视学生思维能力的培养,认为概念、真理是纯思维的产物。同时又认为学生是通过理念世界在现象世界的影子中才得以回忆起理念世界的,承认感觉在认识中的刺激作用。他特别强调早期教育和环境对儿童的作用。认为在幼年时期儿童所接触到的事物对他有着永久的影响,教学过程要通过具体事物的感性启发,引起学生的回忆,经过反省和思维,再现出灵魂中固有的理念知识。就此而言,柏拉图的教学认识是一种先验论。

2. 学习阶段的划分

他以学生的心理特点为依据,划分了几个年龄阶段,并分别授以不同的教学科目。3—6 岁的儿童在游乐场内进行故事、游戏、唱歌等活动。6 岁以后,儿童进入初等学校接受初级课程。在教学内容上,柏拉图接受了雅典以体操锻炼身体,以音乐陶冶心灵的和谐发展的教育思想,为儿童安排了简单的读、写、算、唱歌,同时还十分重视体操等体育训练项目。17—20 岁的青年升入国立的"埃弗比"接受军事教育,并结合军事需要学习文化科目,主要有算术、几何、天文、音乐。20—30 岁,经过严格挑选,进行 10 年科学教育,着重发展青年的思维能力,继续学习"四科",懂得自然科学间的联系。30 岁以后,经过进一步挑选,学习 5 年,主要研究哲学等。至此,形成了柏拉图相对完整的金字塔形的教学体系。

(三)亚里士多德的学习心理学思想

1. 学习阶段划分理论

亚里士多德(前 384—前 322 年)关于学习的年龄阶段划分的理论基础是:一切有机体都是由质料和形式构成,两者互相对立而又不可分割。他认为人的灵魂有理性和非理性之分。只有理性的灵魂才能认识真理。非理性灵魂是"动物灵魂"以本能、欲望、冲动等方式表现出来。在人的身上还有最低级的灵魂,主要表现在人的身体的生长和发育方面,是"植物的灵魂"。他对人的灵魂的三个不同层级的构成了他关于学习年龄阶段划分的理论基础。越早出现的部分，所包含的形式越少，质料越多，越低级。认为应参照灵魂发展的先后来实施教育和训练。“植物灵魂”在先，故要对学生进行身体的教育；“动物灵魂”发展在后，其次应进行情感和道德品质教育；最后是“理性灵魂”的发展，因此，主要的教育任务是智育。

2. 学习的年龄分期内容

第一阶段：出生至 7 岁，幼儿教育阶段。以发展儿童身体的灵魂为主，应以游戏和体育锻炼为主。应十分注意儿童的营养，应以含乳分最多的物质进行抚养育。第二阶段：7 岁至 14 岁，学校教育时期，身体的发育仍很重要，但更重要的是情感和道德的教育。这与“动物灵魂”发展占主导地位相适应。教育内容是和谐教育，核心是音乐，辅之以德、智、美、体。第三阶段：14 岁至 21 岁，学校教育的高级阶段。教育围绕“理性灵魂”进行，开设纯粹思辨的学科：哲学、逻辑学、伦理学等，还有科学方面的教育。

3. 学习的目的

学习的目的是和谐发展：认为“质料”和“形式”是和谐地存在于人身体之中的，在人的身上，质料表现为身体，形式表现为灵魂。强调“和谐教育”，并把和谐教育的核心定为音乐教育。认为音乐不仅有助于德性的修养，而且能陶冶人的心灵。

4. 学习的内容

关于学习的内容，亚里士多德强调“百科全书式”的课程设置，他认为学校的学科设置包括两大类，可分为“实用的”和“文雅的”。从和谐教育出发，认为学校应设置的课程十分广泛。

(四)形式训练学习心理理论

在中世纪，一种基于亚里士多德的自然主义官能心理学开始发展起来。这种心理学把亚里士多德心理学的详尽阐述与晚期罗马和伊斯兰的医学结合起来。亚里士多德曾提出过三种官能：一般感觉、想象和记忆。此后，有的学者提到三种官能，有的学者提到五种官能。例如在 1420 年的一本医学教科书中，曾绘有一个简单的头部图解，显示如下四种内部感官的位置：大脑有四个“细胞”，第一个细胞包含共同感觉，第二个细胞包含人类和动物的综合想象，第三个细胞包含估计，第四个细胞包含回忆。

1. 伊斯兰教的官能心理学学习心理理论

在诸多的官能心理学理论中最具代表性的人物是伊斯兰教医生伊本·西那,他在欧洲以拉丁名阿维森纳闻名。伊本·西那认为人类具有四类七种心理官能,最接近感官的官能到最接近神性理智的官能:

植物性灵魂。它是心灵中最低级的官能,对植物、动物和人类来说是共同的,负责着一切有生命物体的繁殖、成长和滋养。

易感性灵魂。它对动物和人类来说是共同的,其中又可以分出三种官能:其一,外部感官,专司视、听、触、味、嗅等感觉;其二,内部感官,具有七个层次,由低向高依次为:共同感觉(联合上述五种外部感觉),保持的想象(映象),综合的动物想象(联想),综合的人类想象(创造想象),估计,记忆,回忆;其三,欲望,表现为趋近快乐和逃避痛苦。

理性灵魂。它为人类所独有,其中可以分出两种官能:其一,实践的理智,主司身体,维持良好的行为,以便充分发挥自己;其二,沉思的理智,一种被动的理智,但具有针对知识的潜力。

动因理智。它是最高级的官能,一种天使般的理智,其功能是阐明沉思的心灵并导向形式知识。

2. 基督教的官能心理学

继伊本·西那之后,鲁·T. 阿奎那试图从哲学上来考虑一切问题,包括心理学。在他的心理学中,他紧随亚里士多德,并且重视伊斯兰教作者的观点,由此扩展了由这位哲学大师和他的伊斯兰教注释者提出的心理方面的分类。阿奎那认为,人类的心理官能可以分成四类六种:

(1)植物性灵魂。它是心灵中最低级的官能,主司有机体的营养、增长和生殖。

(2)易感性灵魂。其中又可以分出两种官能:其一,外部感觉,负责视、听、嗅、味、触等感觉;其二,内部感觉,具有四个层次,由低向高依次为一般感觉(把特殊感觉综合起来的感觉),估计(一种直觉),记忆(保持物体的映象),想象(对不存在物体的理解)。

(3)运动和欲望的力量。它们主要涉及易感性欲望这一官能,包括反抗达到目标的阻碍因素,接近或逃避感觉到的物体等。

(4)理性灵魂。其中又可以分出两种官能:其一,理智的欲望,意指对宇宙的探索;其二,思虑,也即对宇宙的认识。这种认识又可以再分成两种类型,一种是被动的理智,对具体宇宙的认识;另一种是主动的理智,对抽象宇宙的认识。

(五)裴斯泰洛齐的学习心理学思想

1. 学习的目的

裴斯泰洛齐认为学习是为了促进人的发展尤其是人的能力的发展。他说:“为人在世,可贵者在于发展,在于发展各人天赋的内在力量,使其经过锻炼,使人能尽其才,能在社会上达到应有的地位。”他甚至还说:“我很快发现不管儿童的社会地位如何,教育问题实际上都是一样的,教育问题不在于传授专门的知识或专门的技能,而在于发展人类的基本能力(人类的基本能力对穷人和富人当然都是一样的)。”①

这个基本学习思想有其独特的丰富内涵,首先,在他看来,每个人生来都有天赋的潜能,都要求和可能得到发展。第二,人的发展必须通过学习,按裴斯泰洛齐的话说:“人只有通过艺术,才能成其为人。”这里所说的艺术,也就是教学或教育艺术。第三,“教育意味着完整的人的发展。”在裴斯泰洛齐看来,人的发展实际上也就是德、智、体的全面发展,一个人只有在德、智、体诸方面都得到发展,才是个性“完整的人”。第四,通过教育学习完美地发展人的能力,提高人民的素质,授予人民谋生的本领,培养每个人树立自立、自养、自尊、自强的仪式,就可以使人成为人格得到发展的真正独立的人。

2. 教育心理学化

裴斯泰洛齐所谓“教育心理学化”,认为教育可以以心理学为基础,也必须以心理学为基础。因为只有以心理学的原理为基础,教育者才能了解儿童,从儿童的实际出发,按照儿童的天性进行教育。裴斯泰洛齐指出,专制主义和经院主义的教育的弊端和危害,首先就在于它违背儿童的本性,采用不适合儿童发展的方法,将一堆无用的知识充塞儿童的头脑。这种教育不仅无助于儿童内在能力的发展,实际上是戕害儿童的个性和智慧。教育心理学化,就是要找到根除这种教育弊病的“教学机制”,而且这种“教学机制”是基于人类本性的永恒规律,否则,就绝对不可能从整体上纠正学校的弊病。教育心理学化,就是必须使教学内容的选择和编制适合儿童的学习心理规律,即教学内容心理学化。在这方面,裴斯泰洛齐从应使学生在道德、知识、身体和劳动技能诸方面都得到发展的基本思想出发,主张在初等学校教育阶段,

① 蔡敬. 培养完善的人——浅析裴斯泰洛齐教育思想[J]. 理论学习,2004(9):36—37.

应开设广泛的基础知识课程。同时,裴斯泰洛齐还力图从客观现象和人的心理过程探索教育和教学内容中普遍存在的基本要素,并认为如果各科课程和教学内容都依这些要素为核心来组织,则必定能提高教育和教学效果。据此,他提出了“要素教育”理论。

3. 学习的过程

裴斯泰洛齐认为,人的认识过程包括三个阶段:从模糊的感觉印象到精确的感觉印象,从精确的感觉印象到清晰的表象,从清晰的表象到确定无误的概念。教学过程实际上也是依循这三个阶段进行的。他说:“教学首先把混乱、模糊的感觉印象一个一个地呈现到我们的面前,然后把这些孤立的感觉印象以变化的姿式放到我们眼前,最后把它们跟我们早先已有的整个系统组合起来。清晰概念就是这样形成的。”

循序渐进性,是教育心理化教学的另一重要原则。裴斯泰洛齐说,正如智慧和才能的发展一样,教学“要有一个适合人类本性的、心理学的、循序渐进的方法”,应“在一切学科中尽力循序渐进地安排知识结构……”

(六)赫尔巴特学习心理学思想

1806年,赫尔巴特的教育巨著《普通教育学》发表问世。他以哲学和心理学为基础,系统地论述了教育学的理论体系,其中蕴含着大量的学习心理学思想,对后世教育学的发展产生了极其深远的影响。

1. 学习的目的和策略

赫尔巴特认为,学习的目的是培养道德性格的力量。这主要体现在五个观念上,即“自由”的观念、“完善”的观念、“善意”的观念、“正义”的观念和“公平”的观念。他把实现这种学习目的策略分为三种:管理、教育性教学、训育。

管理的目的在于对儿童进行外部的领导,维持教学和教育的秩序,为给实施教学与教育创造条件。他强调指出:“如果不坚强和温和地抓住管理的缰绳,任何功课的教学都是不可能的。”他分析了儿童的心理特点,说明了要首先进行管理的原因,同时,也指出了管理的关键所在。他认为,教育者应在儿童心目中树立权威形象,受到他们的爱戴。树立权威的核心在于卓越的智慧;而受到爱戴的根本在于教育者自己要爱儿童,与他们保持亲密的人际关系。赫尔巴特指出,教育性教学的条件是注意与统觉,在教学中必须引起学生的注意和兴趣,同时必须让学生在原有观念的基础上掌握新的观念,运用叙述教学法、分析教学法和综合教学法,使学生通过专心达到"明了"与"联想",通过审思运到"系统"和"方法",这就是著名的"四段教学法"。教育的第三个策略就是训育。赫尔巴特认为,训育是一种持续的诱导工作,它通过交际、榜样、启发,使儿童的品德得到陶冶,"道德普遍地被认为是人类的最高目的,因此也是教育的最高目的"。

2. 学习的统觉

学习的统觉形成说是赫尔巴特在洛克的"心灵白板"论的基础上、在裴斯塔洛齐的"教育心理学化"思想的直接影响下系统提出的。在此基础上,赫尔巴特进一步明确提出教育的首要科学基础是心理学,并认为"心理学作为一门科学,应建立在形而上学、数学和经验的基础之上。"即以形而上学为基础,以数学为方法,以经验为内容。

"以形而上学为基础",就是从哲学的最基本原理出发,来论证心理现象。在赫尔巴特看来,人的灵魂(心灵)是宇宙中无数实在的一种,它与其他实在(外界事物)发生关系,便产生"观念"。他认为,人的灵魂包括上意识和下意识两个部分。在上意识领域,存在着许多因灵魂与外界事物相互作用而出现的不同观念;在下意识领域,也保存着无数观念,这些观念可以随着灵魂与外界事物的相互作用而进入上意识。这些观念的不断变化,就构成了人的全部心理活动。

"以数学为方法",就是通过应用计算的方法来推导心灵中观念的变化或运动。赫尔巴特认为,心灵中的各种观念有强度上的差别,强的观念能成为其他观念的刺激力量,使它们发生变化。至于观念如何相互作用,如何变化,完全取决于它们的强度,而观念的强度可以用数学方法计算,从而加以控制。

"以经验为内容",就是指人的心灵完全是通过观念的获得和逐渐充实而发展起来的,一切心理现象都是由各种观念的相互作用而产生的。它从作为感知的对象,到保留在意识中,要经过一系列复杂的心理过程,即统觉过程。任何观念、任何经验的获得,都是统觉的结果。所谓统觉(Apperception),即新观念为已经存在于意识中的旧观念所同化和吸收。

依据统觉学说,教学上应把新的知识与学生原有的知识结合起来,通过统觉过程把新知识纳入学生原有的知识体系中,才能进入学生的意识领域,从而为学生所理解。学生原有的知识观念越多样,观念体系越广泛,新旧知识的结合就越紧密,知识就掌握得越好。

第二章　学习的过程理论

学习的过程理论涵盖了斯金纳操作条件反射学说，加涅信息加工学习理论和奥苏贝尔意义学习理论。三种理论阐述了知识和技能学习所必备的具体事件和条件，重视基础过程对学生学习的影响作用。斯金纳的操作性条件反射延续了行为主义的传统，认为环境的条件和事件是引起行为改变的重要因素；关注影响行为变化的各种结果，不良后果引起的情绪和一种个性化的课堂教学机器。加涅开始于对人类学习范围内发现的各种任务的分析，认为学习者的认知过程与具体的环境事件相结合是学习各种技能的基础。奥苏贝尔以“认知结构同化论”为基础，进行学校课堂教学环境中学生知识学习过程的研究。

第一节　斯金纳操作条件反射学说

斯金纳(Skinner，1904—1990)是美国著名心理学家，新行为主义心理学的主要代表人物之一。他站在极端行为主义和操作主义的立场上开始对动物和人的行为进行科学研究。他最初进行动物的操作性条件反射实验研究，提出学习的操作性条件反射学说。20世纪40年代后期，他与费尔斯特合作对各种强化时间安排做了大量实验研究，揭示出动物的操作反应与强化安排之间的许多规律性问题。50年代前后，他将操作性条件反射和强化安排的原理应用于教学实践，创造了“教学机器”，设计了“程序教学”方案，大力提倡程序教学。

一、斯金纳的学习实验

斯金纳从20世纪20年代末，在哈佛大学读研究生时起，便开始了动物学习的实验研究。他采用的被试多为大白鼠、鸽子和猫等动物，并自制实验装置，早期的实验装置构造比较简单，适于用大白鼠做实验，在一个矩形通道中间穿一根横轴，使其呈天秤状平衡安置在一块固定的木板上。当大白鼠从矩形通道的一端跑向另一端时,矩形通道就发生倾斜。每当通道倾斜时,附臂就钩住旁边安置的一个轮子,并使轮子移动一个缺口,使缺口内的食物经漏斗落入食物盘内。这样,大白鼠在矩形通道内学会来回穿梭跑动,通过自己的动作获得食物奖励(如图 2-1 所示)。

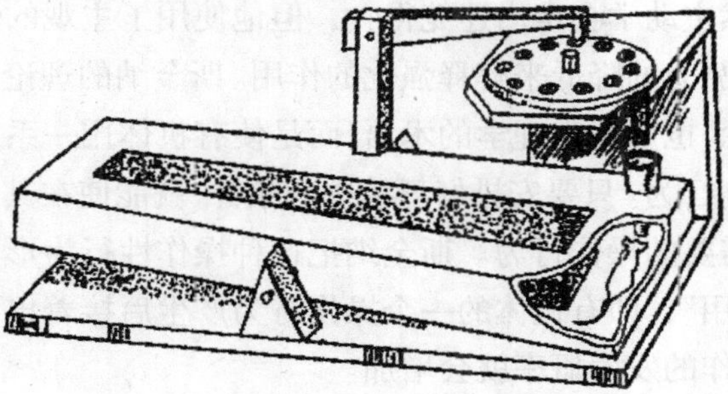

图 2-1 早期的斯金纳箱

30 年代后期,斯金纳为研究操作性条件反射,精心设计制作了实验装置,称之为“斯金纳箱”。“斯金纳箱”内有一根可供动物按压的活动杠杆,杠杆之上有灯光装置,其下有一个食盒。箱外有一个电动鼓,它的转动可以用来计时。另外,电动鼓上有一支铅笔与杠杆相连,每按压一次杠杆,铅笔便跳动一下,蒙在鼓上的一张记录纸条便自动记下按压杠杆的次数。动物在斯金纳箱做按压杠杆的动作反应,然后在食盒内得到食物的强化。食物的强化使动物重复按压杠杆,从而不断地获得食物的强化。如此下去,动物按压杠杆的反应概率不断增加,从而学会了按压杠杆的动作反应。斯金纳把这种现象称为“操作性条件反射”或“操作性学习”。

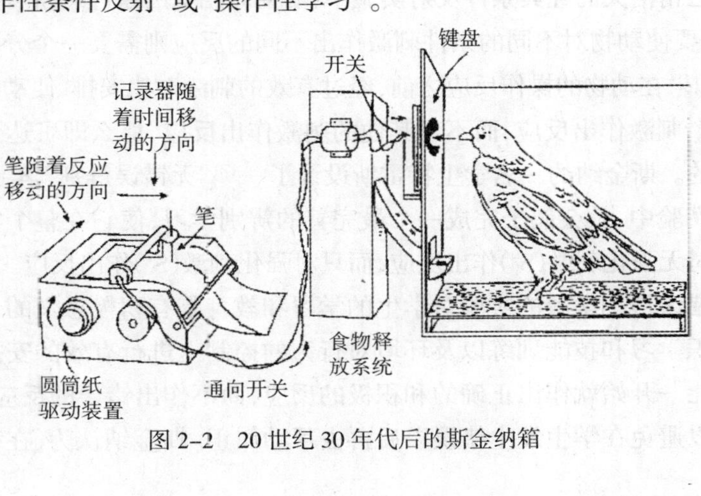

图 2-2 20 世纪 30 年代后的斯金纳箱

在操作性条件反射的形成过程中，尽管练习是重要的，但关键在于强化。练习只是提供了得到强化的机会。斯金纳的习得律含义和桑代克、巴甫洛夫及赫尔的都不相同。巴甫洛夫实验中的狗坐着不动，凭食物和信号匹配的出现，被动地学会条件反射，这种动物的学习过程没有主动行为；桑代克的实验猫，虽然主动学会走出迷笼得食，但他使用了主观的快乐原则来解释；赫尔则用内驱力的降低来解释强化的作用。斯金纳的理论体系既不用传统的主观性概念，也不用生理学的术语，而是使有机体用一系列的主动操作来影响自身控制行为。只要安排好环境中的条件，就能使在其中活动的动物做出实验者所需要的操作行为。斯金纳把这种操作性行为形成的规律叫做“操作性强化作用”，即有机体的一个操作行为产生后接着出现一个强化刺激，那么这个动作的发生概率就会增加。

二、斯金纳的辨别学习和反应分化学习理论

斯金纳对刺激辨别学习和反应分化学习进行了大量的研究。所谓刺激辨别学习，即指有机体学会对两个以上的刺激中的每个刺激分别作出不同的反应，就是说让有机体学会分辨两个以上的不同刺激。斯金纳把这种现象称为刺激控制。反应分化学习是指，通过这种学习，有机体的反应形式或者反应的强度、幅度或潜伏期，均随着不同的强化而改变。

（一）刺激辨别学习

在巴甫洛夫的经典条件反射实验中，动物对相似的条件刺激可能会产生泛化，而要使动物对不同的条件刺激作出不同的反应则需要一个分化的训练过程。如果在动物的操作反应之前，经过有效的刺激对比安排，使动物只对其中的某个刺激作出反应，而不对其他的刺激作出反应，那么即可达到辨别刺激的目的。斯金纳的一名学生特雷斯设计了一项“无错误辨别”学习的实验，在这项实验中，教会鸽子完成一个最完善的辨别学习，使它在整个实验过程中从不对无强化刺激（S^-）作出反应，而只对强化刺激（S^+）作出反应。

无错误辨别学习的实验对学生的学习和教育是有积极意义的。如果我们在知识学习和技能训练以及环境对行为的控制上进行有效的安排，那么学生可能一开始就作出正确的和积极的反应，而不作出错误的反应，这样我们就可以避免在学生发生错误以后再去帮助纠正。斯金纳认为，在教学中最

佳的安排就是使学生在学习期间回答问题时不答错的安排。

(二)反应的分化学习

反应分化指的是强化一个反应的某种特征,如它的速度、持续时间、强度等。例如,斯金纳在1938年曾训练一些白鼠压住杠杆并保持一定时间,才能得到奖励;他还训练另一些白鼠用高于一定标准的强度来按压杠杆。另外,我们还可以训练被试以或快或慢的速度有选择地作出反应。这些训练的原理就是操作性强化的原理,只不过是把它应用于反应的细微变化水平上。例如,在训练白鼠用高强度按压杠杆的实验中,首先强化任何力量的压杆反应,然后制订一个力量标准,只奖励那些超过这一标准的压杆反应。这种限制的效果是消退较弱的压杆,强化有力量的压杆,使白鼠压杆的力量普遍提高。当然,实验者还可以把标准定得再高一些,这样就会逐渐地塑造出动物的高强度压杆反应。这类动物学习训练的结果与人类学习复杂技能的关系也是明显的。例如,我们的社会环境使我们学会在特定的场合以特定的响度讲话,在葬礼时低声讲话,在看球赛时大声叫喊。

三、斯金纳的强化原理

强化原本来自通常所说的奖赏。巴甫洛夫最早应用了“强化”概念,他称一切使行为得到加强的事件为强化,一切由它引起的变化为条件作用。而斯金纳依据操作性强化作用或操作性条件作用的观点赋予“强化”以新的含义。他认为,生活和活动于环境中的有机体,多方面改变着环境,在改变环境过程中往往又影响有机体自身的变化,其中某些变化使人们得到通常所说的奖赏,就具有一般专业用语中“强化”的含义。

(一)强化的类型及惩罚

在心理学中,“强化物”并非仅仅指奖励,而是具有特殊的含义。从理论上讲,强化过程可以用下图来表示:

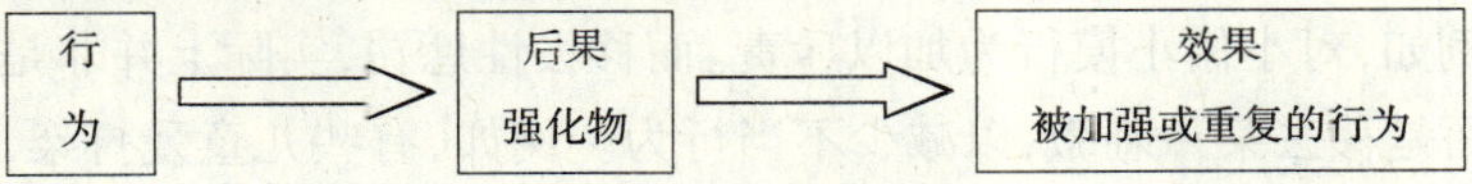

图2-3 强化模式图

从图2-3中可以看出,强化物就是后果,可以加强随后的行为。强化物是指“使反应发生概率增加、或维持某种反应水平的任何刺激”。[①]例如，食物能增强饥饿动物的进食行为，因而在这一场合下，食物是最好的强化物。由于凡是提高反应概率的任何事件都可以起强化作用，因此强化物并不一定是一种令人愉快的刺激。而且，在一种情境中起强化作用的刺激，在另一种情境中并不一定起强化作用。同样，对某一个人起强化作用的刺激，对另一个人并不一定起强化作用。比如，学生甲和学生乙上课时随便讲话，引起同学们哄堂大笑，学生甲把这一后果（哄堂大笑）当作强化物，则可能继续随便讲话；而学生乙认为这不是他所期望的后果，便会收敛随便讲话的行为。

斯金纳区别了两种强化类型：正强化（积极强化）和负强化（消极强化）。当在环境中增加某种刺激，有机体反应概率也随之增加，这种刺激就是正强化物。例如，当饥饿的白鼠按开关时给予食物，食物便是正强化物。当某种刺激在有机体环境中消失时，反应概率随之增加，这种刺激便是负强化物。负强化物即厌恶刺激，是有机体力图避开的那种刺激。例如，犯人通过积极改造以争取减刑，儿童努力学习以避免父母的责骂。需要注意的是，无论是正强化物还是负强化物，它们的结果都是增加反应概率。“正”是指满意刺激的出现，“负”是指厌恶刺激的消失。由此可见，是刺激对反应的结果，而不是刺激本身的性质，决定这种刺激是否是一种强化物。

提到负强化，就不能不提惩罚，因为负强化经常与惩罚相混淆。首先应当区分，无论是正强化还是负强化，都是加强行为的过程，而惩罚相反，是减少或抑制行为的过程，也就是说，被惩罚行为在以后相似的情境中很少得到重复。惩罚过程可以用图 2-4 来表示：

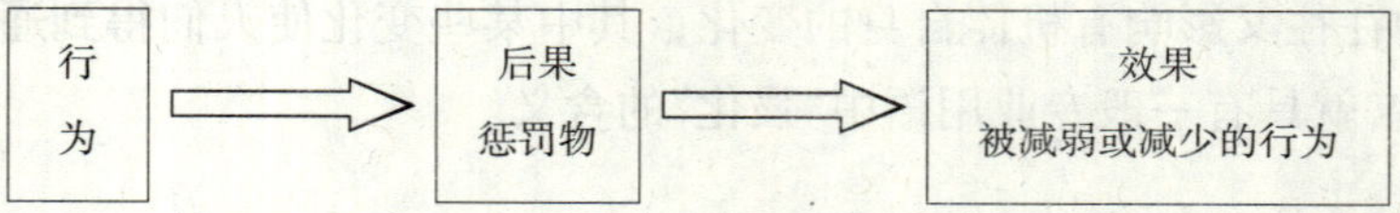

图 2-4　惩罚模式图

惩罚也有两种形式：呈现性惩罚和移去性惩罚。呈现性惩罚，是指在行为之后出现的刺激会抑制或减少该行为的发生，也就是通常意义上所说的惩罚。例如，对小偷小摸行为加以斥责。而移去性惩罚，实际上并非是将惩罚移走，而是移去某一刺激，以减少不当行为。例如，有些儿童爱打架，家长就

① 冯忠良，伍新春. 教育心理学[M]. 北京：人民教育出版社，2006：120.

不让他们看电视，以此减少这种攻击性行为。可见，两种形式的惩罚，其结果都是导致受惩的行为减少。

（二）强化的安排及反应效果

斯金纳从事实验和研究的主要目的，是要论述和澄清强化的类型和强化的安排对学习测度的影响。学习测度主要包括习得速度、反应速度和消退速度。从某种意义上说，斯金纳在强化安排方面的实验，是他对心理学的最大贡献。

斯金纳认为，在行为实验分析中，最容易控制的、最有效的变量是给予强化的方式。在一种仔细控制的实验情境中，实验者可以精确地决定使用什么类型的强化以及怎样给予、何时给予强化。也就是说，实验者完全可以控制强化程序。

一般说来，实验者可以有两种选择："连续强化"，即每一次正确反应之后都给予强化；"间歇强化"，即并不是每一次正确反应之后部给予强化。本文讨论的重点是间歇强化安排：一种是间隔强化安排；一种是比例强化安排。

1. 间隔强化安排

间隔强化安排是借助于时钟进行强化安排，两次强化之间相隔一定的时间间隔。如果几次强化之间的时间间隔是固定的，就称为"固定间隔"的强化；如果几次强化之间的时间间隔是不固定的，即可变的，则称为"可变间隔"的强化。

（1）固定间隔强化的反应效果。固定间隔强化的时间间隔一般为30秒至10分钟左右，这种安排实际上控制了每小时给予动物的强化次数。固定间隔的强化使反应产生如下效果：①动物在各次强化后作出的反应数量比较稳定。②这种强化安排使动物的反应出现"扇形效应"。所谓"扇形效应"是指，在一次强化刚结束时，动物的反应速度为零，然后逐渐增加，待下一次强化来临时，反应达到最高速度。产生这种效应的原因是由于被试在固定间隔的强化下，学会了对时间间隔的辨别。

（2）可变间隔强化的反应效果。可变间隔强化可以消除扇形效应，在这种强化安排中，时间间隔有长有短，随机而定，按不同次序出现。在这种强化安排之下，平均作业水平主要取决于时间间隔的长短，并与其成反比。在这种安排之下，强化之后反应的暂时停止现象有消失的倾向，特别是出现很短的时间间隔时，动物的作业水平相当稳定地提高。

2. 比例强化安排

比例强化安排是指被试必须在强化之前作出一定次数的反应之后才能得到强化。反应的次数可以是固定的,也可以是不固定的,前者称为“固定比例”强化,后者称为“可变比例”强化。

(1)固定比例强化的反应效果。比例安排强化所得到的反应一般速度较快,因为动物的反应越快,它越能尽快得到强化。在固定比例强化安排下,动物的反应出现这样的一种现象,即在强化以后有一个长时间的停顿,然后突然转入非常高的反应速度,直到满足比例要求并获得强化为止。比例越大,强化后的停顿时间越长,而且停顿还受许多其他变量(如情绪、内驱力水平、药物等)的影响。但末端的反应速度似乎比较固定,也不易受这些变量的影响。动物的这种反应倾向类似于一个面临期未考试的学生。在考试来临之前,拼命学习;在考试之后却迟迟不能进入新的学习状态。产生这种反应停顿的原因,也是由于反应的数量成为动物辨别强化的信号,使动物学会了对反应次数的辨别。

(2)可变比例强化的反应效果。在可变比例的安排中,反应的比例(即反应的次数)随机变化,可多可少。所以,在固定比例强化中出现的反应暂时停顿现象,在此种安排下可以被消除。因为任何反应的强化概率相同,不依赖反应的数量,所以产生一致的反应速度(如图 2-5 所示);而快速的反应能很快遇到强化,所以一般反应速度都很快。

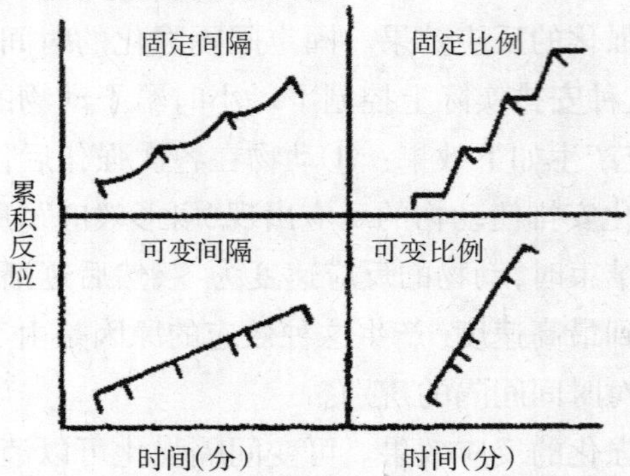

图 2-5 不同强化安排的反应效果

四、斯金纳的程序教学

20 世纪 50 年代,斯金纳完成了程序教学的一系列研究,其目的在于通过使用机器装置来提高学生算术、阅读、拼写和其他学科的学习效率,并希望机器能做某些胜过普通教师所做的事情,可以使教师抽出时间,从事那些他能做得更好的工作。其中有一个装置通过呈现一些数字的组合,用以教学加法,让儿童在一种加法机的键盘上敲击出答数,如果答数正确,就得到"强化",即出现下一个问题让儿童能够继续演算。机器教学有两个优点:一是强化及时,二是问题安排的顺序。任何教师都不能像教学机器那样成为熟练的强化者,因为教师不能同时照顾每一儿童,既奖励正确反应,又改正错误反应。另外,教师在安排教材顺序方面也比不上教学机器的技巧。我们可以从精确的实验中学会关于强化时间表的知识,并按照这种知识来建造教学机器。因为有些时间表比其他的时间表更能使反应稳固,我们就可以希望在对儿童的教学上节省大量的时间。

利用教学机器所进行的教学称为"程序教学"。当然利用这种思想所进行的教学也可称为程序教学。程序教学的基本要求是:①教师要编写一系列刺激(问题)–反应(答案)框面,这些框面由易到难地小步子地呈现教学内容。②要求学生必须主动地学习,即要求他们对每个框面所呈现的内容(问题)作出积极的反应。③给学生的每个反应(答案)提供即时的反馈(指出正确答案)。④尽量安排好问题,使学生能经常作出正确的反应并得到及时强化。这样可以避免错误,减少学习中的失败。⑤让每个学生按照自己的进度完成整个教学程序。⑥给勤奋和学习效果好的学生提供大量支持性强化物。

五、对斯金纳学习理论的评价

(一)斯金纳的贡献

斯金纳对学习理论研究的重大贡献表现在:

(1)斯金纳发现了操作性条件反射现象,并对其进行了认真的实验和理论研究。这项研究丰富了条件反射的实验研究,填补了条件反射类型上的一项空白,同时也打破了传统行为主义的"没有刺激,就没有反应"的错误观点。

(2)斯金纳的"无错误辨别"学习的实验研究是有意义的。不论在动物的行为训练,还是在学生的行为塑造上都是可借鉴的。而且,对课堂教学也有指导意义。

(3)斯金纳所做的"强化程序"实验研究既深入又具体,系统性很强。揭示出的强化规律客观可靠，对人类的行为管理和学生学习过程的控制和激励也有重要的参考价值。

(4)20世纪50年代兴起的“程序教学”运动显然应该归功于斯金纳的理论,这项工作推动了个体化教学形式的深入研究。

(二)斯金纳学习理论的局限性

(1)斯金纳犯了传统行为主义者共有的错误,即只注重描述行为,不注重解释行为;只注重外部反应和外部行为结果,而不探讨内部心理机制,他把内部过程看成是一个“黑箱”。因此,他是一位极端的行为主义者,也有人把他的思想体系称为“描述性”的行为主义。

(2)斯金纳在晚年仍然坚持自己的行为主义观点,反对认知心理学的研究,反对对学习过程和行为塑造过程的认知解释。站在行为主义心理学的立场上看斯金纳,他是一位坚定的行为主义者;而站在认知心理学和心理学发展的角度上看,他则是一位顽固者。

(3)斯金纳倡导的“程序教学”,其实践效果并不像斯金纳预想的那样好。教学实践表明,程序教学减少了师生直接对话的机会,阻碍了师生间的及时交流,这对学生的学习来说是极为不利的;学生在教学机器上学习,还会有盲目地追求学习进度、猜想问题的答案和不求甚解等不良倾向。这些不利因素致使程序教学运动没有得到继续发展，而只成为教育史上留下的个体化教学方式之一。

第二节　加涅信息加工学习理论

加涅(Gagné,1916-)是著名的美国教育心理学家和佛罗里达州大学教育心理学教授。对学习和教学心理方面的研究比较全面系统,他的学习理论对学习的本质、学习的分类、学习的过程和学习的方法作了详细地阐述,并在此基础上提出了他的教学心理学思想。其主要著作有《学习的条件》、《教学方法的学习基础》、《学与教的新观点》等。

一、学习的概述

加涅被公认为是行为主义与认知心理学派的折中主义者。他自己也坚持认为，他实际上不是在系统论述一种新的学习理论，而是从各种理论流派中吸取所需要的成分。加涅一方面承认行为的基本单位是刺激与反应的联结，另一方面又注重探讨刺激与反应之间的中介因素心智活动。尤其是在20世纪70年代后，他在对学习理论的探讨中，试图阐明学生的认知结构，并着重用信息加工模式来解释学习活动。

(一)学习及其条件

学习的定义各式各样、五花八门。但其中被人公认的、引用最多的，当推加涅所下的定义。加涅认为："学习是指人的心理倾向和能力的变化，这种变化要能持续一段时间，而且不能把这种变化简单地归结于生长过程"①(1965)。学习本身是一种内部过程，是无法测量的，要了解学习是否发生过，只能根据学生在学习前后行为表现的变化才能推断出来。这种行为变化常常是指从事某项任务的能力增长，但也可能包括态度、兴趣或价值观等方面(即加涅所讲的心理倾向)的变化。而且，这种变化不是短暂的(如疲劳、药物反应引起的)，而必须能够持续一段时间。再者，这种变化与因身体成长或成熟而引起的变化是有区别的，它强调的是因经验的结果而引起的变化。

加涅认为，人的发展取决于两个因素：生长与学习。这两个因素是相互作用的。加涅反复强调，引起学习的条件有两类：一类是内部条件，即指学生在开始学习某一任务时已有的知识和能力，包括对目前的学习有利的和不利的因素。这对即将进行的学习需要哪些外部条件起重要作用。另一类是外部条件，这是独立于学生之外存在的，即指学习的环境，它涉及怎样安排教学内容，怎样传递给学生，怎样给予反馈，以使学生达到理想的教育目标。学生的内部条件不同，要求学生掌握的知识技能不同，外部条件也应作相应的改变。在加涅看来，教师在一定程度上是可以改变学习条件的，尤其是外部条件，教学是由教师安排和控制这些外部条件构成的。

(二)学习的分类

加涅认为，人类的学习是复杂多样的，简单的低级学习是复杂的高级学

① 邵瑞珍. 教育心理学(修订本)[M]. 上海：上海教育出版社，1997：27.

习的基础。1968年他根据学习活动的繁简程度把学习划分为八种类型，又称为八个层次：

(1)信号学习：即巴甫洛夫的经典条件反射，指有机体学会对某个信号刺激作出概括性的反应。

(2)刺激－反应学习：即桑代克的刺激情境与反应的联结学习，也是反应的修改或变化的过程。在这个过程中，学习者学会对某个辨别出来的刺激获得准确的反应。

(3)链索学习：即运动联想学习。链索的意思就是把一组个别的S–R联结成一个序列。

(4)言语联想学习：即言语的链索学习，它的条件类似于运动链索的那些条件。然而，内部的链环，可以从个人先前学得的语言的全部技能中的任何部分去选择。

(5)辨别学习：辨别学习是这样一种过程，即学会对许多貌似相像但又不同的刺激，作出不同地识别反应。

(6)概念学习：指的是对在外表上彼此不大相同的一类刺激，作出共同地反应。在概念学习过程中，学习者将变得能够把一群物体当作一类来单纯地作出反应。这个反应于是被扩大到包括学习者对不同于原来出现的特殊物体地反应。

(7)原理(或法则)的学习：他认为原理(或法则)是由两个以上的、相互间具有一定次序关系的概念所组成。他还指出概念与原理的学习条件也不同。原理要在具备两个主要的先决条件下才能习得：第一，组成原理的各个概念必须首先习得，并且能够回忆出来；第二，通常对学生所作的言语交流一定要指出这些组合概念的正确顺序。

(8)解决问题的学习：学会把一些简单的规则组合成复杂的、高级的规则，来获得行之有效的解决问题的办法，形成一种新的能力。

加涅指出，在学校的大多数科目中，学习的主要内容是概念、原理和问题解决。所以，他特别强调概念、原理和问题解决的学习。

二、学习过程

(一)学习的信息加工模式

加涅坚持用当代认知心理学的信息加工观点来解释学习过程，主张用学习和记忆的信息加工模式来解释学习的结构和过程。

加涅对学习和记忆的信息加工过程作了具体的模式说明，这个模式描述了信息从一个假设结构流到另一个假设结构的经过：感受器从环境中接受刺激或输入信息，输入的信息在感觉登记器中保留非常短暂的时间，然后进入短时记忆，最长大约可持续30秒。学习者的复述能把信息在这里保持稍长的时间。然后把信息加以编码以便储存，并转移到长时记忆里，长时记忆被假设为永久的贮藏仓库。后来，信息经过寻找以后得以修复。信息恢复以后，又转移到短时记忆（在某种意义上说，又回到了记忆的"前沿"）。在此，信息的适当性得到进一步考虑，结果是作进一步地寻找，或者利用反应发生器的活动，产生持久地反应。加涅强调指出，在这个模式中，重要的组成部分是执行控制过程，各种信息的转移都利用这些过程而被激化和改变。为了准备学习的行为而建立的预期事项也可以用相似的作用加以说明。

在这个模式中，很值得注意的是，"预期事项"和"执行控制"这两部分的作用，它们的作用是对信息的加工过程进行自我监控和调整。"预期事项"是指学生期望达到的目标，即学习的动机。正是因为学生对学习有某种期望，教师给予的反馈才会具有强化作用。换言之，反馈所以有用，是因为反馈能肯定学生的期望。"执行控制"即加涅所讲的认知策略，执行控制过程决定哪些信息从感觉登记进入短时记忆，如何进行编码，采用何种提取策略等。由此可见，预期事项与执行控制在信息加工过程中起着极为重要的作用。加涅所以不把这两者与学习模式中其他结构联结起来，主要是由于这两者可能影响信息加工过程中的所有阶段，而它们之间相互联结的关系目前还不很清楚。

加涅坚持认为，上述这些模式的结构及其相互联系的过程都是从实验研究的结果中，用理性推断的方法引申而得出的假设性结构。这些结构的存在还要靠实验数据不断地加以验证，也就是说，这些结构还有待于进一步地修正和发展。

图2–6是加涅在20世纪70年代所采用的学习和记忆的信息加工模式分析图：

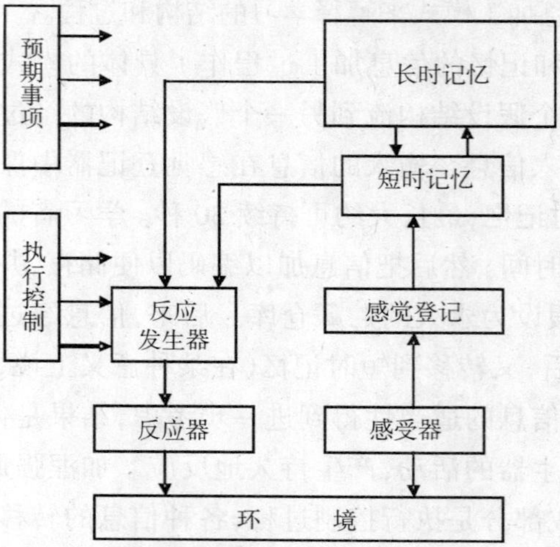

图 2.6 学习和记忆的信息加工模式图

(二)学习的八个阶段

从学习模式中可以看到,学习是学生与其环境之间相互作用的结果,每一个学习行动都可以分为八个阶段。

1. 动机阶段

学生的学习是受动机推动的,但动机有许多形式,有些与教学有关,而有些与教学无关。加涅认为,为了促进学生学习,我们必须关注诱因动机,即学生力图达到某种目的的动机。学生有了这种动机,他的行动都会指向这一目的,并会因达到目的而获得某种方式的满足。加涅进一步假定,学习的动机过程借助于学习者在学习发生以前就建立的"定向"或"预期"的效果,即模式图中"预期事项"和"执行控制"的作用。一个预期定向在学习行为中持续不变,可以当作是一种执行控制过程,这样一种定向可以指导学习中的许多其他过程,特别是影响由学习而引起的那一类作业。

2. 领会阶段(注意和选择性知觉)

有了学习动机的学生,必须注意学习有关的刺激。注意的过程一般被认为是一种暂时的内部状态,或被称为心理定势。一旦注意某种刺激后,它就起一种控制执行过程的作用,即只对某些刺激予以加工。注意定势是由外部刺激激活的;注意的时间是因人因事而不同的。最初的注意往往是因刺激的突然变化引起的,因此,教师可以用许多手段来引起学生的注意,如改变讲话声音的高低、手势动作和其他各种方法。

当学生把所注意的刺激特征从其他刺激中分化出来时，这些刺激特征就被进行知觉编码，贮存在短时记忆中。这个过程就是加涅所讲的选择性知觉。很显然，要使学生能够进行选择性知觉，外部刺激的各种特征必须是可以被分化或辨别的，学生只有对外部刺激的特征作出选择性知觉后，才能进入其他学习阶段。

3. 习得阶段

严格说来，只有当学生注意或知觉外部情境之后，学习过程才真正开始。习得阶段首先对新获得的刺激进行知觉编码并贮存在短时记忆中，然后再把它们进一步编码加工，转入长时记忆。在短时记忆中暂时保存的信息，与被直接知觉的信息是不同的，在这里，知觉信息已被转化成一种最容易被贮存的形式，这种转化过程被称为编码过程；当信息进入长时记忆时，信息又要经历一次转换，这一编码过程的目的是为了便于保持信息。

4. 保持阶段

学生习得的信息经过编码过程后，即进入长时记忆贮存阶段。加涅认为，相对于其他阶段，我们对保持阶段了解得最少，因为最不容易对它进行调查。但有几点目前是清楚的：第一，贮存在长时记忆中的信息，其强度并不因时间递增而减弱，比如七八十岁老人回忆孩提时的事情往往比当天的事情更清楚；第二，有些信息因长期失用而逐渐消退，如一个人已习得的外语单词会因不用而遗忘；第三，记忆贮存可能会受干扰的影响，新旧信息的混淆，往往会使信息难以提取，严格地说，这不是记忆贮存的问题，而是信息提取的问题。

5. 回忆阶段

学生习得的信息要通过作业表现出来，信息的提取是其中必需的一环。相对其他阶段而言，回忆或信息提取阶段最容易受外部刺激的影响。教师可以利用各种方式使学生得到提取线索，这些线索可以增强学生的信息回忆量。但作为教师，最重要的是指导学生，使他们为自己提供提取线索，从而成为独立的学习者。所以，对于教学设计来说，通过外部线索激活提取过程固然重要，但更重要的是使学生掌握为自己提供线索的策略。

6. 概括阶段（迁移）

学生提取习得信息的过程，并不始终是在与最初学习信息时相同的情境中进行的。况且，教师总是希望学生能把学到的知识运用于各种类似的情境中，而不是仅仅按教科书的方式呈现出来，这就是我们常说的要举一反三。因此，学习过程中必然有一个概括的阶段。加涅所说的概括，就是指我们通常所讲的学习的迁移。假定已经获得的知识迁移到新的情境，一部分取决于知识的贮存方式；一部分取决于哪些线索可使这种知识在新情境中再现。这种看法意味着可能有一种迁移的编码作为恢复的编码的一种形式而存在，学习的迁移很可能不需要储存和恢复过程之外的另一些过程。

7. 作业阶段

学习过程需要有作业阶段似乎是不言而喻的，因为只有通过作业才能反映学生是否已习得了所学习的内容。对有些学生来说，作业的一个重要功能是为了获得反馈；但在有些学生看来，通过作业，看到自己学习的结果，能获得一种满足。当然，作业主要是给教师看的。一般说来，仅凭一次作业是很难对学生作出判断的，有些学生可能某次碰巧做得很好，而有的学生则做得不理想。因此，教师需要根据几次作业才能对学生的成绩作出推断。

8. 反馈阶段

当学生完成作业，他马上意识到自己已达到了预期的目标时，教师需给以反馈，让学生及时知道自己的作业是否正确。加涅所讲的信息反馈，类似于其他心理学家所讲的强化。加涅指出，需要注意的是，强化在学习过程中之所以起作用，是因为学生在动机阶段形成的期望在反馈阶段得到了肯定；动机阶段对学生的重要性，在强化过程中又一次得到了强调。

加涅学习理论的一个主要特点是博采各家各派之长，吸收了行为主义、格式塔心理学、人本主义以及控制论等观点，并把它们融合进自己的理论中去。加涅学习理论的最大优点就在于注重应用，即把学习理论研究的结果运用于教学实践。

第三节　奥苏贝尔意义学习理论

奥苏贝尔（Ausubel，1918—）是当代美国著名的教育心理学家。他积极从事学校课堂教学环境中学生知识学习过程的研究。他的学习理论和教学思想以“认知结构同化论”为基础，系统地阐述了有意义学习的实质、条件和种类；提倡在课堂教学中学生以有意义地接受学习为主，教师以讲授教学为主,这样可以提高学生的学习效果。

一、认知结构同化论

奥苏贝尔在 1963 年提出了认知结构同化论，强调言语讲授及接受学习，认为言语讲授是课堂教学的基本形式，发现学习不一定就是有意义学习,而接受学习也不一定就是机械学习。奥苏伯尔的认知结构同化论有两个基本概念,即认知结构和同化,学生的学习就是一个同化和发展自身认知结构的过程。

所谓认知结构是指学科知识的实质性内容在学习者头脑中的组织。它由有组织的、稳定的概念组成,遵循的是“不断分化”和“综合贯通”的原则,使其形成一个按层次高低和纵横联系组织起来的“金字塔”式的结构。处于结构顶端的是最抽象和概括性最强的知识或概念，下面是逐级向下分化的从属概念、命题或具体信息。学习新知识的过程是学习者积极主动地从自己已有的认知结构中提取与新知识最有联系的旧知识,用来“固定”或“归属”新知识的过程。这个过程是一个动态过程,是新知识在认知结构中进行“同化”或“类属”的过程。过程的结果导致原有的认知结构不断地分化和整合,使学习者获得了新知识或清晰稳定的意识经验，原有的知识也在同化过程中发生了意义的变化。所以,“同化”就是新旧知识或观念相互作用的过程。其相互作用的结果使习得的知识观念获得心理意义,与此同时,原有的认知结构也发生了量变或质变。

同化这一概念,最初是由皮亚杰提出的。在奥苏贝尔看来,同化理论属于认知学习理论的一个部分,是要探索学生内部的心理机制。他认为同化理论的核心是:学生能否习得新信息,主要取决于他们认知结构中已有的相关概念；意义学习是通过新信息与学生认知结构中已有的有关概念的相互作用才得以发生的;由于这种相互作用,导致了新旧知识的意义的同化。

奥苏贝尔不仅用认知结构同化论解释新知识或新观念的习得,还用它来解释新知识的保持和遗忘。他认为,新知识的意义获得以后,新旧观念的相互作用并未停止,新意义的保持与遗忘是同一相互作用过程的继续。在新知识的意义刚刚获得以后和保持的初期,人们为什么能够清晰地回忆出新知识的意义,而且能够将新旧知识区分开来呢?认知结构同化论假设,新知识的意义在保持的初期,既可与同化它的旧观念相关联,又可从旧观念中分离出来,即新旧观念之间存在着可分离性。这就是新知识可以利用的内在机制。

那么,在有意义的学习中,知识的遗忘又是怎样产生的呢?奥苏贝尔认为,人脑为了减轻记忆的负担,必须对知识加以组织。在知识的组织过程中,原有的较巩固的观念倾向于替代或擦去新的较不稳定意义的痕迹。在新旧观念的相互作用中,原有观念擦去新观念的痕迹的过程,叫作遗忘性同化。新旧知识的相互作用,建立起实质性的非人为的联系。这种联系既有有利于新知识的保持和回忆的一面,又有被原有的旧观念替代或擦去痕迹的一面,新旧观念相互作用的后一方面就是有意义遗忘的心理机制。但是它的推论缺乏实验事实证明,只能说是一种假设。

二、意义学习理论的涵义

奥苏贝尔对传统的学习理论持批评的态度。在他看来,"一种真正实在的、科学的学习理论主要关注在学校里或类似的学习环境中所发生的各种复杂的、有意义的言语学习,并对影响这种学习的各种因素予以相当的重视"(1967)。①

在奥苏贝尔最有影响的著作《教育心理学:一种认知观》第二版的扉页上,他写道:"如果我不得不把教育心理学的所有内容简约成一条原理的话,我会说:影响学习的最重要的因素是学生已知的内容。弄清了这一点后,再进行相应的教学。"这一原理是奥苏贝尔整个理论体系的核心,所有论述都是围绕这一原理展开的。

奥苏贝尔教育心理学中最重要的观念之一,是他对意义学习的描述。奥苏贝尔的意义学习,也称意义接受学习或接受学习。即学生的学习,如果要有价值的话,应该尽可能地有意义。"接受"一词在此是"吸收"的意思。在他看来,有意义的学习,只能产生于在学生已有充分的先备知识基础上教他学习新的知识。这就是他的理论之所以称为意义学习的原因。学生学习新知识时的能力与经验,代表他的认知结构,配合他的认知结构,教他新的知识,就会使他产生意义学习。

值得注意的是,按奥苏贝尔的说法,接受学习所指的绝非是被动式的学习。他认为,意义学习有两个先决条件:第一,学生表现出一种意义学习的心

---

① 施良方. 学习论[M]. 北京:人民教育出版社,1994:232.

向，即表现出一种在新学的内容与自己已有的知识之间建立联系的倾向；第二，学习内容对学生具有潜在意义，即能够与学生已有的知识结构联系起来。由此可见，在接受学习情境中，学生的求知心理活动，仍然是主动的。在学习一种新知识时，学生在教师的组织引领下，积极主动地将具有潜在意义的新知识与他认知结构中有关的旧知识发生相互作用，从而使旧知识得到改造，使新知识获得实际意义，即心理意义。

奥苏贝尔将概念视为一个层次性的结构。居于结构上层者为要领概念，代表个人对事物的整体认识。居于下层者为附属概念，代表个人对事物特征的细节记忆。要领概念可持久不忘，附属概念则多为短暂性的。在奥苏贝尔看来，学生在学习新概念、形成新知识时，他首先用自己已有的要领概念去核对新概念，并试图将其纳入自己的认知结构之内，从而同化为自己的知识。既然要领概念具有吸收同化新概念的功用，在学习新知识之前，如先将新知识中的主要概念提出来，使之与学生既有的要领概念（即先备知识或认知结构）相结合，就将有助于学习。奥苏贝尔特别将此种结合旧新概念而利于学习的教学步骤，称之为前导组织。①在这里，奥苏贝尔指出，认知结构是有一定的层次性的，根据新旧观念概括水平的不同及其联系的方式，他提出了三种同化模式。

（一）下位学习

又称为类属学习，是指将概括程度或包容范围较低的新概念或命题，归属到认知结构中原有的概括程度或包容范围较高的适当概念或命题之下，从而获得新概念或新命题的意义。按照新观念对原有观念影响的大小，下位学习可以分为两种形式，一种是派生类属，即新学习内容仅仅是学生已有的、包容面较广的命题的一个例证，或是能从已有命题中直接派生出来的。例如，知道了“长方形的四个顶角都是直角”，而正方形是长方形的一种特例，那就很容易理解“正方形的四个顶角都是直角”。另一种是相关类属，即新内容纳入可以扩展、修饰或限定学生已有的概念、命题，并使其精确化。例如，学生学习了“杠杆”的概念，知道了杠杆的力臂原理，而后他们学习滑轮，知道定滑轮实质上是一种等臂杠杆，这就把“定滑轮”同化到了“杠杆”之下。

① 陈琦，刘儒德．当代教育心理学[M]．北京：北京师范大学出版社，2007：167—168．

(二)上位学习

又称为总括关系,是指新概念、新命题具有较广的包容面或较高的概括水平,新知识通过把一系列已有观念包含于其下而获得意义,新学习的内容便与学生认知结构中已有观念产生了一种上位关系。例如,儿童在熟悉了“胡萝卜”、“豌豆”和“菠菜”这类下位概念之后,再学习“蔬菜”这一上位概念。

(三)组合学习

当新概念或新命题与认知结构中已有的观念既不产生下位关系,又不产生上位关系时,它们之间可能存在组合关系。这种只能凭借组合关系来理解意义的学习就是组合学习,比如质量与能量、需求与价格的关系,再比如用关于水流的知识来理解电流等。在这种学习中,实际上学习者头脑中没有最直接的可以利用的观念,学习者只能在更一般的知识背景中为新知识寻找适当的固定点。

三、意义学习的类型

根据学习材料的复杂程度,将意义学习划分为四种类型。

(一)表征学习

对于儿童最主要的理智任务之一,是学习各种符号的意义。儿童最初学到的符号,是家长对他们所讲的词汇。我们的任务是要了解儿童开始时是怎样赋予这些符号以意义的,以及构成这些符号意义的认知内容的性质。例如,当年幼的儿童正注视着一条狗时,家长说:“这是一条狗”。“狗”这个词最初对幼儿来说是没有意义的,但在听到家长的话时,儿童认知结构中的两种内部刺激同时被激活了:一是狗的视觉映象,二是听到“狗”这个词引起的内部刺激。通过讲话和手势(手指着狗),家长向孩子表明,“狗”这个词代表实际的狗。因此,儿童给“狗”这个词赋予了意义,到了一定的时候,儿童会注意到,环境中不同客体有不同的名称,同一类客体的不同成员可以有同样的名称。在儿童掌握这种一般概念之后,名称学习不再是一种完全任意的学习了。当儿童听到“猫”这个词,尽管他实际上没有看到猫,他也会认识到,这个符号是某一物体的名称,而绝对不是狗。这就符合了意义学习的一条准则,即符号与客体有实质性的联系。所以,表征学习在意义学习和机械学习这一连续体上,相对来说是处于机械学习一端,并不完全是任意的,也具有意义学习的性质。

(二)概念学习

概念是知识的基本单元。任何学科的知识都是由一系列概念或原理构成的,而原理也是由概念构成的,因此概念学习是知识学习的主要内容。概念学习就其实质而言,是掌握一类事物所共同具有的某种关键特征。奥苏贝尔以儿童学习"立方体"这个概念为例说明概念学习。儿童见过或玩过许多大小、颜色、质地不一的立方体。作为经验的结果,他们归纳出了立方体的关键属性。这些属性是置于立方体的表征映象之中的,这种表征映象是儿童从经验中形成的,在没有实物时也能回想出来。奥苏贝尔把儿童通过归纳发现一类物体的关键属性的过程,称为概念形成。但对学龄期儿童来说,大多数概念的意义是通过定义习得的,定义为学生提供了概念的关键属性,定义本身也是一种"命题"。

(三)命题学习

命题是用来表述两个以上事物之间或性质之间关系的句子。命题可以分为两类:一类是非概括性命题,用以表示两个以上特殊事物之间的关系。另一类是概括性命题,用以表示若干事物或性质之间的关系。教材中知识的陈述一般是以命题的形式出现的,大量的事实、概念、定理、定律和法则都是以命题的形式表述的。由于命题是以词汇组成的句子的形式出现,所以命题学习包括了代表性学习;又由于概念的定义也是用一种特殊形式的命题表述的,因此,命题学习也包括了概念学习。但是,由于构成命题的单词一般代表概念,所以命题学习实质上是学习若干概念之间的关系,即学习由几个概念联合所构成的复合意义。命题学习在复杂程度上一般高于概念学习。因此,命题学习要以概念的掌握为前提。命题学习是知识学习的主要形式。

(四)发现学习

奥苏贝尔对发现学习的解释有些与众不同。他认为,发现学习是指学习内容不是以定论的方式呈现给学生的，而是要求学生在把最终结果并入认知结构之前，先要从事某些心理活动，如对学习内容进行重新排列、重新组织或转换。因此，发现学习可以在前面提及的三种学习类型中发生。除此之外，发现学习还涉及其它三种学习类型即运用、问题解决和创造，这三种学习是有层次的。“运用”是把已知命题直接转换到类似的新情境中去，有点类似于我们通常所讲的“练习”；“问题解决”是指学生无法把已知命题直接转换到新情境中去，学生必须通过一些策略，使一系列转换前后有序，学生已有的知识可能是与问题解决办法有关的，但需经过多次转换，而非直接运用或练习所能解决的；“创造”则是指能把认知结构中各种彼此关系很遥远的观念用来解决新问题，而且认知结构中哪些命题与该问题有关，事先是不知道的，各种转换的规则也是不明显的。

四、教学原则

在分析学生的学习时，强调学生头脑中的认知加工过程，奥苏贝尔与布鲁纳的观点是一致的。但是，奥苏贝尔指出，学生“应该知道的知识”与“需要知道的知识”之间总是存在着一定的间隙。他引用一位医学院教授的话说：“我们现在所教的内容，过 10 年后有一半会过时。然而，10 年后医生所需知道的知识，有一半至今尚未被发现。”因此，如何协调和整合学生学习的内容，仍是当今学校教育中的重要课题。奥苏贝尔根据意义学习发展出一种新的教学模式：讲解式教学（或陈述教学）是由教师将教材详细规划，使之成为有系统有组织的知识，然后条理分明地对学生讲解。

讲解式教学在实际教学进程中，分以下三个阶段：

（1）提供前导组织。提供前导组织，是以学生既有的先备知识为基础，使之与计划学习的新知识发生联结，并将计划学习的新知识，突出一个清晰而具体的架构，以引导学生进入新知识学习的准备。“前导组织”可分为两类：一类是陈述性的，目的在于为新的学习提供最适当的类属者，它与新的学习产生一种上位关系；另一类是比较性的，用于比较熟悉的学习材料中，目的在于比较新材料与认知结构中相类似的材料，从而增强似是而非的新旧知识之间的可辨别性。奥苏贝尔认为，一节课总是以前导组织为开端，意义学习的发生总是在学生的认知结构和所学材料之间有一潜在的配合，而前导组织则使这种配合更为可能。

(2)呈现学习材料。教师呈现教材的方式,可以以讲解为主,讨论、电影电视为辅,无论采取何种方式,教师必须随时引导学生注意,而在讲解时用语清楚明确,不致使学生难懂或误解。在根据教材讲解过程中,教师应遵守渐进分化原则,即从一般概念的说明,逐渐进入详细内容的讲解。奥苏贝尔认为,这种呈现教学内容的顺序,不仅是与人类认知内容的自然顺序相一致的,而且也是与人类认知结构中表征、组织和贮存知识的方式相吻合的。他由此提出两个基本假设:一是学生从已知的包摄性较广的整体知识中掌握分化的部分,比从已知的分化部分中掌握整体知识难度要低些。这实际上就是说,下位学习比上位学习更容易些;二是学生认知结构中对各门学科内容的组织,是依次按包摄性水平组成的。包摄性最广的概念在这结构中占据最高层次,下面依包摄程度下降而逐渐递减。

(3)统整调和原则,即将分化后的知识再前后连接起来,成为一个有组织的,具有统整性与调和性的知识整体。至此,对学生而言,在他的心理上即产生了意义学习。奥苏贝尔认为,所有导致统整调和的学习,同样也会导致学生现有知识的进一步分化。因此,统整调和是在意义学习中发生的认知结构逐渐分化的一种形式。同时,奥苏贝尔认为,当教材内容无法按纵向序列的形式,而只得用横向并列的形式组织教材时,统整调和的原则也是适用的。在这种情况下,教学内容不是呈现累积的形式,后面的学习不取决于前面的学习内容是否掌握。例如,在介绍各种理论流派时,第二部分的内容并不以第一部分的内容为先决条件。但是,这并不是说它们之间没有关系,通过对认知结构中已有的知识加以类推、分析、比较和综合,明确指出它们之间的区别和联系,可以消除可能引起的混淆,从而促进学习和记忆。

奥苏贝尔的意义学习理论是一种解释学生的知识学习,对课堂讲授教学具有重要指导意义的学习理论。

第三章　学习的认知发展理论

认知发展是指主体获得知识和解决问题的能力随时间推移而发生变化的过程和现象。学习和认知发展有着十分密切的关系，一方面，主体的认知发展水平制约着学习的内容、方法等；另一方面，学习又能在一定程度上促进主体的认知发展。学习的认知发展理论主要探讨这种过程和现象的规律、特点以及影响因素，探讨潜藏在这一过程和现象背后的微观机制。这一章我们将分别介绍布鲁纳的认知发展理论、皮亚杰的认知发展理论和维果茨基的认知发展理论。

第一节　布鲁纳的认知发展理论

布鲁纳(Bruner,1915—)是一位在西方心理学界和教育界都享有声誉的学者，在众多领域进行了富有成效的研究。布鲁纳主要研究知觉与思维方面的认知学习，是认知心理学的先驱之一，并在此基础上形成了他自己的教学理论。他非常关心学校教育和学生学习的问题，强调学习理论和教学理论在教学上的应用，是发现学习的创始者。

在认知结构学习论中，由于布鲁纳强调学生的主动探索，认为从事物变化中发现其原理原则，才是构成学习的主要条件，故而被称为发现学习论。布鲁纳的发现学习论，在内容上包括两部分：其一是他对人类认知表征的理论解释，其二是他在发现学习论中的结构理念。

一、认知表征的涵义

布鲁纳探讨知觉与思维的目的，是为了能更好地帮助和促进学生智慧的生长。他常常把智慧生长与认知生长作为同义词，把它们看作是形成表征系统的过程。

在布鲁纳看来，人类对其环境中周遭事物，经知觉而将外在物体或事件转换为内在心理事件的过程，称为认知表征，或称知识表征，意指人类经由认知表征的过程获得知识。按布鲁纳的研究，人类的认知表征方式是随年龄而发展的，可以划分为三个发展阶段。

（一）动作表征——从做中学

指3岁以下的幼儿靠动作来认识了解周围的世界，亦即靠动作来获得知识。幼儿处理他周围的事物，不是用手去触摸抓取，就是用口去啃咬舔尝。此外，幼儿对某些名字的意义，也是经由动作表征才学得的。例如，幼儿经由“坐”的动作了解椅子的意义，经由手触口尝的动作了解冷热的感觉。对人类而言，动作表征是求知的基础，虽然最早出现在幼儿期，但却是一直延长使用到终生。如长大后学技艺体育等科目时，教练总是要求学员按示范动作去亲身体验，即属此意。

（二）形象表征（或图像表征）——从观察中学

指儿童经由对物体知觉留在记忆中的心象，或靠照片图形等，即可获得知识。儿童只须凭想象就可以回答两只手共有十个指头，而不需要像幼儿扳手指的动作那样去计算数量。如果儿童被问到“西瓜大还是苹果大？”他不需要靠实物比较，即可回答此类问题。对人类而言，形象表征的求知方式，是由具体进入抽象的开始。

（三）符号表征（或象征表征）——从思考中学

指运用符号、语言文字为依据的求知方式，认知发展至此程度，表示心智能力发展臻于成熟。此时儿童可按逻辑思维去推理解释周围的事物，不必再靠动作或图像的帮助，即可直接从事抽象思维，从彼此相关的事件中，发现原理原则，从而解决问题。例如，若已知 X>Y，Y>Z，则可推知 X>Z。

布鲁纳虽将人类认知表征发展分为三个阶段，但在实际教学时，他并不主张按年龄或年级采用三种表征方式去教学生求知。原因是，即使是同年级的学生，在知识经验上，尤其是求知方式上，彼此间也存有很大的个别差异。布鲁纳强调，教师教学的最重要任务是，配合学生身心发展，教学生如何思维，如何从求知活动中发现原则，从而整理统合，组织成属于自己的知识经验。此即布鲁纳之所以倡议发现学习论的由来。

二、发现学习的涵义

发现学习是指学生在学习情境中通过自己的探索来获得问题答案的学习方式。布鲁纳认为,学习、了解一般的原理原则固然重要,但尤其重要的是形成发现的态度和方法。学习者应该有一种探索新情境的态度,喜欢去做出假设,推测关系,发挥自己的能力去发现新事物,解决新问题。布鲁纳(1996)认为,教学生学习任何科目,决不是对学生心灵中灌输些固定的知识,而是启发学生主动去求取知识与组织知识。教师不能把学生教成一个活动的书橱,而是教学生如何思维;教他学习如何像历史学家研究分析史料那样,从求知过程中去组织属于他自己的知识。因此,求知是自主性的活动历程,而非被动地承受前人研究的结果。所谓发现,当然不止限于发现人类尚未知晓的事物,而且还包括用自己头脑亲自获得知识的一切形式。

(一)直觉思维是发现学习的前奏

在学生发现答案之前,布鲁纳认为,鼓励学生根据自己的知识和经验,对问题情境先做一番直觉思维。当然,直觉思维未必一定获得正确答案,但敢于从事直觉思维者,其心智运作一定较为活跃。在直觉思维时,一旦发现解决问题的线索,此直觉思维就变成了发现学习的前奏。

(二)学习情境的结构性是有效学习的必要条件

发现学习只有在结构性的学习情境下才会产生。按布鲁纳的说法,结构是指知识构成的基本架构,在此架构中,包括着某些彼此相关联的概念。例如,一个由多个单字组成的句子,其中名词、动词、形容词、副词以至形容词或副词片语等,在句子的结构上都被安排在适当的位置,彼此连结起来,才会表达出完整的意义。如果学生自己先具备了文法结构方面的基础知识,他就可以从文章中自行发现作者所表达的意义。反之,如果教材的组织缺乏结构性,或是学生本身缺乏认知结构的基础知识,发现学习是不可能产生的。

(三)探索中发现的正误答案同样具有回馈价值

行为主义学习论认为,个体在学习情境中表现正确反应后立即获得强化，是构成学习的主要条件。布鲁纳发现学习论却并非如此，他认为，学生探索性的反应之后，是否立即获得强化性的回馈，并不是最重要的；而且，回馈也未必需要由外在因素来控制（如奖惩）。布鲁纳认为，回馈是学生发现问题答案时，从错误调整到正确的认知历程。学生一旦发现错误而自行改正之后，其所产生的回馈作用，远比外在的奖励更有价值。因此，在发现学习者看来，"发现自己的错误"与"发现正确答案"，对有效学习而言，是同样重要的。

发现学习是个人获得真知的主要途径，特别是当人们面临新知识的挑战，或者追求学术上的真知灼见时，这种学习方法便显得尤为重要。然而发现学习的最大缺点在于它的效率比接受学习低，而且受学习者智慧水平和知识基础的限制。在学习那些超出学习者现有知识基础或认知能力的知识时，接受教师的启发指导和系统的传授，确实要比自己反复阅读、苦思冥想便捷得多，迅速得多。这正是讲解式教学方式在课堂教学中经久不衰的原因所在，也是学校教学的真正意义所在。在当今信息传播迅速，新知识和新技术不断涌现的知识社会里，发现学习和接受学习是相互补充、相互支撑的。重要的是要让学生学会在什么情况下去发现，又在什么情况下去接受，从而成为获得知识的主人，而不是任人摆布的充塞知识的容器。

三、布鲁纳的教学论思想

布鲁纳的发现学习论是为了改进中、小学教育而建构的，在一般教学原理上，也称发现学习论为发现教学法（或启发式教学法）。

（一）事先安排学生学习的最佳经验

布鲁纳认为教学要着重考虑学生在学习中的意向和目标针对性，要把学生的技能转变成他们自己的智力活动的安排，即教学的内容要与学生的求知欲相关联，要把所教的东西转变成学生所求的东西，把教学的过程转变成学生主动求知的过程。按照布鲁纳的思想，教学应该让学生按照自己的方法去学习，当学生按照自己的方法去学习时，他也就学会了怎样去学习。教师的教学要满足学生在学习和解决问题时所需要的种种可供选择的方法，这样才能使教学转变成每个学生都主动求知的过程。总之，所谓学习的最佳经验就是把教师要教的知识转变成学生主动探究的东西，并且按照学生自己选择的方法去学习他们想要得到的东西。

(二)为学生的最佳理解组织知识

要使教学真正达到目的，必须使学生在某种程度上获得一套概括了的基本思想或原理,这些基本思想或原理,构成了一种对理解来说是最佳的知识结构。教学的目的就是要使学生掌握学科的知识结构,最佳的知识结构是由概括了的基本思想或原理构成的，教学的任务也就是把所教的知识转化成最易被学生理解的形式,使学生从容地概括地接受这些知识,有助于减轻学习者记忆大量孤立的事实的负担。

(三)呈现学习材料的最佳顺序

教材的难度与逻辑上的先后顺序，必须针对学生的心智发展水平及认知表征方式,做适当的安排,以便能使学生的知识经验前后衔接,从而产生正向学习迁移。首先,尊重儿童智力发展的规律,也就是说,儿童认知能力的发展过程要经历从动作性再现表象经过幻象性再现表象到象征性再现表象的顺序,这个顺序可以说是儿童开始学习的最好方法;其次,教师向学生呈现知识形式的策略目标必须适合学生和知识内容的特殊表象形式，也就是说,某种知识最适宜以形象的形式传授还是适合在操作和活动中传授时,必须依据学生和知识本身。因此,布鲁纳提出螺旋式课程的构想,将课程内容转化或改写成不同年龄阶段的学生所能理解和接受的形式，去教给那些具有不同认知水平的不同年龄阶段的学生。

(四)学习中成功与失败的作用和奖励与惩罚的运用

布鲁纳承认强化手段对学习的作用，但他更重视学习的内部动机对学习的促进作用。当一个人企图认识某事物或精通某项工作之后会出现两种极端状态,即成功与失败和奖励与惩罚,他认为成功与失败是眼前工作本身内部存在的,因此,它们构成内在动机;而奖励与惩罚是由父母和教师控制的,它们构成外部动机。这时成功与失败所构成的内部动机足以保证学习或工作的动力需要,而如果再给予奖励和惩罚往往会产生消极作用。

(五)激发学生思想的程序

布鲁纳把知识获得的一切过程都看成是问题解决过程的例子，并将这个过程划分为两个步骤:一是根据所得到的感性材料提出试验性的假设,这是一种推理或直觉上的飞跃。这种飞跃是一个人把新来的信息和以过去经验为基础的内在世界模式相联系而完成的。二是用更多的感性材料对试验性假设作进一步的检验。如果两者一致,这个假设就得以保持;如果不一致,就要改变假设使之与感知的事实相一致。

根据这种思想观点，布鲁纳强调，为使学生产生这种有价值的直觉飞跃,教师应鼓励学生们运用预感,并提出大胆的、甚至不大可能的思想,以此来激发学生的思想程序,那么在教学过程中要创造条件,采取有效的措施,使学生在学习过程中进行自主的、积极的、真正有意义的思考,从而使学生的自主发现能力,独立地解决问题的能力,乃至发明创造的能力得以提高或发展。将来离开学校时,能成为一个独立地继续进行学习、思考和发明创造的人。

布鲁纳的"认知－发现说"及有关的"发现学习"、"螺旋式课程"结构和"最佳教学"的思想是既注重知识的理解,又注重对学生能力的培养,符合学习和教学的一般规律和本质特征。但其太过于强调学生的发现学习,不注重接受学习,应该使发现学习与接受学习两者相互配合,有效补充。

第二节　皮亚杰的认知发展理论

皮亚杰(Piaget,1896—1980)是瑞士籍的世界著名心理学家,日内瓦学派(皮亚杰学派)的创始人,他涉猎广泛,在许多科学领域都卓有建树。皮亚杰从上世纪 20 年代开始研究认知的发生及发展问题，直到上世纪 50 年代以皮亚杰为代表的日内瓦学派提出了儿童智慧形成和认知机制发生、发展规律的重要理论,形成了一套完整的认知发展的科学体系,受到心理学界的广泛重视,并对后来的认知发展研究产生了深远的影响。

一、皮亚杰认知发展理论中的基本假设

(一)儿童认知发展的内在主动性

皮亚杰认为,儿童认知发展的根本动力存在于儿童自身中。他认为,儿童不是只能被动地等待着环境刺激的影响和塑造的生物体，而是刺激的主动寻求者、环境的主动探索者,儿童与环境之间构成作用与反作用的关系。

因此,在很大程度上是儿童自已在决定着自身的发展方向和水平。从这个意义出发，皮亚杰认为，任何一个年龄阶段的儿童在与外界相互作用的过程中,都有一套独特的表征和解释世界的方法和原则,表现出思维的独特性。皮亚杰认为,认知结构是具有内在活动性的,必须通过主体的不断练习,才能获得、加强、巩固和发展。

(二)认知发展的实质是心理结构的改进与转换

结构(图式)是皮亚杰理论中的核心概念之一。在皮亚杰理论中的结构,不是指解剖意义上的结构,而是指一种认识上的功能结构。主体依赖它对客观刺激作出反应。结构具有整体性、转换性和自调性等三个特性。结构的整体性，是指在结构中的各成分之间呈有机性联系，而不是各独立成分的混合,结构中各成分和整体的变化由统一的内在规律所决定,结构的变化导致儿童智力的发展变化。结构的转换性,是指结构不是静止的,而是处于不断的发展变化中。不同年龄阶段的儿童,其智力结构呈现不同的特点。结构的自调性,是指结构的变化有其本身自行调节的规律,而不需要借助于外在的因素。因此,结构是封闭式的自调性组织。皮亚杰认为,由于图式的这种特性,才使得主体通过与外在环境的相互作用,而获得智力结构的不断改善和转换,从最初的遗传反射图式发展到后来的感觉运动图式、表象图式、直觉思维图式,最后构成运算思维图式(具体运算和形式运算)。

(三)认知发展的建构性

"建构"是整个皮亚杰认知发展理论中最基本的假设。所谓"建构"指主体在外部环境影响下,不断地与外界相互作用,形成完善、灵活的认知图式的过程，包含主体运用其内部结构对客体进行的建构和对其自身内部结构进行的建构两重含义。[①]在皮亚杰看来,客体只有在主体结构的加工改造以后才能被主体所认识，主体对客体的认识程度完全取决于主体具有什么样的认知结构。因此,儿童对于客观世界的解释是根据他们已经知道的关于世界的知识。在皮亚杰看来,不存在着纯粹的客观现实,现实是主体依据已有的认知图式对环境信息进行的建构。具体表现为,当遇到环境信息时,主体

① 应湘.发生认识论思想简论.西北师大学报(社会科学版)[J].1992,(5):87—90.

对其的解释总是开始于已经知道的部分。儿童现存的知识状态指导着其对各种信息的加工。因此，对现实的认识是一个能动的、积极的、活跃的建构过程，体现了主体与环境的相互作用。

二、认知发展的机制

（一）同　化

在皮亚杰理论中，同化指主体将其所遇到的外界信息直接纳入自己现有的图式中去的过程。[①]也就是说，主体在感受到刺激时，把它们纳入头脑中原有的认知结构中，使其成为自身的一部分，就像消化系统将营养物吸收一样。在皮亚杰看来，心理同生理一样，也有吸收外界刺激并使之成为自身的一部分的过程。所不同的只是涉及的变化不是生理性的，而是机能性的。

在同化过程中，虽然主体没有改变自身的认知结构，但也不能将这个过程看成是一个完全被动的过程。因为，在这个过程中，主体对外界信息所做的不仅仅是感觉登记，还需对这些信息进行某些调整和转换，以使其与主体当前的认知结构相匹配，便于被接纳。有时候主体在对信息进行调整和转换的过程中，可能会出现曲解的情况，这是导致儿童出现认知错误的一个重要原因。

个体认知的发展过程中，同化经历下列三种形式：①再现性同化，即基于儿童对出现的某一刺激作出相同的重复反应。②再认性同化，即基于儿童辨别物体之间差异借以作出不同反应的能力，它在再现性同化基础上出现并有助于向更复杂的同化形式发展。③概括性同化，即基于儿童知觉物体之间的相似性并把它们归于不同类别的能力。

（二）顺　应

顺应是指主体调节自己认知结构以适应特定刺激情境的过程。当个体遇到不能用原有图式来同化新的刺激时，便要对原有图式加以修改或重建，以适应环境，这就是顺应的过程。顺应对主体认知结构的发展具有十分积极的意义，因为这个过程是主体根据外界的信息情况，主动修正自身的认知结构而实现的。

① 陈英和.认知发展心理学[M].杭州：浙江人民出版社，1996：58.

皮亚杰指出,同化和顺应并不是彼此分离的两个独立的过程,而是相互联系、相互依存的。同化主要是指个体对环境的作用;顺应主要是指环境对个体的作用。如果只有同化而没有顺应,那就谈不上发展。尽管同化作用在保证图式的连续性和把新的要素整合到这些图式中去是十分必要的,但是,同化如果没有它的对立面——顺应的存在,它本身也不能单独存在。换言之,不存在纯粹的同化。当然,如果没有与顺应相对应的同化,也就没有顺应可言。一切认识发展都离不开认知图式的同化与顺化。认识发展既是认知图式顺应于外物, 又是外物同化于认知图式这两个对立统一过程的产物。只是在某些活动中,同化占支配地位,在另一些活动中,顺应占支配地位。

(三)平　衡

皮亚杰认为平衡是个体为保持认知结构处于一种稳定状态的内在倾向性。这种倾向性是潜藏于个体发展背后的一种动力因素。当某种作用于主体的信息不能与其现有的认知图式相匹配时, 就会引起主体的一种不平衡状态。对这种不平衡状态的内部感受是一种不协调及不满足感,主体会努力地克服这种消极感受,以恢复旧的平衡或达到新的平衡。主体正是在这种不断地寻求平衡的过程中,实现了认知的发展。

皮亚杰也将平衡看成为一种动态的过程。他认为,平衡包含着同化和顺应两个方面,平衡体现了主观存在与客观存在之间的、最充分的相互作用。个体认知发展的过程就是不断地取得主、客体之间协调一致的过程。就一般而言,个体每当遇到新的刺激,总是试图用原有图式去同化,若获得成功,便得到暂时的平衡。如果用原有图式无法同化环境刺激,个体便会作出顺应,即调节原有图式或重建新图式,直至达到认识上的新的平衡。同化与顺应之间的平衡过程,也就是认识上的适应,也就是人类智慧的实质所在。所以,皮亚杰认为, 智慧行为依赖于同化与顺应这两种机能从最初不稳定的平衡过渡到逐渐稳定的平衡。

皮亚杰认为,任何一次平衡的发生,都包含着三个阶段:

第一阶段:儿童满足自己现有的认知模式,处于暂时的平衡状态。

第二阶段:儿童意识到自己现存的认知模式具有不足的地方,因此而产生了不满足感,平衡状态被打破。

第三阶段：克服了原有认知模式中的不足，发展起了一种更有效的、更成熟的新的认知模式，又达到了一种新的平衡状态。

三、认知发展的阶段理论

皮亚杰将儿童认知发展划分为四个阶段：感知运动阶段（出生至2岁）、前运算阶段（2—7岁）、具体运算阶段（7—11、12岁）、形式运算阶段（11、12—15、16岁）。

（一）感知运动阶段（出生至2岁）

自出生至2岁左右，是认知发展的感知运动阶段。刚出生时婴儿仅有的诸如吸吮、哭叫、视听等反射性动作，通过与周围环境的感觉运动接触，即通过他加以客体的行动和这些行动所产生的结果来认识世界。也就是说婴儿仅靠感觉和知觉动作的手段来适应外部环境。这一阶段的婴儿形成了动作格式的认知结构。

皮亚杰将这一阶段又细分为以下六个亚阶段。

1. 反射练习阶段（出生至1月）

婴儿出生后以先天的无条件反射适应环境，这些无条件反射是遗传决定的，主要有吸吮反射、握持反射、视听等动作，如：当将物体放进婴儿的嘴里时，婴儿会吸吮它等。通过反复地练习，这些先天的反射得到发展和协调，发展与协调意味着同化与顺应的作用。皮亚杰详细观察了婴儿吸吮动作的发展，发现了吸吮反射动作的变化和发展。例如，在刚出生时，无论将什么类型的东西放入婴儿的嘴里，他们的反应模式都非常相似，但在第一个月的晚些时候，婴儿就能根据放入嘴里的不同物体而改变吸吮方式。通过观察发现，婴儿吸吮奶嘴和手指的动作有着细微的差别。

2. 动作习惯和知觉的形成期（1—4月）

在先天反射动作的基础上，通过机体的整合作用，婴儿逐渐将个别的动作联结起来，形成一些新的动作。例如：在前一阶段里，婴儿只能抓握触及其手掌的物体，只能吸吮放入其口中的东西，但在这一阶段里，婴儿就可以将上两个动作整合在一起，可以用嘴去吸吮手中抓握着的物体，也可以用手抓握已放入口中的物体。

婴儿偶然有了一个新动作，便一再重复。行为的重复和模式化表明动作正在同化作用中，并开始形成动作的结构，反射运动在向智慧行动过渡。由于行为并没有什么目的，只是由当前直接感性刺激来决定，所以还不能算作智慧行动。但是婴儿在与环境的相互适应过程中，顺应作用也已发生，表现为动作不完全是简单的反射动作。

3. 有目的的动作逐步形成时期(4—9 月)

从 4 个月开始，婴儿在视觉与抓握动作之间形成了协调，以后儿童经常用手触摸、摆弄周围的物体，这样一来，婴儿的活动便不再限于主体本身，而开始涉及对物体的影响，物体受到影响后又反过来进一步引起主体对它的动作，这样就通过动作与动作结果造成的影响使主体对客体发生了循环联系，最后渐渐使动作(手段)与动作结果(目的)产生分化。在这阶段里，婴儿开始对行为结果发生了兴趣。他们将球扔开，看球滚动，这个结果使其发生兴趣。为了能再看到这个结果，他们就会重复这个动作。这样，在婴儿的动作和兴趣之间，通过动作和结果相互影响，形成了循环反应。从这种意义上说，婴儿对于自身的动作及动作结果之间的因果联系已经有了最初步的了解。但这一阶段动作与结果的分化尚不完全、不明确。

4. 手段与目的分化协调期(9—11、12 月)

这一时期又称图式之间协调期。婴儿可以将孤立的图式协调成手段与目的之间的新关系，通过手段达到目的。一些动作格式(图式)被当作目的，另一些动作格式则被当作手段使用。如儿童通过拉动一根与玩具相连的绳子获得用手够不到的玩具，或者要成人揭开盖着玩具的布。这表明儿童在作出这些动作之前已有取得玩具的意向。随着这类动作的增多，儿童运用各动作格式之间的配合更加灵活，并能运用不同的动作格式来对付遇到的新事物，就像以后能运用概念来了解事物一样，婴儿用抓、推、敲、打等多种动作来认识事物，表现出对新的环境的适应。儿童的行动开始符合智慧活动的要求。不过这阶段婴儿只会运用同化格式中已有的动作格式，还不会创造或发现新的动作顺应世界。

5. 感知动作智慧时期(12—18 月)

皮亚杰发现，这一时期的婴儿能以一种试验的方式寻找达到目的的新方法。这时，虽然幼儿仍重复某些动作，但不是单纯地重复，而是根据问题情境对动作加以改变，观察这些改变所带来的结果，从而发现解决问题的途径。例如婴儿想得到放在床上枕头上的一个玩具，他伸出手去抓却够不着，想求助爸爸妈妈可又不在身边，他继续用手去抓，偶然地他抓住了枕头，拉枕头过程中带动了玩具，于是婴儿通过偶然地抓拉枕头得到了玩具。以后婴儿再看见放在枕头上的玩具，就会熟练地先拉枕头再取玩具，这是智慧动作的一大进步。但儿童不是自己想出这样的办法，他的发现是来源于偶然的动作。

6. 智慧综合时期（18—24 月）

在这一阶段，婴儿具有了心理表征的能力，除了用身体和外部动作来寻找新方法之外，还能"想出"新的方法，即在头脑中用"内部联合"方式解决新问题。他们可以对自己的行为和外在事物进行内部表征，开始了心理的内化。皮亚杰在与其女儿卢西恩娜游戏时发现，当卢西恩娜希望将一个盒子的开口变大时，她就会将自己的嘴巴张开，而且不断地张大。这表明婴儿可以将某些外部行为（如用手打开盒子）内化为心理符号，再以其他形式将此心理活动表现出来。皮亚杰认为，这个阶段的婴儿获得心理表征能力的两个明显标志是：(1)有时不用明显的外部尝试动作就能解决问题；(2)延迟模仿能力的产生。

感知运动阶段，儿童智慧的成长突出地表现在三方面：

第一，逐渐形成物体永久性（不是守恒）的意识，这与婴儿语言及记忆的发展有关，物体永久性具体表现现在：当一个物体（如爸爸妈妈、玩具）在他面前时，婴儿知道有这个人或物，而当这个物体不在眼前时，他能认识到此物尽管当前摸不着、看不见也听不到，但仍然是存在的。爸爸妈妈离开了，但婴儿相信他们还会出现，被大人藏起的玩具在什么地方，翻开毡子，打开抽屉，还应可找到。这标志着稳定性客体的认知格式已经形成。近年的研究表明，儿童形成母亲永久性的意识较早，并与母婴依恋有关。

第二，在稳定性客体永久性认知格式建立的同时，儿童的空间－时间组织也达到一定水平。因为儿童在寻找物体时，他必须在空间上定位来找到它。又由于这种定位总是遵循一定的顺序发生的，故儿童又同时建构了时间的连续性。

第三，出现了因果性认识的萌芽，这与物体永久性意识的建立及空间—时间组织的水平密不可分。儿童最初的因果性认识产生于自己的动作与动作结果的分化，然后扩及客体之间的运动关系。当儿童能运用一系列协调的动作实现某个目的（如拉枕头取玩具）时，就意味着因果性认识已经产生了。

总的来说,在感知运动阶段里,婴儿的智力表现主要局限于自身的动作中。婴幼儿在出生后近 2 年的时间里,虽然也发展了许多解决问题的能力,但这些能力更多的仅具有感知的意义,而不具有心理操作的意义。

(二)前运算阶段(2—7 岁)

与感知运动阶段相比,前运算阶段儿童的智慧在质方面有了新的飞跃。在感知运动阶段,儿童只能对当前感觉到的事物施以实际的动作进行思维,在此阶段中、晚期,形成物体永久性意识,并有了最早期的内化动作。到前运算阶段,物体永久性的意识巩固了,动作大量内化。随着语言的快速发展及初步完善,儿童频繁地借助表象符号(语言符号与象征符号)来代替外界事物,重视外部活动,儿童开始从具体动作中摆脱出来,凭借象征格式在头脑里进行"表象性思维",故这一阶段又称为表象思维阶段。

在表象思维的过程中,儿童主要运用符号(包括语言符号和象征符号)的象征功能和替代作用,在头脑中将事物和动作内化。而内化事物和动作并不是把事物和动作简单地全部接受下来而形成一个摄影或副本。内化事实上是把感觉运动所经历的东西在自己大脑中再建构,形成新的表象的过程。内化的动作是思想上的动作而不是具体的躯体动作。内化的产生是儿童智力的重大进步。

皮亚杰将前运算阶段又划出两个亚阶段:前概念或象征思维阶段和直觉思维阶段。

1. 前概念或象征思维阶段(2—4 岁)

这一阶段的产生标志是儿童开始运用象征符号。例如在游戏时,儿童用小木凳当汽车,用竹竿做马,木凳和竹竿是符号,而汽车和马则是符号象征的东西。即儿童已能够将这二者联起来,凭着符号对客观事物加以象征化。皮亚杰认为,意义所借(符号)与意义所指(客观事物)的分化就是思维的发生,同时意味着儿童的符号系统开始形成了。

语言实质上也是一种社会生活中产生并约定的象征符号。象征符号的创造及语言符号的掌握,使儿童的象征思维得到发展。但此时思维具有前概念性,徘徊于概念的一般性与组成部分的个别性之间。例如,2—3 岁的儿童在街头看到一只蜗牛,在街尾又看到一只蜗牛,可能认为这是同一只蜗牛。

又如,一次晚上看到明亮的月亮,另一个晚上看到暗淡的月亮,他会认为是两个月亮。

2. 直觉思维阶段(4—7岁)

这一阶段是儿童智力由前概念思维向运算思维的过渡时期。

此阶段儿童思维的显著特征是仍然缺乏守恒性和可逆性，但直觉思维开始由单维集中向二维集中过渡。守恒即将形成,运算思维就要到来。但是知觉活动的迹象依然存在,表现出思维的直觉性。

皮亚杰曾对处在这一阶段早期的儿童做过实验。在被试面前放着大小和形状相同的两个小杯子,由被试者用两手分别投入同等数量的小珠,儿童知道两个杯子中的小珠是相等的。接着,主试把一个杯子中的珠子倒入另一个细而长的杯子中,要求被试判断哪个杯子里的珠子较多。被试者的回答只注意到杯子的高度或口径,往往做出错误的判断。因为他们的思维具有直觉性,以知觉到的形象为依据,只知道一维空间,因而不能作出正确判断。到这一阶段的中后期,儿童遇到同样的问题,他会开始犹豫不决,此时的犹豫说明他不仅注意到杯子的高度,而且也注意到杯子的口径,直觉思维已开始从单维集中向二维集中过渡。但他可能还是做出了错误的判断,表明守恒和可逆意识并未真正形成。

在这个阶段的儿童虽是对个别对象有了守恒，但对许多对象的集体的守恒和类概念还没有形成。比如,此时儿童知道鸟,但只限于个别的鸟,没有形成鸟的类概念。因而,儿童还不能进行逻辑运算。

这个阶段的儿童“自我中心思想”比较突出。他们以自我为中心,不考虑别人的观点,也不会协调自己和别人的观点。只能辨别自己的左右手,但不能正确辨别对面人的左右手。他们认为外部世界以他为中心，环绕着他转动,例如他认为月亮跟着他走。又如他知道有个哥哥,但不知道他自己就是他的哥哥的弟弟。

总结起来,前运算阶段的儿童认识活动有以下几个特点:

第一,具体形象性,借助于表象进行思维,还不能进行运算思维。

第二,思维的不可逆性,缺乏守恒结构。

第三,自我中心性,儿童站在自己经验的中心,只有参照他自己才能理解事物,他认识不到他的思维过程,缺乏一般性。他的谈话多半以自我为中心。

第四，刻板性，表现为在思考眼前问题时，其注意力还不能转移，还不善于分配；在概括事物性质时缺乏等级的观念。

皮亚杰将此阶段的思维称为半逻辑思维，与感知运动阶段的无逻辑、无思维相比，这是一大进步。

（三）具体运算阶段（7—11、12 岁）

以儿童出现了内化了的、可逆的、有守恒前提的、有逻辑结构的动作为标志，儿童智力进入运算阶段，首先是具体运算阶段。

具体运算阶段的儿童思维出现了守恒性和可逆性。所以这一阶段儿童的思维活动出现了真正的运算，第一次达到运用逻辑运算的水平。但是，具体运算阶段的儿童的思维运算需要有具体的事物支持，有些问题在具体事物帮助下可以顺利获得解决。

皮亚杰举了这样的例子：爱迪丝的头发比苏珊淡些，爱迪丝的头发比莉莎黑些，问儿童："三个中谁的头发最黑"。这个问题如是以语言的形式出现，则具体运算阶段儿童难以正确回答。但如果拿来三个头发黑白程度不同的布娃，分别命名为爱迪丝、苏珊和莉莎，按题目的顺序两两拿出来给儿童看，儿童看过之后，提问者再将布娃娃收藏起来，再让儿童说谁的头发最黑，他们会毫无困难地指出苏珊的头发最黑。

具体运算阶段儿童认知发展主要表现在以下几个方面：

（1）能够按照事物的某种性质（如长短、大小、出现的时间先后）进行顺序排列。例如给孩子一组棍子，长度（从长到短为 A、B、C、D……）相差不大。儿童会用系统的方法，先挑出其中最长的，然后依次挑出剩余棍子中最长的，逐步将棍子正确地顺序排列（这种顺序排列是一种运算能力），即 A>B>C>D……

（2）产生了类的认识，获得了分类和智慧动作。分类是按照某种性质来挑选事物，例如他们知道麻雀（A）＜鸟（B）＜动物（C）＜生物（D），这即是一种分类概括能力，也是一种运算能力。

（3）把不同类的事物（互补的或非互补的）进行序列的对应。简单的对应形式为一一对应。例如给学生编号，一个学生对应于一个号，一个号也只能对应于一个学生，这便是一一对应。较复杂的对应有二重对应和多重对应。二重对应的例子，如一群人可以按肤色而且按国籍分类，每个人就有双重对应。

(4)自我中心观进一步削弱,即在感知运动阶段和前运算阶段,儿童是以自我为中心的,他以自己为参照系来看待每件事物,他的心理世界是唯一存在的心理世界,这妨碍了儿童客观地看待外部事物。在具体运算阶段,随着与外部世界的长期相互作用,自我中心逐渐克服。

概括起来,进入具体运算阶段的儿童获得了较系统的逻辑思维能力,包括思维的可逆性与守恒性;分类、顺序排列及对应能力;数的概念在运算水平上的掌握(这使空间和时间的测量活动成为可能);自我中心观削弱等。

(四)形式运算阶段(11、12—15、16岁)

具体运算阶段,儿童只能利用具体的事物、物体或过程来进行思维或运算,不能利用语言、文字陈述的事物和过程为基础来运算。例如爱迪丝、苏珊和莉莎头发谁最黑的问题,具体运算阶段不能根据文字叙述来进行判断。而当儿童智力进入形式运算阶段,思维不必从具体事物和过程开始,可以利用语言文字,在头脑中想象和思维,重建事物和过程来解决问题。因此,儿童可以不很困难地答出苏珊的头发黑而不必借助于娃娃的具体形象。这种摆脱了具体事物束缚,利用语言文字在头脑中重建事物和过程来解决问题的运算叫做形式运算。

除了利用语言文字外,形式运算阶段的儿童甚至可以根据概念、假设等为前提,进行假设—演绎推理。在假设—演绎的思维活动中,结论首先是通过假设的方式而被预先接受的,就是说结论在与现实接触之前,就以可能性的方式存在了,可能性先于现实性。这样,儿童的思维就摆脱了现实范围的束缚而大大扩展了。

当然,处于形式运算阶段的儿童,不仅能进行假设演绎思维,皮亚杰认为他们还能够进行一切科学技术所需要的一些最基本运算。这些基本运算,除具体运算阶段的那些运算外,还包括这样的一些基本运算:考虑一切可能性;分离和控制变量,排除一切无关因素;观察变量之间的函数关系,将有关原理组织成有机整体等。

皮亚杰认为,儿童经过上述四个连续的发展阶段以后,其智力水平就基本趋于成熟,具备了成人所具有的一切逻辑运算形式,此后的经验使图式得以补充并使之更为复杂。

第三节 维果茨基文化历史理论

维果茨基(Vygotsky,1896—1934)苏联杰出的心理学家,著名的社会文化历史学派的创始人。从上世纪20年代开始,维果茨基和鲁利亚、列昂节夫共同研究人的高级心理机能的社会历史发生问题,后来形成了心理发展的社会文化－历史理论。社会文化－历史理论是关于人的高级心理机能的学说。

一、高级心理机能的社会起源

维果茨基将人的心理机能分为两类:一类是低级心理机能,另一类是高级心理机能。低级心理机能是人和动物共有的,高级心理机能是人类特有的。

低级心理机能有:感觉、知觉、不随意注意、形象记忆、情绪、冲动性意志、直观的动作思维。它们具有一些共同的特征①:第一,这些心理机能是不随意的、被动的、由客体引起的;第二,就反映水平而言,它们是感性的、形象的、具体的;第三,就它们实现过程的结构而言,它们是直接的、非中介的;第四,就这些心理机能的起源而言,它们是种系发展的产物,是自然发展的结果,因而它们是受生物学的规律所支配的;第五,它们是伴随生物自身的结构的发展尤其是神经系统的发展而发展的。

高级心理机能有:观察(有目的的知觉)、随意注意、词的逻辑记忆、抽象思维、高级情感、预见性意志等。它们也具有一些共同的特征②:第一,这些机能是随意的、主动的,是由主体按照预定的目的而自觉引起的;第二,就它们的反映水平而言是概括的、抽象的,也就是说在各种机能中由于有思维的参与从而使它们发生了本质的变化; 第三, 就其实现过程的结构而言是间接的,是以符号或词为中介的;第四,就其起源而言它们是社会历史发展的产物,是受社会规律所制约的;第五,从个体发展来看,高级心理机能是在人际的交往活动过程中产生与不断发展起来的。

低级心理机能与高级心理机能是两条不同的发展路线 (种系发展与文

① 龚浩然.Л·С.维果茨基关于高级心理机能的理论[J].心理学报,1985,(1):15—21.

② 龚浩然.Л·С.维果茨基关于高级心理机能的理论[J].心理学报,1985,(1):15—21.

化历史发展)的产物。从最简单的单细胞的动物到最高级的哺乳动物的长期的进化过程中,动物的神经系统逐渐复杂化,心理不断向前发展,这就是心理种系发展的过程。维果茨基认为,动物心理的发展每前进一步都是随着有机体自身的结构特别是神经结构的改变而产生的,是完全受生物进化规律所制约的自然发展的过程。由猿进化到人的阶段后,心理的发展进入了一个崭新的阶段,出现了各种高级的心理机能。人的高级心理机能是社会文化历史发展的结果,基本上不受生物进化规律所制约。然而在人的个体发展过程中,这两种不同的心理机能却交织、融合在一起了,也就是说,在儿童个体发展的过程中既有种系的发展又有历史的发展。

维果茨基提出了人的高级心理机能的社会起源学说。他认为儿童从他出生的第一天起就处在社会文化的影响之中,高级心理机能的根源并不存在于生物有机体之内,而是在生物有机体之外。只有在人的客观社会生存条件之中才能找到。人脑这个器官当然是十分重要的,但只是为高级心理机能的产生提供了物质基础。

二、活动与内化

维果茨基通过对人的实践活动的深入分析,认为人的心理是在人的活动中发展起来的,是在人与人之间的相互交往的过程中发展起来的,是这些活动与交往形式不断内化的结果。活动与内化反映了个体认知发展的机制的问题。

活动理论是维果茨基有关认知发展的社会文化历史理论的一个重要组成部分,社会文化历史理论的一个重要假设就是“人的心理过程的变化与他的实践活动过程的变化是同样的”。维果茨基依据马克思主义的活动观,通过对人的实践活动的深入分析后指出,人类所特有的高级心理机能不是从内部自发产生的,它们只能产生于人们的协同活动和人与人的交往之中。人的活动之所以对心理的发展起着如此重要的作用,这与人的活动性质有关,人的活动是通过各种工具和手段来进行的。在重视活动对心理的重要作用的同时,维果茨基强调活动与意识的统一性,即意识不是与世隔绝、脱离活动的内部封闭系统,意识是以活动为客观表现的。所以可以通过活动对意识进行客观研究,把意识的事实加以物化,转换成客观的语言,转换成客观存在的东西。维果茨基认为“意识是行为结构问题”。意识以未来行为结果的映象形式参与到行为的结构之中,从而使人的行为具有根本上不同于动物的特点。

内化是维果茨基提出的另外一个关键概念,内化说明了人类高级心理过程发展的机制。维果茨基指出,人的心理发展的第一条规律是:人所特有的心理机能不是从内部自发产生的,它们只能产生于人们的协同活动和人与人的交往之中。与此相关的第二条客观规律是:人所特有的新的心理过程结构最初必须在人的外部活动中形成,然后才能转移至内部,成为人的内部心理过程的结构。据此,维果茨基阐明了儿童文化发展的一般法则:"在儿童的发展中,所有的高级心理机能都两次登台:第一次是作为集体活动、社会活动,即作为心理间的机能;第二次是作为个体活动,作为儿童的内部思维方式,作为内部心理机能"。这种从社会的、集体的、合作的活动向个体的、独立的活动形式的转换,从外部的、心理间的活动形式向内部的心理过程的转化,就其实质而言就是人的心理发展的一般机制——"内化"机制。同时这也表明内化的过程是一种转化的过程,而不是传授的过程。

三、维果茨基的工具理论

工具理论是维果茨基社会文化历史理论的一个重要原理。这个理论最初不是来自对心理现象本身的研究,而是产生于对人类劳动活动的分析。维果茨基从类推法出发分析心理过程。他认为,人的高级心理机能是以各种符号系统为中介而进行的,也就是说人的心理过程是以符号作为工具而实现的。这是不同于劳动工具的另一种进行"精神生产"的特殊工具。维果茨基称它们为心理工具。这种心理工具或中介手段也是在人类物质生产的过程中所发生的人与人之间的关系和社会文化历史发展的产物。

人的活动之所以不同于动物的活动在于:人的活动是一种文明的活动,这种文明表现在人会制作和使用工具,工具愈是高级,人的活动就愈是朝着文明的方向发展,维果茨基把人的这种活动称之为文化活动,人的心理机能也是随着这种文化活动的发展而发展的。维果茨基认为,这种发展的实质是人在活动与交往的过程中随着对符号系统的掌握从而使他在最初的低级心理机能基础上形成了各种相应的新质的心理机能。不但各种心理机能各自发生了质的变化,而且这些机能之间的相互关系也发生了质的变化。例如儿童随着年龄的增长逐步学会了运用思维来解决识记的任务,这样便产生了一种特殊的识记形式，即逻辑识记。由于这些高级心理机能之间的联系，它们便重新组合起来，产生高级的心理结构。

语言是人类为了组织思维而创造的一种最重要的工具，概念和知识都寓于语言之中，语言也是通过历史而发展的。符号中介是知识建构的所有方面的关键，维果茨基认为，符号机制（包括心理工具）中介了社会和个体，连接了内部和外部。起初，心理工具指向于外部，作用于合作者，接着，它们转向内部，作用于自己，也就是说它们变成控制自己心理过程的手段。进一步发展，它们转入"地下"变为内部的东西，心理机能由内部来中介，使用外部刺激手段的必要性不复存在。维果茨基从个体发展角度讨论了心理机能的文化历史发展的完整循环过程，为清楚地说明内化过程扫清了障碍。

四、最近发展区

维果茨基认为，儿童的发展任何时候都是由成熟决定的，至少可以确定为两个发展水平。不了解这两种水平就不能真正了解儿童的发展进程和教学可能性之间的正确关系。第一个水平是现有发展水平，由已完成的发展程序形成，表现为儿童能独立自如地解决任务；第二个水平是潜在发展水平，是那些尚处于形成状态，心理机能的成熟正在进行的发展水平，表现为儿童还不能独立地解决任务，需在成人的帮助下，在集体活动中通过模仿和自己的努力才能完成。介于这两个水平之间的幅度就称为"最近发展区"。

维果茨基的研究证明，教学和发展是一种复杂的动力制约关系，正确组织的教学能引起并激发教学以外根本不可能的一系列内部过程。合理的、科学的教学过程是心理发展的源泉。他根据自己关于儿童心理发展的新观点，对当时流行甚广的心理测验方法提出了质疑，认为仅依据儿童能否独立完成问题来确定儿童的发展可能性是不科学的，进而提出通过两次测试的新方法来研究儿童的发展情况。"最近发展区"本身处于一个不断变化的动态过程之中，随着某一阶段教学过程的结束，最近发展区就转化成了现有发展水平，从而实现了潜在水平的现实化，在此基础之上便形成高于原来最近发展区的新的最近发展区，因此，发展的过程总是伴随着建立最近发展区的教学。教学应该走在发展的前面，教学唤醒或促进了一系列位于最近发展区内处于成熟状态的机能。

第四章　学习的社会背景理论

学习是在一定的社会环境中进行的，社会环境对学习有着多方面的影响，然而早期的学习理论往往忽视了社会因素对学习的影响。学习的社会背景理论充分注意到了社会因素对学习的影响。班杜拉的社会学习理论、杜威的情境学习理论和生态学习理论可视为学习的社会背景理论的代表。

第一节　社会学习理论

班杜拉(Bandura,1925—),美国当代著名的心理学家,现代社会学习理论和社会认知理论的奠基人。他受过严格的行为主义的训练,但不满于极端行为主义的观点,他吸取了认知学习理论的观点,形成了一种认知—行为主义的模式。班杜拉认为,学习是一种既符合信息加工理论,也符合强化理论的过程,他重视对社会学习的研究,形成了他很有特色的社会学习理论。

一、班杜拉的社会认知论

个体在社会情境中可以向他人学习,所谓“见贤思齐”与“以身作则”等说法正是这个意思。班杜拉早期研究学习时,采用行为主义的强化和惩罚的一般原理，认为传统的行为主义学习观有一定的合理性但不完整,“如果行为仅仅由外部报酬或惩罚所决定,人就会像风向标一样,不断地改变方向,以适应作用于他们的各种短暂影响……” 班杜拉认为行为主义忽视了社会因素对学习的影响，他认为儿童通过观察他们生活中最重要人物的行为而学得社会行为,这些观察以心理表象或其他符号表征的形式储存在大脑中,来帮助他们模仿行为,班杜拉的社会学习理论更加注意线索对行为、对内在心理过程的作用，强调思想对行为和行为对思想的作用。他的观点在行为派和认知派之间架起一座桥梁，并对认知－行为治疗做出了巨大的贡献。因此目前他的理论又被称为社会认知理论。

二、交互决定观

在心理学界，对行为受什么因素影响和决定历来有不同的看法。一种看法是个人决定论，持这种观点的心理学家主张个人内部的本能、需要、驱力、特质、认知结构等决定人的行为，强调个体单方面的决定因素，忽视了环境对人行为的影响。一种看法是环境决定论，主张这种观点的人，如华生的行为主义及斯金纳的激进行为主义认为人是环境的产物，控制了环境就可以控制人的行为。再一种看法是互动论，这种观点认为环境和人彼此作为独立的因素，联合起来影响和决定行为。

班杜拉的学习理论基本上是反对斯金纳的环境决定论的。在社会环境中，环境因素、个人对环境的认知以及个人行为三者彼此交互影响，最后才确定学到的行为。人的行为表现不单是内在力量的驱使，人所学到的行为，也并非纯因行为表现后受到了外在环境的控制。人受环境中其他人的影响，人也能影响环境中的其他人。班杜拉把他的这种观点称为交互决定论，可用如下公式来表示：其中 B 代表行为，P 代表个体，E 代表环境。

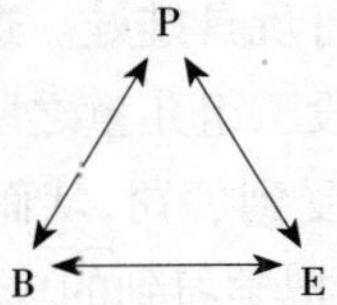

图 4–1 班杜拉交互决定的模式

在这里，行为、个体和环境都是作为相互交错的决定因素而起作用的，而且这些决定因素双向地相互影响。交互性并不意味着这种影响的双边具有同等的强度。相互交错的决定因素的三个根源所引起的相对影响，会因不同的活动、不同的个人和不同的环境条件而不同。

在交互决定论中，人的行为是习得的。前因决定因素是指在从事行为之前形成的那些复杂的影响力，它们包括各种生理上的和情绪方面的变量、期望和预期等认知因素，以及各种先天的学习机制；后果决定因素包括强化和惩罚，它们可以是由外部亦或内部亦或自我引起的。由此可见，班杜拉社会学习理论的因果关系，与行为主义刺激—反应的因果关系相距甚远。

三、观察学习的四个阶段

(一)学习来自观察与模仿

社会学习论强调,在社会环境中个体的行为因受别人的影响而改变。个体行为何以受别人行为影响而产生改变?社会学习究竟是如何产生的?班杜拉通过一系列实验对儿童的社会学习行为做了大量的研究。[①]

其中一个实验是这样的:班杜拉将被试儿童分为甲、乙两组,在实验的第一阶段让两组儿童分别看一段录像片,甲组儿童看的录像片是一个大孩子在打一个玩具娃娃,过一会儿来了一个成人,给大孩子一些糖果作为奖励。乙组儿童看的录像片开始也是一个大孩子在打一个玩具娃娃,过一会儿来了一个成人,为了惩罚这个大孩子的不好的行为,打了他一顿。看完录像片后,班杜拉把两组儿童一个个送进一间放着一些玩具娃娃的小屋里,结果发现,甲组儿童都会学着录像片里大孩子的样子打玩具娃娃,而乙组儿童却很少有人敢去打一下玩具娃娃。这一阶段的实验说明对榜样的奖励能使儿童表现出榜样的行为,对榜样的惩罚则使儿童避免榜样行为。在实验的第二阶段,班杜拉鼓励两组儿童学录像片里大孩子的样子打玩具娃娃,谁学得像就给谁糖吃。结果两组儿童都争先恐后地使劲打玩具娃娃。这说明通过看录像,两组儿童都已经学会了攻击行为。第一阶段乙组儿童之所以没有人敢打玩具娃娃,只不过是因为他们害怕打了以后会受到惩罚,从而暂时抑制了攻击行为,而当条件许可,他们也像甲组儿童一样把学习到的攻击行为表现出来。

根据实验研究的结果,班杜拉采用观察学习与模仿两个概念来解释社会学习的产生。观察学习是指个体只以旁观者的身份,观察别人的行为表现(自己不必实地参与活动),即可获得学习。这一解释为教育上经常举办的示范教学、观摩教学以及教学演示等措施,提供了理论根据。观察学习并不限于经由实地观察别人行为表现方式(如说话的姿态)而学到别人同样的行为。在某些情境之下,只凭见到别人直接经验的后果,也可以在间接中学到某种行为。例如:幼儿见到别的幼儿因要打针感到恐惧而啼哭(直接经

① 姚梅林. 学习心理学[M]. 北京:北京师范大学出版社,2006:254—255.

验），于是他仅靠观察就会学到对打针一事表现恐惧而啼哭（间接经验）。像这种只从别人的学习经验即获得新经验的学习方式，称之为替代学习。替代学习是不需要亲身经过刺激—反应联结的学习方式，班杜拉称此种学习为"毋需练习的学习"。社会学习论中另一概念模仿，是指个体在观察学习时，向社会情景中某个人或团体行为学习的历程。模仿的对象称为榜样。家庭中的父母与学校中的教师，一向被视为儿童模仿的榜样人物。

（二）观察学习的四个阶段

如果将观察与模仿视为社会学习的历程，那么在此历程中，个体学习行为的获得，究竟要经过哪些程序？班杜拉认为，观察者的行为影响经历的四个过程：

1. 注意阶段：对榜样的知觉

指在观察学习时，个体必须注意榜样所表现的行为特征（名义刺激），并了解该行为所涵的意义（功能刺激）。否则无从经由模仿而成为自己的行为。注意过程决定了学习者在大量的示范事件面前观察什么、知觉什么、选取什么。它调节着观察者对示范活动的探索和知觉。注意过程决定着在大量的示范影响中选择什么作为观察的对象，并决定着从正在进行的示范事件中抽取哪些信息，因此，选择性注意在观察学习中起着关键作用。

2. 保持阶段：示范信息的储存

指个体观察到榜样的行为后，必须将观察所见转换为表征性的心象（把榜样行动的样子记下来），或表征性的语言符号（能用语言描述榜样的行为），才可以保留在记忆中。高度发展的符号化能力，使人们可由观察学会大量的行为。演习也能成为一种重要的记忆支柱，经由观察而习得的示范行为只有经过认知上的演习或实际上的行为操作后，才能保持长久记忆。有些通过观察而习得的行为，由于社会禁令或者时间等限制，不能用外现的手段轻易形成，观察者就把这种行为看在眼里、记到心中，这种心理演习在示范行为的获得和保持中起到了不可替代的作用。

3. 再生阶段：记忆向行为的转变

指个体对榜样的行为表现观察过后，纳入记忆，其后再就记忆所及，将榜样的行为以自己的行动表现出来。换言之，在观察早期的注意与保持阶段，不仅由榜样行为学到了观念，而且也经模仿学到了行动。班杜拉认为观察者为了重现示范动作和产生最佳的行为模式，必须具备一定的运动技能。仅仅通过观察，机能是不可能完善的。观察者只有不断地进行悉心的练习，在信息反馈的基础上，对自身的行为操作状态与示范行为加以对照，经过自我矫正和调整，才能形成熟练的运动机能，做出与示范行为同样正确的反应来。

4. 动机阶段：从观察到行为

指个体不仅经由观察模仿从榜样身上学到了行为，而且也愿意在适当的时机将学得的行为表现出来。班杜拉认为当获得的行为没有实用价值或要冒遭受惩罚的危险时，学习与操作之间更易不相一致。只有出现了积极的诱因时，处于压制状态下的观察学习才快速地转化为行动。也就是说，操作是在足够的动机和激励作用下才出现的。

班杜拉认为观察学习的这四个子过程是紧密相连、不能完全分离的。观察者如果不能复现示范行为，其原因可能是这四个过程出了问题。班杜拉的社会学习理论建立在设计严密的实验研究基础上的，他提出的理论假设大多都有实验结果证明。同时，我们应该看到，实验情境设计得再好，与现实的生活情境总是有一定距离的。所以，我们还需进一步验证他从实验室研究中提出的原则在实际生活情境中的运用情况。

第二节　情境学习理论

情境学习的观点最早出现于20世纪，著名教育哲学家杜威提出过类似有关“实践智慧”的教学观念，认为知识的获得必须是一个实践的过程，惟有通过实际活动，学习才可能发生，即杜威的名言：“做中学”，此乃从实用主义观点出发，将知识视为工具。此后，提出情境学习相关理论的学者众多，如Sehon(1987)对专门行业的学习模式研究、Suchman(1987)对人们如何使用影印机的日常生活认知研究及Lave(1988)对传统技艺学徒学习模式的研究等，而这些观点则被Brown、Collins与Duguid(1989)等人所沿用。①不过，这些学者同样都是在强调知识就像语言一样，必须通过使用才能理解，把知识

① 黄卫明. 不同班级环境中学生学习成功感的差异分析[J]. 现代中小学教育，2009(10)：58—61.

当作工具，且学习乃是在真实活动中进行，重视社会脉络下的文化学习(Brown,Collins & Duguid,1989)。

一、情境学习的内涵

传统知识观把知识看成是能打包的、自给自足的实体,可由教育者传递给学习者。在传统的学校教育中,学习者与现实环境、知与行相分离,学校关注的是抽象的、简化的和去情境化的概念。[①]学生所解决的问题是结构良好的问题,一般能在3–5分钟内解决。CTGV(温特比尔特大学认知与技术小组)据此认为,在传统课堂中学生所获得的大量知识是怀特海在其《教育目的》一书中所提到的"呆滞的知识",无法迁移到相关的情境中去。到20世纪80年代末,一些研究者开始对学习者与情境、知与行相分离的观点进行了挑战。如Brown等(1989)认为,知识是情境性的,它要受到知识所使用的活动、情境以及文化的基本影响,并且与它们不可分离。只有通过真正的活动,学习者才能编织自己的知识之服。

(一)情境学习的含义

克兰西在其论文《情境学习指南》中认为,情境学习不仅仅是一种使教学必须"情境化"或"与情境密切相关"的方法;情境学习是有关人类知识本质的一种理论,它是研究人类知识如何在活动过程中发展的,特别是人们如何去创造和解释他们正在做什么的表征。知识不是一件事情或一组表征,也不是事实或规则的云集,知识是一种动态的建构与组织。正如我们想象着什么事情要发生在我们身上,我们要谈什么和做什么一样,我们的行为建立在我们作为一个社会成员的角色之上；知识还应该是人类协调一系列行为的能力,去适应动态变化发展的环境的能力。特别是,我们在一个基本的社会情境中对我们的活动进行构想，进而限制我们的思维和言行,也就是说,我们的行为植根于我们作为一名社会成员的角色之中。所以,在情境学习理论看来,知识是基于社会情境的一种活动,而不是一个抽象或具体的对象；知识是个体与环境交互过程中建构的一种交互状态,不是事实;知识是一种人类协调一系列行为,去适应动态变化发展

① Brown, J. S., Collins, A., & Duguid, P. Situated cognition and the culture of learning. Educational Researcher, 1989,18(1): 32—42.

的环境的能力。

(二)情境学习理论的主要观点

情境学习理论强调知识与情境之间动态相互作用的过程,Brown 等(1989)认为:知识与活动是不可分离的,活动不是学习与认知的辅助手段,它是学习整体中的一个有机组成部分,可以说是学习者在情境中通过活动获得了知识,学习与认知本质上是情境性的。

Barab & Duffy(2000)[①]指出,人们在某种现实情境中通过实践活动不仅获得了知识与技能,同时还形成了某一共同体成员的身份,两者是不可分离的。Lave & Wenger(1991)把这种情境称之为"实践共同体",并把它定义为"一群追求共同事业,一起从事着通过协商的实践活动,分享着共同信念和理解的个体的集合"。从这个意义上说,在空间上聚集在一起的任一群体并不一定都是实践共同体,它强调要有共同的任务,使用工具、利用资源并通过实践活动完成任务,有共同的历史、知识基础与假设,以及各自担负的责任(Driscoll,2000)。在传统课堂教学中,学生先是学习一套抽象的概念性知识,然后再在实践中加以应用,而 Brown 等(1989)则把概念性知识看成是一整套工具,认为知识与技能共享着若干重要的特征:它们都只有通过运用才能得到充分的理解,通过运用不仅改变了使用者对世界的看法,同时又适应了其所处群体的特有的文化信念体系。因为,概念性知识的涵义不是由概念本身独立决定的,而是由这一概念、使用者所在群体的文化以及活动共同决定的,因而在不同的群体中,对同一概念也许有不同的意义。例如,对日落这种自然现象不同群体可能有不同的理解,对澳大利亚土著居民而言,意味着要加强警戒以保护同伴免受野兽的侵袭;对天文学家可能意味着要准备好仪器以便观察夜晚的星空。

学习实质上是一个文化适应与获得特定的实践共同体成员身份的过程。Lave&Wenger(1991)[②]把情境学习的这种过程称为"合法的边缘性参与"。从本质上看,"合法的边缘性参与"这一术语描述了一个新手成长为某一实

① Barab, S. A. & Duffy, T. From practice fields to communities of practice. In: D. Jonassen & S. M. Land. (Eds.) Theoretical Foundations of Learning Environments, Mahwah, NJ: Lawrence Erlbaum, 2000, 25—56.

② Lave J. & Wenger, E. Situated learning: Legitimate peripheral participation. Cambridge, United Kingdom: Cambridge University Press. 1991.

践共同体核心成员的历程。学习者要想从新手成长为共同体的核心成员，就必须参与到共同体真实的活动中去，并在成长的每一阶段都要细心观察专家的示范，在专家的指导下努力进行实践，与此同时，学习者观察和模仿共同体内其他成员的行为，学习共同体内的行话，逐渐地开始按照共同体的标准来行事(Brownetal,1989)。随着时间的流逝，学习者逐渐掌握了专家的知识与技能，并在使用的过程中得到发展与磨练(Brown & Duguid,1996)，学习者逐渐获得了共同体中核心成员的身份，对共同体的贡献越来越大，反过来可以指导刚进入共同体的新手的学习。因此，一个真正的实践共同体具有再生产循环的功能(Barab & Duffy,2000)。

在一个实践共同体内，对新手的学习而言，最重要的是要理解实践共同体内成员之间相互沟通时所使用的独特的符号系统与语汇(Driscoll,2000)。Brown 等把这些符号与语汇称之为“索引性表征”，它们的意义取决于情境，掌握所在共同体的符号系统与语汇对新手的学习与最终成为核心成员来说非常关键。从而，也表明了不仅仅是学习，而且知识也具有情境性。

综上所述，情境学习理论的主要观点如下：

1. 知识必须通过使用才能理解

知识是情境的，是要通过活动来发展的，其有与工具同样的重要特色，即它们都是必须通过使用才能使人理解，且使用它们可以改变使用者对于事物的观点与某种文化价值下的信仰观念。如果把知与行视为两个独立的部分，也就是我们学习及使用知识时是独立于情境之外的，那么就会产生惰性知识而非强而有用的知识，就如同学生可以学会演算法、公式及去脉络化的定义，但却无法使用，最后变成了惰性知识（Brown,Collins & Duguid,1989;Driscoll,2000)。

2. 学习强调真实的活动及具有脉络的情境

学生学到的是周围文化的产物、而非指导教学下的，其不应只局限于抽象的概念或范例，应该暴露于真实活动中使用某个领域的知识工具。而所谓真实活动最简单的定义就是在文化中平日的实践，而非教室或学校内自成的封闭文化，让学生从事一些替代性活动，使学生仅会教科书上的内容，却无法将之转化到校门外真实的世界中。因此，真实活动及具脉络的情境下学习，就是要进入社群中学习其文化、参与文化的过程，将知识与活动及环境产生联结，即涵化。

3. 学习是从周边参与渐至核心参与

真实活动中,知识习得应是一种由周边参与渐进到核心学习的历程。起初并非直接参与特殊的活动,但从合法低位的周边学习到很多,这对于要进入某一文化而言是特别重要的, 他们需要观察实践者专家在不同程度上如何行动、理解专家如何在对话及其他活动中的表现,这种学习模式称为合法的周边参与(LPP)。而认知学徒制的理念也同于此,当一个新手要变成专家时,乃是从部分的参与渐渐地到完全的参与,在这个过程中,师傅或教练就必须适时引导、提供框架,然后慢慢放手赋予徒弟更多责任,直到徒弟完全熟悉,此过程可以示范模仿、教导、到渐弱来解释(Brown, Collins & Duguid, 1989; Lave & Wenger, 1991)。

4. 学习必定通过群体的互动与对话

在情境学习中,不论是真实社群、或认知学徒制、合法的周边参与等的学习观点,都必须通过群体才可能实现,因为认知是分布在人之间的,也就是知识具有分散性,其不可能是个体就可完成,需经过社会互动及叙事的学习文化过程,协商意义的形成。故强调情境学习的同时,亦应给予学生协作学习的机会,并发展其协作学习的技巧(Brown, Collins&Duguid, 1989)。"锚式情境学习法"主张教学应将解题重点定位在一个有意义的情境中,其理念的发挥是借由互动式影碟系统的设计,建立一个故事情境,在故事情境中嵌入所要呈现的内容,学习者从中探索解决一连串的问题(CTGV, 1990)。网络专题式学习强调真实与生活化的学习环境, 通过学生的实际参与及专家教师的引导, 使学生通过参与专题式的小组学习活动及互动的情境来获得内嵌于社会情境内的知识。

综上所述,情境学习的特点表现为:知识隐藏于环境之中,学习者通过与情境的互动才能真正了解知识的含义;学习是主动探索与操作,教学的内容符合真实生活。学习方式包括观察、示范、解说、提示与问询。异质成员间复杂的社会互动,有助于"最近发展区"的形成。学习是从周边参与开始,再循序渐进地接近核心的知识。

二、情境学习的应用

(一)情境学习理论在教学设计中的应用

Winn(1996)认为,教学设计的宗旨是"在规定的条件下选择最佳的教学方法来达成特定的目标”。教学设计通常以学习理论为基础，情境学习强调在真实的情境中通过完成真实的任务来获得知识与技能，并推崇学徒制的形式，因而与传统的教学设计相比，表现出极大的差异。Young(1993)[①]提出，基于情境学习理论的教学设计必须考虑以下四点：

首先，设计者(通常是教师)必须选择复杂的、真实的情境。这种情境能使学习者有机会生成问题、提出各种假设，并在解决结构不良的、真实的问题的过程中获取丰富的资源；同时，该情境还能提供其它丰富的例证或类似问题以使学习者产生概括化与迁移。因而，对教学设计者最大的挑战是，他所设计的学习情境要让学习者“偷窃”到他们所需的知识。在学校学习中，学习情境一般不可能是实际的工作环境，这可以通过由录像提供的逼真的“虚拟”或仿真的情境或学生实地考察旅行来代替(Brownetal,1989)。

其次，设计者必须决定给学生提供适当的支撑。支撑是指学习者处于维果茨基所说的“最近发展区”的最佳挑战水平上时，给予适当的支持，同时，随着学习者在实践共同体内从新手向熟手的转变，这种支撑要逐渐减少。支撑的方法包括内隐的思维过程的外化，给予暗示性与间接的指导等。此外，在专家身边工作以及与同伴合作也能提供有效的支持(Choi&Hannafin,1995)。

再次，教师必须转变角色并努力适应新的课堂文化，即教师不再是知识的传授者而是知识的促进者。教师要转变角色，这并非易事，尤其在我国有数千年的“师道尊严”，与教师“讲习”的传统，因而许多教师本身可能也需要得到实践共同体的支持以便实现这种转化。

最后，设计者必须计划在学习过程中对学生实施持续的现场评定。传统测验主要测量回忆陈述性知识与程序性知识，而不能适当地评价高级思维技能与发现问题以及解决问题的能力。

(二)情境学习理论在教学实践中的应用

情境学习理论在教学实践中的应用包括认知学徒制、抛锚式教学与学习共同体。根据 Brown 等(1989)的观点，认知学徒制是“让学生以社会互动的方式参与真实的实践活动，这与已证明比较成功的手艺学徒制有些类似”。学习者必须被允许合法地进入共同体，向共同体内的专家(即“师傅”)

① Young, M. F. Instructional design for situated learning. Educational Technology Research and Development, 1993, 41(1): 43—58.

学习,同时担负起共同体内相应的职责。在学校,教师扮演"师傅"的角色,示范技能,指导学生以近似于历史学家、数学家或科学家的方式进行学习。儿童通过参与广泛的项目,以认知学徒制的形式获得知识与技能。此外,"师傅"也可以是校外的专家。在高等教育中,认知学徒制通常以学生实习的形式实现(Driscoll,2000)。

Driscoll(2000)①还提出了课堂实践共同体的设想。在课堂实践共同体中,教师和学生合作,一起完成真实的、值得去做的任务。包括学生与教师一起设立学习目标,共同协商达到目标的手段。在共同体内,每一个成员都有独特的兴趣与专长,而且都能得到其他人的承认与赞赏,共同体也给每一个成员都提供机会学习不同的事情,从而使每个成员都能得到发展。

目前情境学习理论在实践中应用研究得最多的当属抛锚式教学法。CTGV(1990,1992,1996)开发了"年轻的夏洛克系列"与"贾斯珀问题解决系列"两个著名的案例系列。这两个系列都利用录像的形式为生成复杂的问题与问题解决提供一个情境。学生观看冒险故事,帮助主人公解决类似于从一个遥远的地点营救一只受伤的鹰这样的现实世界中可能出现的问题。因此,这种教学是"生态的"(Barab,1999),因为它通过介绍信息丰富的内容,力求使学生与从业者在校外所遇到的问题情境相一致。为了能使所有的学生都参与到问题解决之中,CTGV 请演员把故事拍成录像,每集大约 17 分钟,各种解决问题用到的数据及无关数据自然地嵌入在故事之中,这就要求学生能区分有关与无关的数据。此外,问题是开放性的,没有唯一正确的答案,这有利于培养学生以多元视角考虑问题。同时,由于问题很复杂,问题的答案一般都在 15 步以上,这就自然要求学生之间进行密切的合作,并借此培养学生的坚持性以及改变学生原有的认为数学问题解决很简单的看法。附加的类似故事与拓展性问题能促进学习迁移;问题的设计涉及各门学科,为满足学生不同的兴趣提供多种可能性。

第三节 生态学习理论

生态心理学既是当前心理学的一种改造运动,又是日益受到关注的一

① Driscoll, M. Psychology for learning instruction (2nd edition). Boston: Allyn and Bacon, 2000.

种心理学方法论。它主张在真实环境中研究人的心理和行为,即研究人的现实行为和自然发生的心理过程，它在方法上采用的技术要求尽量保持心理和行为发生的自然性,如采用准实验设计、自然主义方法等。在此发展的基础上生态学习观从整体性、适应性和多元性的角度来审视学习。[①]人类的行为是由奖赏塑造而成的,人们在加工信息的同时,又在协商着理解并调适自己去适应环境。也即是说以往的每一种学习理论所能够解释的只是某些情境中的学习的某些方面,它强调了一个方面同时也模糊了另一方面,就像盲人摸象。学习是一个充满混沌的现象,对它的一种更为合理的认识应该是,停止对行为主义等传统学习理论不加分析的攻击，停止将建构主义与客观主义极端化的对立,用一种辩证的、统整的、开放的态度还原学习现象的自然与真实。由于生态学习的研究起步较晚,研究成果较为有限,“生态学习理论”的提出还不是十分完善的,我们只能提出一种观察人类学习活动的整合的、适应性的新视角。[②]

一、生态心理学

生态心理学作为心理学研究中的一种新的取向,[③]对环境的关注是生态心理学的共识,环境或人的认知因素不单独对行为和心理起主导作用,起主导作用的是环境与人的交互作用。生态心理学致力于描述行动者和其环境之间的动态交互作用，即学习者是环境中的信息探测者，是有意图的行动者。感知和行动的条件是环境本身具有给养作用,学习者又具有从这种环境中探测信息和进行行动的能力。[④]学习既不是学习者内部认知(信息加工)的产物,也不简单地是环境选择的结果。而是意图驱动行动者(自组织系统)与信息丰富的环境交互作用的结果。

(一)生态心理学的界定

易芳(2004)认为生态心理学强调研究动物(人)——环境交互体的动态

① 郑葳,王大为.生态学习观:一种审视学习的新视角[J].心理科学,2006(4):913—915.

② 郑葳,王大为. 生态学习观及其教育实践启示[J].教育研究与实验，2006(1)：53—57.

③ Smith，N.W. Current systems in psychology：history，theory，research and applications [M]. Wadsworth，Thomson Learning，Inc.，2001.

④ Jonassen，D.H. &Land，S.M. （Eds.）. （2000）.Theoretical Foundations of Learning Environment，Lawrence Associates.参见：郑太年，任友群译. 学习环境的理论基础[M].上海：华东师范大学出版社，2002：135—168.

交互过程，尤其倾向于研究生态环境中的具有功能意义的心理现象。①这里需要说明的是：动物和环境交互体是指他们是相互嵌套，相互依存的，并组成一个多元嵌套的、层次递进的、有结构和秩序的、具有自动调节的生态系统。动物是广义的，这里主要指属于动物序列上的人。环境，在这里是指生态环境，它作为心理学的研究对象（动物——环境交互体）的成员之一，与作为物理学和生态学等其他自然科学研究对象的区别是，它不仅包含物理特征，而且还包含社会特征，例如指导环境中的居民完成常规行为过程的规则和标准。作为心理学研究对象交互体中的环境，在本体论上与知觉者或行动者联系着；并且物质或世界不是与心理或知觉者（行动者）完全分离的单个实体。动态交互过程相当于传统心理学中的心理或行为等等，但是这种研究对象已经不是原来意义上的概念，需要在新的概念背景中重新理解。

（二）生态心理学的基本主张

1. 对心理学学科性质的看法

生态心理学在心理学学科性质的看法上，虽然承认心理学是一门科学，但是这种观点既不同于科学主义心理学家的，也不同于人文主义心理学家的。在生态心理学开始兴起和发展的时候，持心理学是一门自然科学的观点在心理学中占据主导地位，因此，生态心理学家主要是批评这种观点。他们认为心理学研究应该立足真实的生活，研究真实的生活是什么样子以及在真实生活中的心理现象又是什么样子，这种新的研究主题用过去的方法不适合了，因而研究方法要改变，相比较而言，自然主义的方法或带有自然主义色彩的方法更加适合于这种研究主题，因此心理学首先要成为一门自然主义的描述性学科。与这种学科性质相关的，作为这门学科的研究对象中的人是完整的人、真实的人以及与生态环境交互作用的生态人，而不是元素组合的人，不是机器的人，也不是抽象的精神人。

2. 对心理学研究对象的看法

生态心理学对动物和环境的重新界定是建立在生态心理学自己的本体论（生态交互论）和认识论（生态实在论）基础之上，把心理学的研究对象定位在人或有机体与环境的交互关系之上。用生态心理学家里德的话来说："我认

① 易芳.生态心理学的理论审视[D].南京：南京师范大学教育科学学院，2004：11—14.

为心理不是存在于大脑中,而是存在于有机体与环境的关系之中。"[1]"从宽泛意义上说,生态学是一种研究有机体系统、他们的环境和两者之间不断进化的交互作用的一种多学科的取向。……生态心理学强调有机体系统和他们的环境之间的交互作用……吉布森用生态心理学这个术语来强调知觉研究中的这种动物——环境的交互作用。[2]可见,生态心理学的这种研究对象的界定,已经在国外生态心理学研究的学术圈中形成了一定范围内的共识。

3. 对心理学方法论的看法

生态心理学反对认识论上的二元论,生态心理学家认为被传统心理学家所分离的两个方面的东西,如行为和心理、行为和环境,在本体论上都是相互依赖和相互作用的对子,因而在认识论上和方法论上,都不能对它们进行分离地研究和解释。因此从方法论上,生态心理学家把交互作用原则作为首要原则运用于他们的研究之中。如果按照交互作用原则来理解我们是如何认识世界的,那么起着关键作用的不仅仅是一种对认识者的描述,同样还有对被认识者的描述,因为知识包含一种认识者和被认识者的交互性。

二、生态学习观的内涵

生态学习观认为作为主体的学习者不是消极地受制于其环境中的物理刺激,而是有意义地与其学习的环境交互作用。与认知主义的信息加工理论不同,生态学习观没有将学习者视为汲取、存贮和再现信息的熟练的信息加工"机器",而是携着一定的生命印记的、"有情有意"的知识意义的积极建构者;与社会文化理论不同,生态学习观强调个体与共同体在学习过程中的相互贡献、相互形塑。可以说,对人类认知与学习的研究,如果不同时加入社会文化理论及个体认识论的合理要素,将不会得到完整的表达。

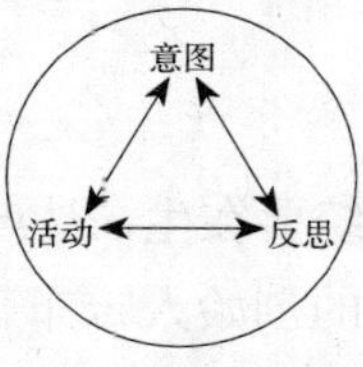

图 4-2 有意义学习的机制

① 爱德华·S. 里德著,李丽译,从灵魂到心理[M],北京:生活、读书、新知三联书店,2001:90.

② B.E.Shaw, W. M.Mace, & M. Turvey, Resources for ecological psychology [M]. Hillsdale, Lawrence Erlbaum Associates Inc., 1987.

如图 4-2 所示，生态学习观视野中的学习可以被理解为作为信息探测者的学习者通过积极主动的活动，借助有目的的反思实践，对其情境（物质及社会环境）所能提供的给养进行调适的过程。也就是说，在某一情境中学习者的意图、活动、反思构成了一个交互作用的环，所有的有意义的学习都是通过这样一个互动过程得以实现的。因此将学习者、学习活动与学习的情境脉络分离开的做法是不明智的，也是不可能的。学习者处于含有真实学习任务的学习环境之中，在工具、资源、其他学习者或教师的支持或直接教导下，借助反思去积极探求解决这些任务。在这一过程中学习者不仅建构和理解了知识的意义，而且也逐渐形塑了具有主体性的自我，逐步养成了健康的主体性。

三、生态学习观的主要原则

（一）整体性原则

学习活动是一个完整的生态系统。生态意味着系统是有生命的，而生命的首要特征就是自组织，生态学习就是一个自组织的学习活动系统。学习的自组织特性表现在学习者具有自我调节和监控其行为的能力，能够与其学习环境进行富有建设性的交互。更为重要的是，在自然的学习系统中，人们往往是以群体组织的形式进行学习的。他们建立起一定的制度，自己协商分配角色，相互帮助，相互教授，从而借着集体的力量实时地应对系统内外的各种变化，使学习活动系统从混沌走向有序。此外，整体性原则还意味着学习系统是由多种元素构成，如人的要素，包括个体及群体；物的要素，包括各种工具、语言、规则和方法等；以及环境的因素等等。这些元素之间相互作用，形成了一个完整的实体。这就意味着为了产生良好的学习效果，离不开所有元素的积极参与。

（二）适应性原则

生态也意味着适应，即系统要在生命体与其环境的给予和限定的条件之间积极地调适。生态心理学的创始人吉布森（J.J.Gibson）将环境对有机体行为的影响称为“给予”，提出有机体与其环境是一种“相互作用的互惠关系”。[①]个体与其情境相互依赖，这种双向关系就决定了“既非个体亦非情境，

① Driscoll M. Psychology for learning instruction (2nd edition) Boston : Allyn and Bacon , 2000 :160.

而是二者间的交互构成了分析的单元”。[①]因此作为学习生态系统中的主体，其学习的实践决不能脱离特定的学习情境。人们在学习系统中与其他人、与环境中的人工制品进行着交往互动，并自然地、不断地试图搞清这些交往的涵义。在这里身与心、感知和行动是完全整合的。同时作为一个设计良好的学习环境，应该能够做出富有弹性的变化以适应每一个处于发展中的学习者的特征。这样的学习环境应该是一种适者生存的模式。

（三）多样性原则

人类的学习是多元的、异质的学习主体，民主、平等地生活在同一个共同体中，通过活动而相互关联。也就是说意义的形成很少是由个人独自完成的，而是借助语言及其它工具等中介系统，通过社会协商合作实现的。由于认识不仅根植于物理环境中，同时也分布于人们所存在的文化和历史中。加德纳（Gardner）等人的多元智能理论也告诉了我们，每个人都有他自己的能力倾向，每个人都可能成为专家。生态学习系统强调话语共同体的建立，尊重每一个学习活动参与者的专家身份，通过鼓励其对话、交谈而促进意义的生成。在这一过程中，共同体的知识和专长的获得与个体的知识和专长的获得是休戚相关的、共荣共生的关系。

四、生态学习观的启示

（一）学校文化的变革

当前的学校及课堂文化主要是一种着眼于知识的传授等一系列认知性实践活动，由此形成的学习环境是一种以“教”为主导的传输式教育。在这样的学习环境中，学习主要是个体的认知活动，而这种认知活动纯粹是一种心智的游戏。它以符号的运演为基础，过分追求教科书和教师知识的转换，脱离了具体真实的生活情境，较少关注实践中问题的解决。因而当学生走出校门后，面对工作和生活中的难题，为什么会如此地无助？我怎样才能适应我所在的各种群体中的生活？可以说传统课堂学习只成功地做到了大量信息的传递，却未能成功地教授学生如何自己获取信息、建构意义、使用信息并与他人进行有效的沟通合作，而学校教育的宗旨本是要使学生掌握社会生

① Driscoll M. Psychology for learning instruction (2nd edition) Boston : Allyn and Bacon , 2000 :244.

活所需的学习方式,能够胜任社会实践活动。

生态学习观将学习不仅视为一种认知实践,同时也是社会性的交往实践和反观自我的反思性实践。有效学习应该是学习者积极参与到反映了真实实践的社会情境中,借助文化工具和资源,在同伴和教师等专家的帮助下建构意义并形成具有主体身份的自我的过程。显然它所需要的学习环境与传统的、以直接教学为主要模式的学习环境迥然有异,因为它要寻求的是学习活动的真实性及共享性。“细心检查一下正规教育中永远成功的教学方法,无论是算术、阅读、地理、物理或外国语的教学,都将会表明这种教学方法之所以有效,全靠它们返回到校外日常生活中引起学生思维的情境。”[①]在学校课堂文化营造的过程中鼓励所有学习活动的参与者建立合作性伙伴关系,努力形成一种具有合作气息的学校、课堂文化。如果没有成功地促使学校文化发生根本性的转变,那么任何好的教育思想、理念在实施中只不过是头痛医头,脚痛医脚,只能产生一些孤立的效果,无法真正改变学生学习的方式。

(二)学习环境的营造

生态学习观的适应性原则揭示了个体与其情境的相互依赖。心理学研究表明,“个体与情境具有双向关系, 既非个体亦非情境而是二者的交互构成了分析的单元。”[②]营造适应性的学习环境首先要求对影响学习的各要素进行细致地分析,尽可能详尽、深入地了解学习者的特征、学习的任务目标以及具体学习环境的给予和限定条件, 从而有的放矢地设计并及时地调适学习环境。其次,由于适应性还意味着学习总是发生在某一特定场景中,而这一场景往往反映的是人们鲜活、真实的实践境遇,因此有效的学习环境应该努力创造这样一种情境。此外适应性学习环境不仅体现在要满足不同学习者的不同特质及需求,还体现在它所具有的弹性特征,能够根据随时随地可能出现的变化做出及时而恰当的诊断、应对。目前人们借助计算机和网络技术的支持,已开始尝试构建这样的适应性学习环境。

在形成学校文化的过程中, 通过教师的帮助和学生的合作来实现学生独自一人无法完成的学习活动。因此我们首先要做的就是力图使学校、课堂成为一个共同体学习环境。在课堂学习共同体中,教师与学生共同建立学习

① 约翰·杜威.民主主义与教育[M].王承绪译.北京:人民教育出版社, 1990:164.

② Driscoll, M..Psychology for learning instruction (2nd edition).Boston: Allyn and Bacon, 244.

的目标,协商达成目标所需的手段、策略。学生在这样的学习共同体中,既是“学徒式的学习者”(学习怎样思考和推理,怎样在别人的帮助下达成个人或小组的目标),同时亦是共同体中其他成员完成学习任务的“合作者”,他的专长成为其他人可以利用的资源。

(三)自主学习者的培养

生态学习观认为,有意识行为的反思对意义的建构是必要的,个体发展的过程就是成长为自主学习者的过程。生态学习观认为学习者是有意图的信息探测者,是主动的、相互交流的、善于反思的、情境性的学习者。他们自行设定明晰的学习目标,决定学习重点,具有自我调节和监控其行为的能力,能够与学习环境进行富有建设性的交互,自主自觉地追求学习成就,执着地朝既定认知目标努力。黄卫明,桑青松(2007)的研究也指出了自主学习者具有自组织性、情境适应性和学习多样性三种特征。①

从生态学角度看,必须要有一定的外部环境以满足自主学习者的生态特征。学习共同体所提供的学习环境,以及在环境中的互动、交流的机会,对自主学习者的成长最为有利。自主学习者的成长呼唤学习共同体,同时也要求学习者切实转变观念、改变习惯、积极主动地进行学习,提高自主学习能力,在教师的引导下,积极参与学习共同体的互动,积极思考,能动地发现、探索和钻研知识,不断地主动完成对知识的“意义建构”,成长为自主学习者。

首先,学习共同体为学习者成长为自主学习者提供了广泛的可利用社会资源,学习共同体成员彼此之间经常在学习过程中进行沟通、交流,分享各种学习资源,共同完成一定的学习任务,形成了相互影响、相互促进的人际联系。学习共同体的构建为自主学习者的成长提供一个良好的环境。其次设置有差别的课程。根据学生的兴趣、能力和性格来调整课程;在重视学习者认知发展的同时,强调学习者的情感与社会性发展,为学习者对自己的学习负责提供机会。最后,培育学习者的自我调节能力。在自我调节学习中,学习者总是积极地投身于学习,而不是被动地接受信息。我们可以通过激发学习者的内在动机,发展学习者的认知策略,训练学习者的元认知技能来发展学生的自我调节能力。

---

① 黄卫明,桑青松.成长为自主学习者:生态学习观的视角[J].高校教育管理,2007(4):18—22.

第五章　脑的研究与学习

随着认知神经科学的发展,有关脑的机制问题日益受到关注。相关研究成果对学习理论的发展，学习品质的塑造及教学理论的丰富和完善具有重要意义。本章主要就脑的结构、功能与发展,脑的信息加工模式与学习及基于脑的学习进行了探讨。

第一节　脑的结构、功能与发展

一、脑的结构与功能

人脑(brain)由数以亿计的神经细胞和 10^{14} 以上的突触组成,具有极为复杂精细的结构和功能。脑是调控各系统、器官功能的高级神经中枢,参与学习、记忆、综合分析、意识等神经活动,控制人的感觉、运动、语言、情感、思维等。人脑大致可以分为四个部分,分别为:大脑、小脑、间脑和脑干,每个部分又有不同的功能。

大脑是神经系统最高级部分,外层是大脑皮质,由多种神经细胞体组合而成,内侧是白质由神经纤维所构成。大脑包括左、右两个半球,两半球间有横行的神经纤维相联系。每个半球包括三部分:一是大脑皮层(又称大脑皮质),是大脑表面的一层灰质(即神经细胞的细胞体集中部分)。大脑表面有很多往下凹的沟(裂),沟(裂)之间有隆起的回,因而大大增加了大脑皮层的面积。人的大脑皮层最为发达,是思维的器官,主导机体内一切活动过程,并调节机体与周围环境的平衡,所以大脑皮层是高级神经活动的物质基础;二是髓质,又称“白质”,位于大脑皮层内部,由神经纤维所组成;三是基底神经节,在半球底部的白质中,由神经细胞集中而成。

在人脑中扮演人体机能总司令的就是大脑皮质，大脑表面的凸起的褶皱和凹陷的沟槽,并将大脑区隔出前面的额叶、外侧的颞叶、头顶的顶叶、后面的枕叶。大脑每叶各有不同的功能:额叶与思维、想象力和人格特性有关;颞叶与听觉有关;顶叶是人体体表冷、热、触、痛等知觉中枢;枕叶则是视觉中枢。

小脑位于大脑及枕叶的下方,恰在脑干的后面,是脑的第二大部分。小脑有左右两个小脑半球结构和中间的蚓部。小脑的内部由白质和灰色的神经核所组成,白质称髓质,内含有与大脑和脊髓相联系的神经纤维。小脑主要的功能是协调骨胳肌的运动,维持和调节肌肉的紧张,保持身体的平衡。

间脑在中脑与大脑之间,大部分被大脑包围,主要包括丘脑与下丘脑两部分。丘脑负责接收感觉器官的讯号,并传达到大脑皮质区,又称视丘。视丘呈卵圆形,由白质神经纤维构成,左右各一,位于胼胝体的下方,是感觉神经的重要传递站并且还具有控制情绪的功能。丘脑下部是人体内的温度调节中心,又称下视丘。下视丘位于视丘之下,是自主神经系统的主要管制中枢,它直接与大脑中各区相连接,又与脑垂体及延髓相连。下视丘的主要功能是管制内分泌系统、维持新陈代谢正常、调节体温,并与生理活动的饥饿、渴、性等生理性动机有密切关系。

脑干上承大脑半球,下连脊髓,呈不规则的柱状形。脑干的功能主要是维持个体生命,包括心跳、呼吸、消化、体温、睡眠等重要生理功能,均与脑干的功能有关。脑干部位又包括延髓、脑桥、中脑、网状系统四个重要构造。延髓是脊髓的延续,在腹侧面它与脑桥间有桥延沟相分隔,脑桥上端与中脑、大脑相连的脊髓的中央管开放成延髓、脑桥和小脑间的共同室腔(第四脑室)。中脑的导水管下通第四脑室、上通间脑的第三脑室。导水管的背侧为四叠体的下丘和上丘,腹侧为中脑的被盖和大脑脚。自室间孔到视交叉前部的连线,为间脑和大脑的分界线,自后连合到乳头体后缘的连线为中脑和间脑的分界线。

大脑皮质为中枢神经系统的最高级中枢,各皮质的功能复杂,不仅与躯体的各种感觉和运动有关,也与语言、文字等密切相关。根据大脑皮质的细胞成分、排列、构筑等特点,将皮质分为若干区。

皮质运动区:位于中央前回(4 区),是支配对侧躯体随意运动的中枢。它主要接受来自对侧骨骼肌、肌腱和关节的本体感觉冲动,以感受身体的位置、姿势和运动感觉,并发出纤维,即锥体束控制对侧骨骼肌的随意运动。

皮质运动前区:位于中央前回之前(6 区),为锥体外系支质区。它发出纤维至丘脑、基底神经节、红核、黑质等，与联合运动和姿势动作协调有关，也具有植物神经皮质中枢的部分功能。

皮质眼球运动区：位于额叶的 8 区和枕叶 19 区，为眼球运动同向凝视中枢，管理两眼球同时向对侧注视。

皮质一般感觉区：位于中央后回（1、2、3 区），接受身体对侧的痛、温、触和本体感觉冲动，并形成相应的感觉。顶上小叶（5、7）为精细触觉和实体觉的皮质区。

额叶联合区：为额叶前部的 9、10、11 区，与智力和精神活动有密切关系。

视觉皮质区：在枕叶的距状裂上、下唇与楔叶、舌回的相邻区（17 区）。每一侧的上述区域皮质都接受来自两眼对侧视野的视觉冲动，并形成视觉。

听觉皮质区：位于颞横回中部（41、42 区），又称 Heschl 氏回。每侧皮质均按来自双耳的听觉冲动产生听觉。

嗅觉皮质区：位于嗅区、沟回和海马回的前部（25、28、34 和 35 区的大部分），每侧皮质均接受双侧嗅神经传入的冲动。

内脏皮质区：该区定位不太集中，主要分布在扣带回前部、颞叶前部、眶回后部、岛叶、海马及海马钩回等区域。

语言运用中枢：人类的语言及使用工具等特殊活动在一侧皮层上也有较集中的代表区，也称为语言运用中枢。它们分别是：①运动语言中枢：位于额下回后部（44、45 区，又称 Broca 区）。②听觉语言中枢：位于颞上回 42、22 区皮质，该区具有能够听到声音并将声音理解成语言的一系列过程的功能。③视觉语言中枢：位于顶下小叶的角回，即 39 区，该区具有理解看到的符号和文字意义的功能。④运用中枢：位于顶下小叶的缘上回，即 40 区，此区主管精细的协调功能。⑤书写中枢：位于额中回后部 8、6 区，即中央前回区的前方。

二、脑的发展

从出生开始，婴儿的脑细胞迅速地增殖，并且细胞之间产生了连接，而这种细胞之间连接的形成影响到一个人今后智力或技能的发展，因此人类出生的前三年是最关键的。在生命的前几年中，脑超常飞速发展。婴儿刚刚出生以后，脑中产生出的神经元之间的连接大约为 10^{13} 个，这比今后可能需要用到的连接数要多。幼儿大脑中这些额外的突触在 10 岁时或更早时期被削减掉,从而成为一个人独特的情感和思维模式。

大脑发展的关键期并不会立即结束,例如,就脑的语言功能发展来讲,似乎有一系列的发展时期,学习语法的关键时期在 5 岁或 6 岁,而学习新单词的时段可能伴随人的一生。学习第二语言的能力 1 到 6 岁是最强,然后逐步下降。神经科学家断言,脑的快速发展时期将在 10 岁左右时结束,这时候,新突触建立和旧突触萎缩之间的平衡点迅速漂移。在后续的几年中,大脑将会无情地去掉弱的突触,仅保留那些根据经验形成并经过强化的突触。在青春期结束时(约 18 岁),大脑的可塑性大大下降,但大脑的能力则不断加强,其潜能处于待发状态。

刚出生时,人的神经元,即大脑的基本单位,平均有大约 2500 个突触(或者说与其它神经元的联络)。到了 3 岁时,每个神经元平均有大约 15000 个突触。在 3 岁时的这一峰值可能与这一事实相关,那就是,与其它哺乳动物相比,人类其实于怀孕时期,即出生约一年前已有生命。这种早生使得新生儿的头骨(比较大,以承受我们比较大的头脑)可以从母亲的产道里出来。从 3 岁开始,这种神经连通性便逐渐减少,这样,到了成人时,每个神经元平均有 7000 个突触。因此,大脑成熟的过程涉及到对神经联络的修剪,在早期生长过多,然后逐渐减少,变成更有效率、更为活跃的突触和线路。

大脑的不同区域成熟率各不相同(Gogtav 等,2004)。通过测量出灰质(神经胶质、脉管系统、神经元)与白质(神经轴突)的比率获知,额叶的成熟顺序由后到前(从运动皮层发展到前运动皮层和更高的认知能力),额极与运动皮层在同一时间成熟。在大脑后部,成熟首先始于主要感觉区,然后向后扩展,穿越顶叶,枕叶与主要感觉区在同一时间成熟,侧部的颞叶最后成熟。这种大脑成熟方式似乎与认知、感觉和运动过程的发展进程是一致的。各种感觉和运动能力在很早便出现了,然后出现的是空间定位、说话、语言和基本的注意力技能。相对出现得较晚的技能是执行功能、更高度的注意力和运动协调性。

三、脑功能的差异

人脑中有 2 千亿个脑细胞、可储存 1 千亿条讯息,思想每小时游走三百多里、拥有超过 1 百兆的交错线路、平均每 24 小时产生 4 千种思想,是世界上最精密、最灵敏的器官。研究发现,脑中蕴藏无数待开发的资源,而一般人对脑力的运用不到 5%,剩余待开发的部分是脑力与潜能表现优劣与否的关键。

(一)左右脑的功能差异

人脑分为左、右两半部,右半球就是"右脑",左半球就是"左脑"。左脑与右脑形状相同,功能却大不一样。一般人脑力的运用极少,剩下待开发的部分是脑力与潜能表现优劣与否的关键。左脑主要控制着知识、判断、思考等,与潜意识有密切的关系。右脑控制着自律神经与宇宙波动共振等,和潜意识有关。右脑是将收到的讯息以图像处理,瞬间即可处理完毕,因此能够把大量的资讯一并处理(心算、速读等即为右脑处理资讯的表现形式)。懂得活用右脑的人,听音就可以辩色,或者浮现图像、闻到味道等,这就是右脑的潜能。如果让右脑大量记忆,右脑会对这些讯息自动加工处理,并衍生出创造性的讯息。右脑具有自主性,能够发挥独自的想象力、思考力,把创造力图像化。如果是左脑的话,无论如何的绞尽脑汁,都有它的极限,但是右脑的记忆力只要和思考力一结合,就能够和不靠语言的前语言性纯粹思考、图像思考连结,而独创性的构想就会神奇般的被引发出来。1981 年诺贝尔医学生理奖得主罗杰·斯佩里教授将左右脑功能归类整理如下。①

右脑:图像化机能(企划力、创造力、想像力);与宇宙共振共鸣机能(第六念力、透视力、直觉力、灵感梦境等);超高速自动演算机能(心算、数学);超高速大量记忆(速读、记忆力)。

左脑:知性、知识、理解、思考、判断、推理、语言、抑制、五感(视、听、嗅、触、味觉)。

通常左脑被称为"语言脑",它的工作性质是理性的、逻辑性的;右脑被称为"图像脑",它的工作性质是感性的、直观的。左脑对潜意识有干预、过滤、监控的作用,如果让左脑的思维活动减少,就放松了对潜意识的控制,让潜意识在感情、直觉、形象等方面有更多机会充分表现。左脑和右脑半球的这种优势形成不是先天的,它与后天的劳动分不开。大多数右利手人的大脑左半球具有言语优势功能,即听、说、读、写的语言能力高度发展。左利手人的右脑半球具有非言语优势功能,各种感知觉高度发展,善于形象思维。左、右大脑虽然具有不同的主要功能,但在它们"工作"时是不能截然分开的,它们是互相协助工作的,共同来反映客观事物。

---

① 程秀华.开发右脑(3–4 岁)——潜能开发训练营[M].长春:吉林美术出版社,2007:15.

(二)脑功能的性别差异

男女在大脑结构、功能、内容物方面存在的不同,的确导致了性别的差异。

首先,表现在大脑结构的差异。美国得克萨斯大学卫生科学中心的尤塔敏森和哥伦比亚大学神经生物学家赫路威 1982 年 6 月在《科学》杂志上发表文章说,他们解剖了 14 个"正常的"大脑,其中 5 个是女性,9 个为男性,并且对脑部胼胝体的形态结构进行了比较。研究发现女性胼胝体尾部呈球状,与体部相比,显著增宽。相反,男性胼胝体尾部大致呈圆柱形,其宽度和体部相差无几。也就是说,女性的胼胝体较男性的大。

其次,表现在大脑功能的差异。男女大脑功能的差异研究最早可以追溯到 1865 年, 法国神经生理学家布洛卡首先发现的大脑功能单侧化的理论。此后,愈来愈多的证据显示,大脑左右半球有许多功能分工。20 世纪末,一些研究提出了大脑性别,其基础就是大脑功能的侧化,并由此产生了新的对男女大脑有差异的解释。神经心理学家发现,女性的语言中枢平均分布在左右半球的趋势较明显,女性大脑皮质的功能组织似乎不像男性那么侧化。临床上,女性中风病人出现失语症的比例较低。而男性一旦中风发生在左脑,男性的失语症也较高。因此,两性的这种差异可以用"女性的左右半球可能都有语言中枢"来解释。另有研究表明,女性的大脑较少"两侧分化"。也就是说,女性大脑两侧半球功能的专门化程度不如男性。

再次,表现在大脑内容物的差异。研究揭示,男女两性的大脑内容物同样存在着差异,而且这种差异十分突出。结论指出,女性的大脑中的灰质要比男性多出 15%,而灰质主管着人类的思维。

女性是在大脑边缘的基础上确立的个性, 女性的行为主要是受大脑边缘系统的控制,思想和行为都更为纯真。男性脑是以大脑皮层为中心,大脑的许多功能都汇集在这个部位,表现在行为上,男性为获得名誉地位而拼命工作,追求脱离现实生活的冒险或浪漫。这一特性表现在性格上,男性更注重理智,女性更感情用事;表现在注意力上,男性注意多定向于事,女性注意多定向于人;表现在记忆力上,男性的理解记忆和抽象记忆较强,而女性的机械记忆和形象记忆较强,这也是女性语言能力较强的原因;表现在想象力上,男性的想象力偏重于逻辑性方面,而女性的想象力偏重于形象化方面。

大脑两半球功能的分化,男性和女性同样呈现显著的不同。男性比女性的侧性化程度要高。加拿大科学家发现,在处理空间信息方面,男孩右脑在 6 岁左右就已经比左脑半球更专门化,而小女孩要到青春期才出现这种专门化。当从事一种空间概念智力活动时,男性集中于大脑右半球,而女性则两半球都活动。这表现在空间能力方面,女性的大脑分工比较广泛,男性的大脑分工比较明显;在支配语言能力方面,女性控制语言过程的左脑半球的专门化速度要比男性快。所以,小女孩开口说话要比小男孩早,而且词汇较丰富,很少出现语言能力上的缺陷,阅读书写比较早,因此女孩学外语比男孩更容易一些。女性的大脑由于胼胝体发达,处理问题常常是由左右脑同时发出指挥行动,是属于一种混合型的大脑,因此女人的应变能力比男人强。

四、大脑潜能与智力的开发

北京大学心理学系王垒教授针对传统智力概念的局限,认为智力是解决问题、应付环境、适应性生存的活动效力,是以脑神经系统和行为系统为基础的心理活动的整体效力。[①]因此,全面开发大脑的潜能可以提高智力水平。

实际上,我们开发的大脑潜能平均只有 5%左右,约有 95%的大脑潜能尚待开发与利用,即使像爱因斯坦这些科学精英的大脑的开发程度也只达到 13%左右。当今世界各国都十分重视人类大脑开发与研究,都把脑科学研究列为最富有挑战性的科学研究课题之一,并制定了人脑功能的开发计划,其目的是为人才竞争抢占制高点。

由于近几年对左右脑不同功能的深入研究,人们在关注左脑开发的同时越来越重视右脑的开发。左脑掌管语言,根据现有知识进行逻辑推理,这是非常重要的功能,只是左脑产生的语言一般欠缺启示性,难以得出新理论。右脑功能在于领悟、想象和预料,当碰到一些百思不解的事情,若善用右脑功能,右脑内的与生俱来资讯就会发挥作用,给人启示,令问题得以迎刃而解。右脑的开发,在很大程度上是属于非智力开发,非智力因素包括动机、兴趣、情感、意志、性格等要素,右脑功能发达者不但具有创意思维,还有敏锐观察力及易于合作等特质。

右脑是先天的人类的记忆宝库,是储存 500 万年人类智慧的基础软件,因此科学家们说右脑是创新能力的源泉。右脑具有左脑所没有的快速大量

---

① 王垒,李林,梁觉. 综合智力:对智力概念的整合[J]. 心理学科,1999,22(2):97—100.

记忆机能和快速自动处理机能，后一种机能使右脑能够超快速的处理所获得的信息，左脑的记忆能力是右脑的百万分之一。右脑还具有一种想象机能，能够将收到的信息进行快速转换。右脑是通过图像进行思考的脑半球，所以在听到语言后能够将它变成图像，或者能够把图像变成语言。但还不只如此，右脑还具有如下功能：它能够把图像变成数字，或把数字变成图像；能够瞬间把点的集合（点集）变成数字，或把数字变成点的集合；能够把声音变成图像或乐谱；能够把声音变成颜色，把气味变成图像。

开发右脑潜能的方法有很多，由于右脑支配左半身，控制左手运动，反过来，左手、左半身器官的运动也刺激右脑。有意识的调动左手、腿、眼、耳，特别是左手和左手指的运动，对大脑皮层产生良性刺激，是开发右脑的有效方法。在大脑的运用上，为了更好活化右脑，要尽量消除左脑语言的、逻辑的、数字化的思维，进入右脑形象的、直观的感觉，提高右脑非语言思维能力的培养。活化右脑，偏用左脑的人才能逐渐变为富有直观能力、综合判断能力，有良好创业感和人际关系的左右脑均衡型人才。

第二节　脑的信息加工模式与学习

根据认知心理学的观点，学习就是一个信息加工的过程，作为信息加工的结果，使个体获得了知识并贮存在记忆中，信息加工、记忆的质量在很大程度上决定了学生学习成绩的好坏。所以，研究大脑的信息加工模式对于学习及其改进有着举足轻重的作用。

一、信息加工在大脑中的生理表现

根据脑的进化过程，我们将其分其为三层。

第一层低脑由延髓、脑桥和中脑组成，它们负责我们生存的最根本需要，意识对它们的运作不能有直接的介入。

第二层中脑由丘脑、下丘脑、边缘系统和小脑组成。这层主要使得我们能够有意识地感觉，因此我们可以爱和关怀其他的人，也可以有恨和妒忌等情绪出现。这层的工作，大部分仍是由潜意识控制，但是，部分工作的结果可以用意识接触到。不只是我们情绪状况的控制中心，更是我们学习能力的节制中心，其中海马体是负责记忆的主要部分，对学习十分重要。

第三层新脑是皮质和新皮质。我们的认知功能、思维、推理、策划和幻想，所有的意识工作，都在这层发生。大脑皮层上面密密麻麻地分布着大约120亿个神经细胞(或神经元)，在这些神经细胞的周围还有1000多亿个胶质细胞。大脑皮层是神经元胞体集中的地方，是构成大脑两半球沟回的表层灰质。人的大脑皮层分为6个层次。根据各层神经元的成分和特征，以及机能上，可以分为许多区。从机能上可以分为：大脑中央后回称躯体感觉区；中央前回称为运动区；枕极和矩状裂周围皮层称为视觉区；颞横回称为听觉区；额叶皮层大部，顶、枕和颞叶皮层的其他部分都称为联合区，它们都收受多通道的感觉信息，汇通各个功能特异区的神经活动。大脑皮层细胞除了在水平方向分层外，在整个皮层厚度内，神经元在与表面垂直的方向呈链状排列成细胞柱。人的大脑皮层约含有一二百万个柱，每一个柱内有10000左右的神经元。

每一个神经元都是一个细胞，有细胞体。一个神经元的轴突末梢和另一个神经元的树突触须之间，有一个微细的空隙，称为突触。这些神经细胞的沟通依靠两个因素：一是脑神经细胞之间的连接网络。使得一个人比另一个人更聪明的是脑细胞之间的连接网络的多寡。每个脑神经细胞与1000—200000个其他脑神经细胞相联，平均为15000个。二是神经传递素。讯息的传递，在一个脑神经细胞中是凭电弧行，而两个脑神经细胞之间则是凭一些身体制造的生化物，称为神经传递素。脑神经细胞在与其他脑神经细胞连接的空隙处(称为突触)释出某一种神经传递素，那15000个有联系的脑神经细胞接收后，产生相关的电弧行，重复这个程序，各自又把讯息传给15000个脑细胞，如此不断地继续下去。

神经元之间的连接网络。一个人在出生之前，脑中的1000亿个神经元已经几乎全部准备好，而神经元之间的连接网络则是十分稀疏的。因为婴儿未能意识思考，故此他只会凭借外界的刺激而制造连接网络。任何声音、景物、身体活动，只要是新的刺激，都会使得脑里某些神经元的树突和轴突生长，与其他神经元连接，构成新的网络，这便是感觉记忆和工作记忆形成的方式。当同样的刺激第二次、第三次出现时，会使第一次建立的网络再次活跃。就是说，新网络只能在有新刺激的情况下产生。一个人一生之中，不断有新的网络产生出来，同时有旧的网络萎缩、消失，也就会导致了旧的知识的遗忘。一个旧的网络，对同样的刺激会特别敏感，每次都会比前一次启动得更快、更有力。多次刺激强化之后，这个网络便会变得极为牢固、深刻，成为长期记忆,甚至变成习惯或本能了,这便是学习和记忆的成因。储存人长期记忆的过程导致神经元里的遗传基因的运作有所改变，结果是大脑有了结构性的改变。这使得每个人的大脑都与其他人的大脑不同。在某些印象深刻的情况下,一次学习便能记忆得很久。这种现象需要一些特定的条件存在,每当有同样的事物出现时,同样的网络便会启动。我们大脑的前额叶收到由眼、耳或其他感觉器官传入的讯息,会马上启动所有有关的连接网络。就是说,大脑会自动地在资料库中找出所有有关的储存资料,然后做对比节选的工作,最后,把最有可能适合这一次用的资料传给边缘系统。神经元之间接触点的产生及消失,也可以由外界的和内在的刺激来决定,这也是大脑能力提升的来源。大脑能力的增长,可以说是:用得越多,能力越强。

从生物化学的角度看,记忆的形成需要神经传递素血清素和麦胺酸。一个刺激(学习)开动了在感觉神经元里的一个化学讯号系统。由于血清素的释出,这个化学讯号系统启动了一种特别的蛋白质。这种特别的蛋白质抑制其他蛋白质的运作,结果是增加了麦胺酸的释出。麦胺酸能增强各种神经元之间的讯息传达数分钟之久,这也就是短暂记忆。不断地重复这个过程,化学讯号系统中的一个成分会把那特别的蛋白质推入神经元的核心,并且在那里启动遗传基因去做蛋白质合成的工作。神经元因此有了基本的改变,这就是长时间记忆的建立。所以,把一些东西储存人长期的记忆,需要遗传基因的参与。

二、信息加工模型与学习

针对大量的脑部处理信息的研究结果，心理学家 E.Gagne 和 Leahey 等于 1993 年分别提出了有关学习的信息加工过程的一些模型(图 5-1),来说明和理解人脑内部的信息加工过程，该模型代表着认知心理学家们对信息加工过程的一般观点。

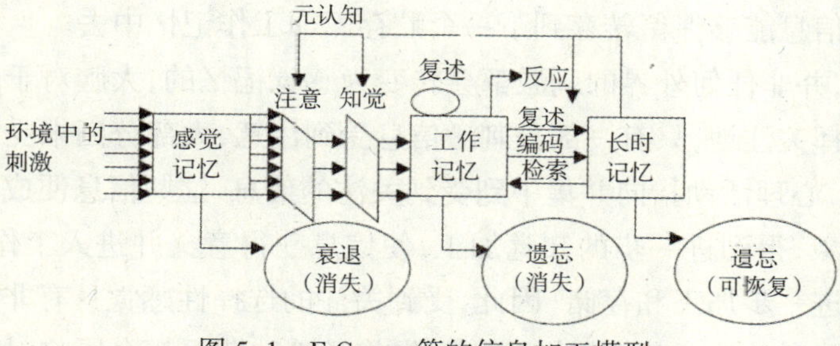

图 5-1　E.Gagne 等的信息加工模型

该模型分为三个主要的组成部分:第一个部分为信息的贮存库,这是信息资料的数据库,存储了大量的信息,包括感觉记忆、短时记忆(又称工作记忆)和长时记忆。第二个部分是对认知信息的加工处理过程,即是将信息从一个贮存库转存到另一个贮存库的内部的活动,譬如将短期记忆转移成为长时记忆。在信息加工模型中的认知加工包括注意、知觉、复述、组织和检索等。第三个成分是元认知,是对认知过程的认知,包括个体拥有的有关认知过程的知识和对认知过程的控制。元认知控制并协调着将信息从一个贮存库转移到另一个贮存库的各种认知加工过程。

我们对信息加工模型的各部分进行进一步详尽的分析并与大脑的生理功能联系对比。

(一)感觉记忆(sensorymemory)认知加工过程与学习

外界环境中的新鲜的刺激信息通过眼睛、耳朵等的感觉器官,将转变为各种形式的电信号,通过神经系统传输到大脑,此时大脑开始根据不同的器官传来的不同信号在大脑相应的区域的行存储和等待加工处理。因此,信息加工过程是从感觉开始的。存储感觉信息的部位就是感觉信息贮存库,等待它们得到进一步的加工或者被遗弃(Neisser,1967)。

感觉记忆具有以下两个特征:

(1)保留在感觉记忆中的信息以它在外部世界中的相同的形式存在,是一种天然的未加工的状态(Leahey & Harris,1993)。

(2)感觉记忆的容量几乎是无穷无尽的,但如果加工过程不立即开始,记忆痕迹将迅速消退。J.Walker 发现视觉信息在 1 秒之内,听觉信息在 2 秒之内就从感觉记忆中消失。

因此及时地感觉记忆对于进一步加工信息是至关重要的,以便感觉记忆存贮的信息能够保留转存到下一个贮存库即工作记忆中去。

但是,并非任何外界的刺激都会转变为感觉记忆的,大脑对于刺激是有意识的选择关注地,只有一部分刺激信息受到注意,大部分因未受到注意而迅速消失。心理活动指向并集中到受到关注的信息,这些信息便成为选择性知觉的对象,得到进一步的知觉加工,使信息获得意义并进入工作记忆,得到人脑的进一步加工和存储。因此,受到关注的选择性感觉具有非常重要的意义。学习者的注意状态、动机状态、先前经验和期望都会影响对信息的选择性知觉。所以在学习环境中,适当的刺激的注意程度对于提高感觉记忆是非常有利的,通过各种手段来刺激学生的感官,使他们提高关注的程度能够有效的促进感觉记忆的储存,同时摒除与学习无关的以及干扰学习的刺激是十分必要的,使学生减少分心,从而达到提高学习效率的目标。

(二)工作记忆(memoryworking)认知加工过程与学习

当你在学习工作中,正在背诵的单词、试图记忆的数字或者分析刚刚发生的事情等信息的时候,这种有意识地思考着、使用着或工作着的信息有别于前面所提的被动的接收信息,因此成为工作记忆,并保存在工作记忆中。

工作记忆一般具有三个特点:

(1)保持时间相对较短。对新信息的保留大约 15—30 秒(Atkision & Shiffrin,1968),也有认为是 10 至 20 秒(Gagneetal.,1993)。在这一时间段内,信息若非受到进一步的加工而转入长时记忆,就会消失。由于工作记忆对信息的保留时间短,因而也被称作短时记忆。比如,暂时使用过陌生单词、公式、数字后,如果不加重复记忆,很快会消失。但是相比较感觉记忆,由于工作记忆具有积极主动性,因此也较感觉记忆深刻,持续的时间也稍长。

(2)容量有限。在有限的时间里只能记住大约 7±2 个独立的信息单位(G. Miller,1956)。由于工作记忆只能容纳少量的信息,因此,它成了"信息加工的瓶颈"(E. Gagneetal.,1993)。

(3)信息处于活跃主动工作状态。工作记忆中的信息正在被个体意识着、思考着、使用着。当你用大脑进行思考的同时,你便正在使用你的工作记忆。因此,工作记忆是完成各种心理操作的"工作台"。

因此工作记忆在信息加工过程中起到非常重要的作用。信息(包括感觉记忆里存储的信息)只有进入工作记忆才有可能得到进一步的加工并进入长时记忆中贮存。然而,工作记忆的有限容量,使信息的进入受到限制,从而也影响到信息的处理加工存储。通常人们采用复述和组织分类来达到提高工作记忆效率的目的。

1. 复 述

复述是指在工作记忆中重现信息。复述分为两类,即维护性复述和精致性复述(Craik & Lockhart,1972)。维护性复述是指反复不停原原本本地重述所要记忆的信息。维护性复述的主要作用是使信息暂时地原封不动地保存在工作记忆中以便于随时使用。精致性复述通常指将要记忆的信息与已贮存在长时记忆中的信息建立联系的过程。它不是简单的记忆,它不象维持性复述是通过强制记下来，它是在对要记忆的内容的思考理解联系基础上进行的,它是一种高级信息处理方式。

2. 组 织

所谓组织是指对要记忆的新信息，按照项目之间的相似相关性或者他们之间的关系进行归类,并形成一定的结构模式的过程。它与精致性复述的联系和区别在于:它们都是在工作记忆中对信息进行加工的方式。不同在于精致性复述主要是建立和加强新旧知识间的联系，但在新知识之间却没有内在联系。组织则是建立新知识之间的内在联系,使之结合成一个整体。归类法是一种最常见的组织策略。许多实验证明了人们在学习和记忆过程中有一种群集倾向即将相同类别的记忆项目归为一类进行记忆。组织的作用包括两个方面:第一,经过组织的信息最容易进入长时记忆中贮存并在长时记忆中建构命题网络;第二,经过组织的信息,也便于从长时记忆中提取(回忆)信息。

(三)长时记忆的认知加工过程与学习

1. 长时记忆

长时记忆是一个长期信息的贮存库。工作记忆中的信息,经过复述和组织的处理后,都进入到长时记忆中。长时记忆的特点有:第一,保持时间长。长时记忆中的信息保持时间可达1分钟以上,有的非常长可以保持一生。第二,容量巨大。长时记忆中的信息存储量可以为无限大。各种命题和命题网络的形式表征的陈述性知识和各种程序性知识均贮存在长时记忆中。第三,储存着的非工作状态。长时记忆中贮存的大量信息通常是一种非工作的状态,这些信息都处在没有刺激的状态,在长期记忆中保持着原有的内容或状态,处于等待工作记忆调用。当我们需要这些信息时,它们就被激活,为我们所使用。这时,信息又从长时记忆中返回到工作记忆状态。从工作记忆中输出有关的反应。

2. 长时记忆的对于信息的处理方式

如上所述,信息在工作记忆中通过复述和组织,将会被转移到长时记忆中。长时记忆对于新鲜信息的应对和贮存通常采用提取的策略。提取就是对新的信息的刺激,大脑会主动地从长时记忆中检索过去已有的信息,如果找到了,就会将相应的信息激活并转换到工作记忆中使用。Anderson(1983)认为,检索的过程通常都是以刺激中的某些信息要素作为线索开始进行提取,提取过程通常以问题的形式呈现,通过激活和激活的扩展实现的。提取的线索首先进入工作记忆,并转化为内部的命题表征,然后该命题即被激活,通过激活的扩展,使贮存在长时记忆的命题网络中的有关命题得以激活。如果激活的命题能够回答所提出的问题,提取就结束了。如果激活的命题还无法回答问题的话,那么会继续进行激活的扩展,以寻求扩展命题之间的关系,直到能得出回答问题的合乎逻辑的答案。

3. 长时记忆与学习

激活和激活的扩展具有非常重要的意义,有效的激活扩展能够使长时记忆的信息很好地响应刺激。但是激活和激活的扩展是需要一定的时间,因此为了提高提取的速度,在学习过程中要反复运用复述、精致和组织等策略,学习以后还要经常做复习以练习提取。如果一个命题最近被激活过,那么再次激活所用的时间就会减少,提取速度就会提高,这相当于复习的作用(Anderson,1990)。因此,强化记忆,特别是在理解的前提下记忆新的知识点,或将新的知识分门别类的逻辑处理后再进行记忆,会取得长时间记忆的效果。同样,及时对所学知识进行复习,会加强知识点之间的联系,会促进记忆和理解,使学习效果更为牢固。

第三节 基于脑的学习

脑科学的研究是当代的热门课题,随着脑科学研究成果的丰富和深入,如何把这些宝贵的成果应用于实际的学习当中也是人们越来越关注的问题。在学习领域中的合理解释与谨慎应用这些成果将成为理解人的学习和改革传统学习方法的重要依据。应当说,搭建脑科学与学习科学之间联系与互动的桥梁,是我们目前要迫切解决的问题。

一、基于脑的学习原则

从脑研究的相关成果中析取出其对学习的认识与教育的启示,美国加利福利亚州立大学教授凯恩夫妇对基于脑的学习研究作出了杰出的贡献，凯恩夫妇提出了基于脑的学习十二条原则(见图 5–2)。①

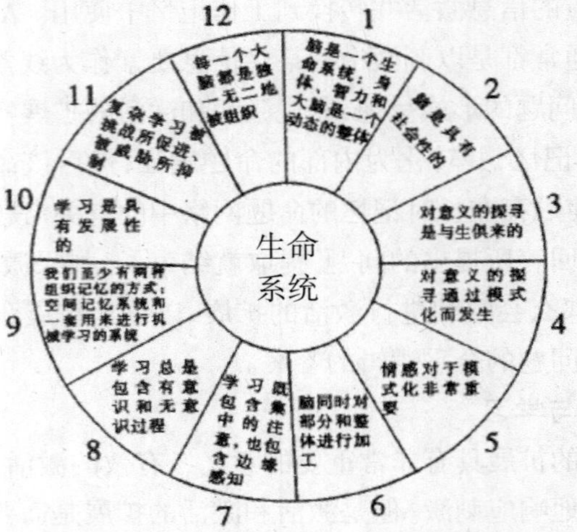

图 5–2　基于脑的学习原则极其整体关系

原则一：脑是一个生命系统，身体、智力和大脑是一个动态的整体。

脑不间断地、同步地行使着许多功能。思想、情感、想象和体质是同时运作的。它们与保持健康、扩充一般的社会文化知识等其它的脑过程发生互相作用。

原则二：脑是具有社会性的。

整个生命，脑 / 心智的改变及反应受到其他人的约束，个人要常统整系统到较大社会的一部分，部分的认同与依赖建立隶属于社群和发现的方法。神经科学家已经能够提出婴幼儿脑细胞非常依赖早期和成人的互动，学习的经验是透过和外部的对话。

原则三：对意义的搜寻是与生俱来的。

对意义的搜寻(了解我们的经历)是指向生存的，对于人脑是十分基本的。脑在同时搜寻和回应异常的刺激时，需要并自动记录熟悉点。这种双重过程每时每刻都在发生。其他有关脑的研究也确定了这样的观点，既认为人是“意义的建构者”。对于意义的搜寻不会终止，只会不断集中。

原则四：对意义的探寻是通过模式化发生的。

---

① 王文清. 脑与意识[M]. 北京：科学技术文献出版社，1999：24—30.

在某种程度上，当各种范型发生时，努力辨别和理解它们并表达出每个脑自身独一无二与创新的各种范型时，人脑既是科学家又是艺术家。脑被设计成能感知和生成范型，因此它坚持使强加于它的范型变得没有意义。所谓无意义是指与某一具体学习的意义获得无关的孤立的一条条信息。当脑整合信息的天然功能被承认并被用于教学之中时，大量最初无关的或表面上看随机的信息和活动可能被呈现出来并被同化。

原则五：情感对于模式化非常重要。

我们所学到的东西是受情感和思想模式影响的，这包括期望值、个人偏见和成见、自尊以及社会活动的需要。然而，情感和认知是不可分割的。情感对于记忆也是至关重要的，因为它们能促进信息的存储与回忆信息。

原则六：脑同时对部分和整体进行加工。

虽然存在偏重于脑的某一侧面(这意指脑的左侧与右侧之间的差异)的证据，然而，有关左右脑的说法并不能反映脑全部真相。在一个健康人的身上，无论人是在处理文字、数学、音乐还是艺术，脑的左右两侧都是以不可分解的方式互相作用的。"两脑说"的价值在于它要求教育者承认，为了组织信息，脑既单独又同步的运作趋势。两脑之一将信息还原成局部，而另一脑则将信息作为整体的系列加以感知和处理。

原则七：学习既包括集中注意，也包括边缘性感知。

脑吸收的信息是它直接领悟的和它注意到的，脑也直接吸收超出即刻注意焦点之外的信息和信号。这可能是人"在其视野之外"感知的刺激，如教室是灰色的，不引人注意的墙。边缘刺激同样包括处于注意区内，但还没有有意识注意到的非常明亮、精细的信号(如一丝微笑或人的姿势中细微的变化)。这意味着脑对教学或沟通在其中发生的全部感觉情景作出反应。洛扎诺夫的基本原理之一就是：每一个刺激都是通过脑进行编码，发生联系并符号化的。每一种声音(从语音到警报声)与每一种视觉符号(从黑屏到举起的手指)都充满了复杂的意义。因此，将边缘信息有目的地组织起来能激励学习。

原则八：学习总是包括有意识和无意识过程。

我们所学习的大大超出我们已经有意识地理解的。我们以边缘方式感知的大部分信号在不知不觉中进入我们的脑，并在无意识水平上互相作用。"这一信息在到达脑后，稍后才呈现在意识中"。我们因此回忆我们所经历的,而不是别人告诉我们的。可以简单地根据琴键唱歌并同时学习唱歌。教学因而必须按这样一种方式设计，既帮助学生从无意识的加工中最大限度地受益。这一部分是指边缘性情景,另一部分是通过教学实现。

原则九:我们至少有两套感知记忆的方式,空间记忆系统和一套进行机械记忆系统。

我们有一套天然的空间记忆系统，这一系统无须演习而可以用于经验的“即时”记忆。回忆昨晚饭吃些什么并不需要记忆术。这是因为我们拥有一套记忆系统,其设计确实适应于以通常的三维空间形式登记我们的经验。这一记忆系统一直在使用中,而且威力无穷。随着我们不断增加我们有关自然范畴和程序的储存(曾经,我们连树、电视是什么都不知道),这一记忆系统也在不断浓缩。这一记忆系统是由新颖性驱动的。事实上,这是驱动意义搜寻的系统之一。

原则十:学习是具有发展性的。

脑有复杂的结构和无限制的潜能,是具有高度的可塑性,持续变迁的本质,被孩提时代的经验强有力的形塑并终其一身。所有学习是建立在以前怎么走,即建立和扩展先备知识的基础上;我们就以前的经验或者是达成了解解释新经验和新意见，我们能够说有关在最顶端或是最底部的阶级制度或是属于内部的循环。任何一个婴幼儿或成人能学习多少是一个开放性的问题,但无论如何,我们知道,每一个学习都是终身的,而且我们几乎可以确定的是我们每一个人能学的比其他人认为能够的更多。

原则十一:复杂学习被挑战所促进,被威胁所抑制。

当脑获得适宜的挑战时,它能以最优的方式学习,但是当觉察到威胁时,脑则会变得功能低下。使用现象学语言可以这样表达,我们在受到威胁时会通过变得不太灵活，通过回复到自动的与经常是比较简单的日常行为，来缩小感知领域。作为边缘系统一部分的海马似乎有这样一种功能:对于脑的其它部分,它部分地是一种传递中心。由于海马的极端的敏感性,当处于感知到的威胁下时,我们确实会失去通往我们脑的一部分的路径。

原则十二:每一个大脑都是独一无二地被组织。

虽然,我们都拥有同样一套系统,它包括我们的感官和基本的情感,但它们以不同的方式整合成为每一个脑。此外,因为学习确实在改变着脑的结构,我们学的越多,我们变得越独特。了解脑是怎样学习的,这对于教学设计、行政管理、评价学校在社区中的作用、教师教育以及其他许多对于教育改革十分关键的问题有很多启示。更重要的,在我们现今的学习型社会中,可以对我们应该如何高效率学习提供了指导作用。

二、人类十一大智力中心与脑

(一)十一大智力中心

美国哈佛大学教授加德纳通过研究证明了每个人都有十一大智力中心,如下图 5-3 所示:

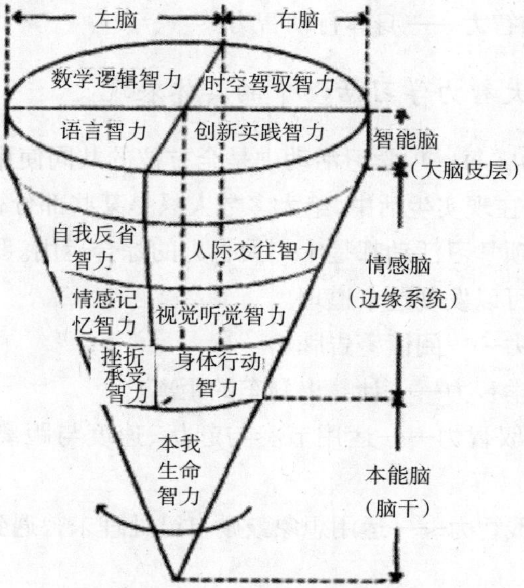

图 5-3　十一大智力立体图

(1)语言智力:读写的能力。

(2)逻辑/数学智力:推理、计算和处理逻辑的思维能力。

(3)视觉/空间智力:画画、摄影以及雕刻的能力。

(4)身体行动智力:运用五官、四肢与躯干付诸行动的能力。

(5)人际交往智力:与别人相处的能力。

(6)自我内省智力:进入一个人的内在情感的能力.

(7)本我生命智力:民族祖先家庭 500 万年的遗传因素和十月怀胎父母所暗示的体魄与心智的全部信息与能量,往往体现于人的体能、自信心、安全感、感染力、激情、影响力、生命力以及对大自然所有表象与内在的好奇。

(8)挫折承受智力:对行动实践受阻的挫折承受的能力,往往体现于坚强、耐挫、恒心、耐力、意志力。

(9)情感记忆智力:对客观信息内容的吸收、关联、联想、回忆的观念情感记忆,往往体现于感觉、感受、理解、记忆。

(10)创新实践智力:对客观信息的质疑与再发现的能力,往往体现于幽默、创造、发明、解决问题、第六感、进取。

(11)时空驾驭智力:指挫折承受智力属边缘系统的左脑智力,相对应于边缘系统的右脑智力——身体行动智力。

(二)十一大智力学习活动中的具体表现

十一大智力在每一项学习活动中是全方位的共同使用的, 而不是单纯独立地运作的。在现实生活中,绝大多数人只是某些部分智力比较发达。然而,几乎任何一项学习活动都是十一大智力的综合运用。我们从下面"学车"这个例子中,就可以发现这个道理。

(1)语言智力——阅读警告牌。

(2)逻辑数学智力——计算出刹车的距离。

(3)时空驾驭智力——运用节奏与起伏、速度与距离把握适当的驾车技能。

(4)创造实践智力——运用想象鼓励自己处理未曾遇到的驾车中的各种问题。

(5)自我内省智力——辨别自己驾车状态及驾车感觉。

(6)人际交往智力——向教练征询建议与驾车技能。

(7)视觉听觉智力——设法找到停车位置或在高速路上寻找确认标志或用音乐放松疲劳。

(8)情感记忆智力——运用经验鼓励自己处理道路险情或回忆加油站的位置。

(9)挫折承受智力——驾车故障或发生意外时的自我情绪控制。

(10)身体行动智力——练习方向盘、刹车、换排挡的协调动作。

(11)本我生命智力——遇到危急时的本能刹车。

(三)十一大智力学习方式

通过以上分析我们已大概地了解了大脑的立体构造，以及各个部分的功能，那么学习与大脑有什么关系，学习知识要通过哪些通道？大脑是如何运作的？

1. 六个主要学习通道

我们学习是通过六个主要通道通向大脑的(见图 5-4)，它们分别是：

图 5-4　学习的六个主要通道

2. 三种感官学习记忆方式

我们吸收、记忆信息的方式有 3 种：听觉方式、视觉方式和运动方式。专门研究学习模式的瓦特·巴布和雷蒙·斯瓦辛提出了三种感性认识方式（即记忆方式)，这些方式我们每个人都在不同程度上运用，它们是：听觉学习记忆模式、视觉学习记忆模式和动觉学习记忆模式。

(1)听觉学习记忆型。通过听到口头说明进行多次重复才能真正理解所学内容。如果有人更依赖于听觉记忆，你会发现，把事实和日期编成儿歌、快板或某种节奏分明的形式，将有助于他们记忆。理由是：听到一个单词如何发音对理解单词的涵义很重要。

(2)视觉学习记忆型。通过看和观察，充分运用视觉想象来学习。如果你是典型的视觉型学习者，你会常在脑中勾画出自己所学的东西。人们甚至会认为你"做白日梦"或"神思恍惚"。非常典型的视觉记忆型往往通过把单词和概念与它们的图像联系起来进行记忆，那样效果最佳。他们在看书和记忆时，总是想象事物的样子有时可能把事物想象得与真实情况大相径庭。

(3)动觉学习记忆型。通过身体参与和真正做与所学内容有关的事情来学习。假如有人有极其强烈的运动记忆特点，你会发现他几乎时刻处在运动状态。他可能一直被称为"坐立不安的人"或"蠕动的虫子"。爱动的人常会听到"坐着别动"、"把脚踩在地上"之类的命令。尽管很多老师和父母都下了苦功教孩子安静，爱动的孩子却必须一边学一边动，否则学习记忆就不牢固！就算这种运动只是简单的踱步之类，运动记忆型学习者都会因此而取得学习或记忆的最佳效果。

3. 美国圣约翰大学邓恩夫妇的调查

30%的人是听觉学习者：记得在标准课堂时间内所听到的东西的75%。40%的人是视觉学习者：记得他们读到或看到的3/4的东西，这里还应分为两类：以文字语言形式处理信息；以图表图片形式记忆信息。15%的人是触觉学习者：他们需要触摸具体的东西，用写、画以及参与具体的经验来学习记忆。15%的人是动觉学习者：通过参与真实的经历才记住。

上述的调查表明学习是可以通过各种方式来进行的，而非文字阅读一种。当然上述调查也不表示绝对概念。其实，每个人的分析图显示，每个人的动觉学习、视觉学习、听觉学习都占有一定的百分比，只是相对稍稍偏重于哪一类型的学习。

4. 麦克连三脑一体的学习方式

不论以何种方式学习，大脑通过感官所接受到的学习信息到了大脑后，你大脑的组织加工信息的模式是相同的(见图5–5)。

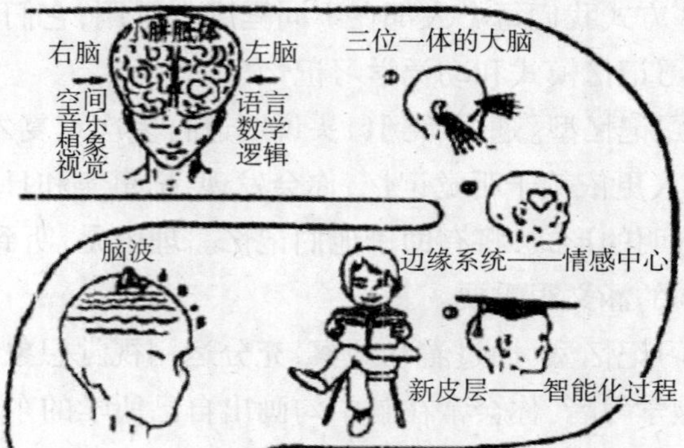

图5–5 大脑工作情况概述

左脑能力强的人以逻辑的方式接受信息——如果信息以逻辑或线形顺序的方式出现，那么他们能够很容易吸收；

右脑能力强的人以整体描述的形式吸收信息——如果信息以形象、想象、音乐、艺术和直觉的描述方式出现，他们就很容易吸收。

按顺序从左上方起：

大脑的左右两边以不同的方式处理信息，但小脑的3亿个神经细胞将它们连接了起来。在“三脑”之中，第一个是“爬行脑”，它控制许多本能的反应。边缘系统或“古老的哺乳脑”，是大脑的情感中心。使你成为人的新皮层。刺激大脑越多，连接点就越多。大脑在四种不同的波段上工作。调谐到“正确的波段”能帮助你更快地学习。

三、与学习有关的相关脑区

1957 年，Scoville 报道了一例因双侧内侧颞叶切除而造成严重的近期记忆丧失的病例，神经科学家们开始相信不同的脑部结构在学习记忆中扮演着不同的角色。以后几十年里，“内侧颞叶记忆系统”的概念逐渐形成，其它一些脑区，如前额叶、杏仁核和 Meynert 基底核（MBN）等也相继被证实参与了学习记忆过程，纹状体边缘区是舒斯云等在研究大鼠脑时在新纹状体内侧边缘发现的一个与学习记忆有关的新区。

（一）内侧颞叶记忆系统

内侧颞叶记忆系统由海马及相邻有关皮层组成，包括内嗅皮层、外嗅皮层和海马旁回等。临床和实验研究都提示内侧颞叶系统的海马及其相关结构对学习记忆都十分重要。内侧颞叶系统结构的损害，尤其是海马的损害，无论在人、猴、鼠，都会造成逆行和顺行性遗忘。海马是内侧颞叶系统中与学习记忆最密切相关的结构，因此内侧颞叶记忆系统又称海马记忆系统。对海马有病变的大鼠的研究发现海马是正常的再认记忆的结构基础。临床病例报告和神经影像学发现也证实海马参与了陈述性记忆的过程。事件相关功能核磁共振研究也提示旁海马回在语言信号的正确提取过程中有明确的作用。然而，这个记忆系统的作用只是暂时的。

（二）前额叶皮层

1970 年后，前额叶皮层的学习记忆功能逐渐被人们所认识。前额叶皮层的 3 个环路对行为有重要作用：背外侧前额叶环路介导执行行为；眶额环路介导社会行为；而内侧额叶环路参与动机的形成。人和动物实验的研究都提示前额叶与工作记忆之间存在紧密的联系。功能神经成像研究显示事件记忆的编码过程与左侧前额叶激活有关，而记忆的提取则与右侧前额叶的激活有关。前额叶的背外侧区是参与工作记忆的最重要的脑区。

（三）间　脑

间脑内的3个结构与颞叶有广泛联系并在记忆中起作用。它们包括下丘脑的乳头体，前丘脑和丘脑背内侧核。Korsakoff综合症病人因慢性酒精中毒，硫胺（维生素B1）缺乏致背内侧核、乳头体和其它脑区的损害会产生严重的逆行和顺行性遗忘。顺行性遗忘的关键性部位包括乳头体、乳头体丘脑束和前丘脑。逆行性遗忘依赖于背内侧丘脑和前额叶之间环路的功能损害。因此内侧颞叶系统和间脑结构之间的联系形成了脑记忆系统的一个组成部分。此外，前额叶和包括海马、丘脑和小脑3个部分的脑区之间的联系异常似乎也参与了精神分裂症病人的记忆障碍。

（四）杏仁核

杏仁中央核的神经元的激活方式与恐惧反应的发展相关。杏仁核的病变会阻断动物或人新的条件恐惧反射的形成或旧的条件恐惧反射的表达。外科手术时电刺激人的杏仁核会产生恐惧和焦虑的感觉。杏仁核的功能联系的研究支持它在厌恶学习过程中起作用，它会激活乙酰胆碱能注意系统、交感神经系统和促进加压素的释放。杏仁核——海马联合损毁的猴学习记忆功能严重损害，结果提示海马、杏仁核或两者同时都参与了记忆过程。

（五）小　脑

通过大量研究在经典的瞬目反射中的运动学习，发现小脑在运动学习中起着至关重要的作用。小脑的运动学习功能来自于平行纤维和浦肯野细胞之间的长时程抑制，当信号通过上升纤维来到浦肯野细胞时，长时程抑制就被启动了。

（六）Meynert基底核（MBN）

神经病理学观察表明MBN是Alzheimer病（AD）肯定的损害，证实MBN参与了AD的形成。AD病人的MBN中神经元有44%～76%的损失，并且损失程度与发病年龄和死亡年龄呈负相关。大鼠的实验研究结果也提示MBN神经元的退行性病变导致散发AD病人其它脑组织病理改变的首要和决定性因素。

（七）纹状边缘区（MrD）

纹状边缘区（Marginal division of the strialum，MrD）是舒斯云等在鼠、猫、猴和人脑内新纹状体尾内侧发现的一个由梭形细胞组成的亚区。边缘区内有特殊的神经联系和大量在神经纤维、终末和神经元胞体内表达的神经递质，这些特征把边缘区与纹状体内其它结构区别开来。三维重建显示边缘区为新纹状体和苍白球之间一扁平盘状结构。大鼠双侧边缘区化学性损毁后进行双盲 Y 迷宫试验结果发现大鼠出现了严重的学习记忆功能障碍，应用功能性核磁共振在人体活体试验也证明了边缘区的学习记忆功能。化学诱导 c-fos 表达法观察到边缘区和海马、杏仁核和 Meynert 基底核之间有功能联系。可以认为边缘区是哺乳动物脑内一个新发现的新纹状体内的特殊结构，可能在学习记忆的过程中起到重要的作用。

四、脑电波与最佳学习状态

早在 1875 年，英国生理学家卡顿（Richard Caton）就从兔脑和猴脑中记录到微弱的电流。1929 年，德国精神病学家贝格尔（Hans Bergar，1873—1941）首先做了尝试，记录了人脑的电流。他将电极置于颅表，检测到人在不同清醒状态时的 4 种不同类型的脑电波（这一技术就是脑电图的发端）。当人们处于高度清醒状态时，大脑在 13—25Hz 的波段上工作，叫做 β 波状态。处于这一状态时，人们容易过分激动或烦躁，对不起眼的小事反应过度，并不停地、无目的地走来走去。当人们松弛而清醒（中度清醒）时，大脑在 8—13Hz 波段上工作，叫做 α 波状态。这一状态又被称为“放松性警觉”状态，是理想的学习状态。睡眠的初期阶段，大脑在 4—8Hz 波段上处理白天的信息，叫做 θ 波状态。深度睡眠时，大脑在 0.5—4Hz 波段，叫 δ 波状态。脑电图不仅显示脑电波的性状，而且显示它们怎样变化，其模式实际上可随不同的清醒状态而改变。这对于教育具有重要的意义。心理学家早已发现，当人们处在中等清醒状态时，最能有效地完成任务。当脑获得适宜的挑战时，它能以最优的方式学习。但是，当觉察到威胁时，脑则会变得功能低下。当大脑处于 α 波状态时，能促进灵感，加快资料收集，增强记忆。在这种状态下，人们可以进入潜意识，非凡的记忆力、高度专注和不同寻常的创造力都可以取得。因此，我们应该在一种放松的、低威胁的、和高挑战的氛围中学习。

五、如何科学用脑

脑与学习的关系密切，因此要有好的学习基础，必须懂得如何科学用脑。[①] ①用脑要适度：用脑必须有张有弛，过度者欲速则不达。一般说来人们连续用脑两个小时左右，就要休息一下，不要等待脑袋发“木”了才停止工作。疲劳是大脑皮层中强迫性的兴奋过程与保护性抑制过程发生了矛盾。这种矛盾持续下去，不仅会使思维能力降低，而且会引起神经衰弱或神经官能症，极易引起各种心因性疾病。②用脑要有节律：人的兴奋和抑制是高级神经活动的基本过程，人的智力只有在大脑皮层的兴奋与抑制有节律的交替进行的情况下，才能提高效率。③培养良好的卫生习惯：人们良好的生活习惯就是在大脑建立起合理的“动力定型”，它能使人脑神经细胞的兴奋与抑制保持平衡、协调，做到有效的工作和休息。④经常参加体育活动：能缓冲人们的心理负荷，缓和一下持续的心理紧张，消除身心的疲劳。创造心理学的研究证明，灵感常常是在经过长期紧张之后的暂时松弛状态下产生的。

---

① 胡文耕.信息、脑与意识[M].北京：中国社会科学出版社，1992：108—112.

第六章　学习心理的认知因素

学习是一种特殊的认知活动，涉及感知和记忆各种经验和事实，必要时还要辅以想象和思维，学习离不开认知因素的参与。认知因素主要包括感知、记忆、思维、想象等。它们作为心理过程中的认识过程对我们的学习有着直接的影响。下面我们将从认知发展与学习的关系，问题解决与创造能力的培养，学习的迁移与教学几个方面论述认知因素对学习的影响。

第一节　认知发展与学习

一、认知发展概述

认知发展是个体心理发展的极其重要的组成部分，一般是指与大脑生长和知识技能有关的发展方面。具体地说，它涉及人在记忆、想象力、问题解决、语言、思维、注意等方面种种功能的发展变化。认知发展是影响学习的很重要的因素，个体的认知发展与学习过程密切相关，学生的认知发展水平是学习准备的重要因素，将直接影响学生接受新知识的水平。二十世纪中期之后，心理学中的学习理论研究重点转入认知领域。皮亚杰、维果斯基、布鲁纳等都曾提出过自己的发展观理论。

（一）皮亚杰的认知发展观

皮亚杰是认知发展领域颇具影响力的一位心理学家，是发生认识论的创始人。皮亚杰的发生认识论认为，个体心理的发生发展过程，既不是外部物理世界的简单复本（经验论），也不是主体内部预成结构的展现（预成论），而是主体在不断成熟的基础上，与客体相互作用的过程中获得个体经验与社会经验，使图式不断协调、建构，逐步形成一系列由低级到高级的心理图式的过程。人是建构外部世界知识的能动主体，而非被动的接受者，个体是凭借认知结构（或图式），通过适应（同化与顺应）和组织这两种机能来逐渐认识外界事物、适应外界环境，实现认知的发展。个体主要经历感知运动阶段、前运算阶段、具体运算阶段和形式运算阶段四个认知发展阶段，每一个阶段都大致地对应一定的年龄范围，而且每个阶段都以行为的质变为特征。

（二）维果茨基的认知发展观

维果茨基是前苏联杰出的心理学家，被公认为是当今学习理论中社会建构主义和情境学习理论的先驱。维果斯基提出的“最近发展区”概念，拓展了对学生能力的认识，为学生提供了发展的可能性，教和学的相互作用刺激了发展，教学“创造着”学生的发展。他采用历史的观点，创立了“文化－历史发展理论”。维果斯基认为，社会相互作用、文化工具和活动影响个体的发展和学习。通过参与广泛的社会活动，学生体会到（内化）由别人共同工作所产生的成果。这一观点强调个体心理发展过程中社会文化的影响因素，尤其重视语言在这一思维内化过程中所起的突出作用。

（三）布鲁纳的认知发展观

布鲁纳是一位在西方教育界和心理学界都享有盛誉的学者。布鲁纳的认知理论基本上是皮亚杰学派的继承。不过，他吸收了现代语言学等邻近学科的成果，来充实和发展他的认知发展教学观。布鲁纳十分重视生长（growth）的问题。他常常把智慧生长与认知生长作为同义语，把它们看作是形成表征系统的过程。他认为，智慧生长的主要目的，是为学生提供一个现实世界的模式，学生可以借此解决生活中的一切问题。这个模式涉及储存信息的内部系统，而信息是通过人与周围环境相互的作用获得的。因此，探讨智慧生长的一个最有用的概念是表征或表征系统。他的这个模式的观念是在许多方面与皮亚杰的“内部结构”的观念相似的。布鲁纳认为在人类智慧生长期间，经历了动作性表征、映像性表征、符号性表征三种表征系统的阶段。布鲁纳的结构主义学习论主要强调学科基本结构学习和儿童的早期教育，提倡用发现法进行教学，重视学生内部学习动机。

(四)新皮亚杰主义在认知发展领域的研究

近几年来，认知发展领域研究新趋势对经典认知发展产生了很大的挑战。当前关于儿童发展的研究已试图从皮亚杰的发生主体论转移到强调个体历史和背景发展的研究上，为了强调人们的知识以及它与世界联系的多样性,研究者开始研究在什么时候这种多样化固定为一种风格,以及在排除其他因素的情况下这种风格如何导致形成一定的态度和策略。此外,对个体差异的研究显示认知成长能根据不同的路径和情境的复杂性而变化。对人类发展风格的研究目的是寻找普遍法则和个体变量之间的结合点。近年来，新皮亚杰主义者所取得的新成果不断修正了皮亚杰的认知发展理论，该学派已成为国外关于认知发展研究的主导方向。新皮亚杰学派由于看到了心理现象的特殊性，认为心理学理论应不断地创立理论目标和相应的概念体系,包括从其他学科中借用一定的思想和概念,才形成了颇有影响的认知发展多维研究。

二、记忆力与学习

(一)记忆的概述

记忆是人脑对过去经验的保持和再现(回忆和再认)。过去经验,不仅包括感知过的事物,也包括思考过的问题和理论,体验过的情绪和情感以及做过的动作等。可以说,我们所经过的一切事物都可以是记忆的内容,而这些内容在相应的刺激影响下又会重新出现。记忆按其机能来说,是脑的反射活动,是一种高级神经活动。

记忆包括三个基本过程:信息进入记忆系统——编码,信息在记忆中储存——保持,信息从记忆中提取出来——提取。记忆的三个基本过程的作用恰好可以与计算机的信息加工过程相类比。如图 6–1 所示:

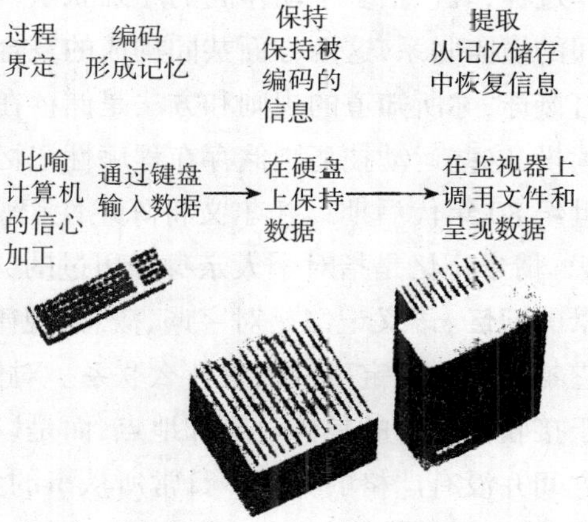

图 6–1　记忆的基本过程

①编码是把来自感官的信息变成记忆系统能够接收和使用的形式。一般说来，我们通过各种感觉器官获取的外界信息，首先要转换成各种不同的记忆代码，即形成客观物理刺激的心理表征。编码过程需要注意的参与。注意使编码有不同的加工水平，或采取不同的表现形式。编码的强弱直接影响着记忆的长短。当然，强烈的情绪体验也会加强记忆效果。总之，信息编码如何直接影响到记忆的储存和以后的提取，一般情况下，对信息采用多种方式编码会收到更好的记忆效果。②保持也称储存，已经编码的信息必须在头脑中得到保存，在一定时间后才可能被提取。为了日后的应用，必须想办法努力将信息保存下来。已经储存的信息还可能受到破坏，出现遗忘。心理学家研究记忆主要关心的就是影响记忆储存的因素，以便与遗忘做斗争。③提取有两种表现方式：回忆和再认。日常所说"记得"指的就是回忆。再认较容易，原因是原刺激呈现在眼前，你有各种线索可以利用，需要的只是确定它的熟悉程度。一些学习过的材料无法回忆或者再认出来。记忆痕迹并不会完全消失，用再学习可以很好地证明这一点。即让被试先后两次学习同一材料，每次达到同样的熟练水平，再次学习所需要的练习次数或时间必定要少于初次学习，两次所用时间或次数之差就表示了保存的数量。

记忆的类型，依据记忆的内容分：①陈述性记忆和程序性记忆。陈述性记忆处理陈述性知识，即事实类信息，包括字词、定义、人名、时间、事件、概念和观念。陈述性记忆的内容可以用言语表达。程序性记忆，又称技能记忆，记忆程序性知识，如怎样做事情或如何掌握技能，通常包含一系列复杂的动作过程，既包括多个动作间的序列联系，也包括在同一瞬间同时进行的动作间的横向联系，这两方面共同构成的复合体是无法用语言清楚表述的。例如打篮球，你所知道的规则和方法是储存在陈述性记忆中的，但你擅长运球和远投，这些运动技巧则储存在程序性记忆中。②情景记忆和语义记忆。到20世纪80年代后期，托尔文将陈述性记忆进一步区分为情景记忆和语义记忆。情景记忆是指对个人亲身经历过的，在一定时间和地点发生的事件或情景的记忆。语义记忆是对字词、概念、规律和公式等各种概括化知识的记忆，它与一般的特定事件没有什么联系。对信息的这种意义特征的记忆不依赖于接收信息时的具体时间和地点，而是以语义为参照。情景记忆和语义记忆之间并没有严格的界限。日常所从事的大多数活动中，语义记忆、情景记忆和程序性记忆三种记忆都要参加。

(二)记忆与提高学习效率

在心理学上，所谓学习就是由于经验所引起的行为或思维比较持久的变化。在学习中,学习者都希望把所学的知识记住,能够多记而且经久不忘。因为只有这样才能在实践中自由方便地运用已有地知识经验去解决问题,与环境相适应,进行富有创造力地活动。怎样才能把过去所学的知识经验都记住呢？这就需要了解记忆的特点,来提高学习效率。

记忆包括人们过去经验过的事物的印象的保留和恢复过程。在日常生活中,人们经过听、嗅、味、触、运动等感觉的活动,感知着许许多多的事物,产生着各种各样的情感,进行着各种意志活动,所有这些作为经验的印象保留着,日后,在某种条件下,它还可得到恢复。这就是人类的记忆。记忆是一种复杂的过程,它可分为瞬时记忆、短时记忆和长时记忆三个阶段。短时记忆是保持 1 分钟以内的记忆,长时记忆可保留很长时间,可以是数年、数十年或一生。有的学习活动需要短时记忆。所学的东西不能停留在短时记忆阶段,而是要从短时记忆移送信息到长期记忆,并牢固的保存在长期记忆之中，这就要求我们必须了解产生短时记忆和长期记忆的原因。

短时记忆和长期记忆都是暂时神经联系的痕迹,不过情况不尽相同。短时记忆的痕迹是指当脑中枢神经系统受到刺激以后，总有一部分神经细胞处在活跃状态,并在神经细胞之间进行循环活动。因此,刺激停止后,受刺激的神经部位的活跃状态,并在神经细胞之间进行循环活动,而是持续一段时间之后消失,这就使短暂记忆成为可能。长期记忆是有关神经组织结构的变化,如神经细胞突触联系数量的增加,神经元内部的生化变化等等,神经组织结构的变化是由于短时记忆活动痕迹累积形成的。结构痕迹一经形成就不易消退,在一定条件下能够恢复。因此,要想牢固的贮存信息,就必须形成组成结构的痕迹。

由短时记忆向长时记忆转移,使记忆牢固的最好的办法就是复习。复习的过程就是形成和巩固结构痕迹的过程。要使学习的东西好好的巩固起来,就要复习,并且要正确的掌握复习方法。如果没有正确的组织复习,记忆的效果也可能不显著。

在记忆的有意识记当中,根据所采用的方法,有可以把识记分为机械识记和意义识记。机械识记是根据识记材料的外部联系，采用简单重复的办法的识记。如对人名、地名、历史年代、外语单词等的记忆，就多属于机械记忆，其基本方法是重复。意义识记是根据识记材料本身所具有的内在联系，通过理解而进行的识记。学习科学文化知识，主要运用意义识记，其基本方法是理解。一般来说，意义识记的效果比机械记忆的效果好，不仅记得快，而且记得牢。只有加深了对材料的理解，头脑中建立了材料内部、材料之间、新旧知识之间的有机联系，才能识记的好。不能把机械记忆和理解记忆绝对对立起来。良好的识记应该是将机械识记和意义识记结合起来，使之相辅相成，相互促进。

学习必须及时进行复习，日常观察证明，学习之后，对所学的知识很快就开始消失了。因此复习必须及时。根据艾宾浩斯的遗忘曲线和研究成果，学习之后遗忘的速度是不均衡的，最初忘却的速度较快，忘却的部分较多，逐渐忘却的速度就缓慢下来了。根据这一遗忘规律，组织复习，就应该在时间上正确的加以分配，要分散复习。由于分散复习时可使神经细胞处在适度的兴奋状态，易于巩固联系的痕迹。而集中复习效果结果差是由于大脑神经细胞疲劳，产生保护性抑制所致。应采用多种方法进行复习，避免单调性。例如有的人在看书时，对内容产生厌烦，甚至打瞌睡，往往是由于单调复习引起的。另外我们应采用反复阅读和尝试回忆相结合的方法进行复习，越早回忆已学过的材料则熟记的越成功。

三、想象力与学习

（一）想象的概述

想象是指人脑对曾经知觉过的各种有关事物形象进行加工改造，创造出未曾知觉过的甚至是并不存在的事物形象的心理过程。任何想象出来的事物，不管多么新颖或古怪，都是人们已有经验加工改造的结果。想象在认知活动中具有重要意义。如果没有同思维内容相联系的想象，人的思考就有困难。思维活动中如果没有想象参加，科学发明、艺术的创造就难于进行。正因为想象是创造活动中不可缺少的因素，所以，它是发展人的创造能力的一个重要方面。

想象根据想象时有无预定的目的和意识，可分为无意想象和有意想象。无意想象是指人们不自觉的、不由自主的产生的没有特定目的的想象。有意想象是有预定的目的、自觉产生的想象。人的绝大部分想象都属于有意想象。在有意想象中，根据想象的新颖性、创造水平和产生方式的不同，又可以分为再造想象、创造想象和幻想。再造想象是根据别人的描述，在自己头脑中形成新形象的过程。例如，看小说《哈里波特》时头脑中产生的哈里波特的形象就是再造想象。创造想象指不是根据别人的现成描述，而在头脑里独立形成新形象的过程。创造想象比再造想象更复杂、难度更大。它具有首创性和独立性的特点。例如，哈里波特的作者在创作《哈里波特》这部小说时就是使用的创造想象。这些想象由自己创造的新形象，而不是在头脑中凭空创造出来，它仍然以现实为基础。幻想是与人的愿望相联系，并且指向未来的想象。它是创造想象的一种特殊形式。例如，有人想上月球上看看，有人想能靠彩票中奖而一夜暴富等，这些都是属于幻想。应该把这里的幻想与生活概念中的幻想加以区别。在生活概念中，幻想是指那种不能实现的空想，心理学中的幻想概念则要广泛得多。

（二）想象在学习中的作用

想象在学习中的作用：①它能够增强学习的主动性。根据心理学的研究，从事任何活动（包括学习）都须首先确立定向基础。所谓确立定向基础，最根本的含义就是指在从事活动之前，一个人能够想象出活动过程本身及其结果。这样就有助于提高学习的主动性，有助于学习活动的顺利完成。②它能够赋予学习的主动性。如果把想象参加到学习活动中，就能学得生动活泼，把死的知识变为活的知识；就能打破知识的限制，把古今中外的一切事实都罗列在眼前。③它能够提高学习的创造性。人的学习不是被动地机械地接受现成的知识，而往往具有很大的创造性，是一种不同于科学发现的另一种形式的创造性活动。

想象既可以无意识的产生，也可以有意识地唤起。想象力的培养：①丰富感性形象，要在社会实践中开阔视野，尽量扩大对自然界和人类社会各种形象的储备。②借用“朦胧”想象，不少科学家善于在睡意朦胧的状态下思考问题，运用朦胧法，能发现事物之间的一些原来意想不到的相似点。③融合想象与判断，合理的想象只有同深邃的判断力一道才能发挥作用，丰富的想象力，既需思想活跃，又需判断正确。④练习比喻、类比和联想，比喻、类比是想象力的花朵，经常打比方，可使想象活跃。⑤多做随意性想象，要先放开思想想象,然后再把不合适的地方修改或删除,思想拘谨很难产生出色的想象。

四、思维与学习

(一)思维的概述

思维是人脑对客观事物间接的和概括的认识过程,通过这种认识,可以把握事物的一般属性和本质属性。间接性和概括性是它的两个基本特点。思维的间接认识就是通过其它事物的媒介,借助于已有的知识经验,去认识事物共同的非本质属性或本质属性,去预见和推断事物发展的进程。例如,由此知彼、见微知著等等,都是思维的间接认识的结果。思维的概括认识是指根据大量的已知事实,即在已有知识经验的基础上,舍去各个事物的个别特点,抽出它们的共同特点,从而得出新的结论。

思维的种类,按照思维的本质属性,可分为具体思维和抽象思维两种:①具体思维是凭借具体的直观手段而间接地概括认识客观事物的一种思维过程。它又可以分为动作思维和形象思维两种:动作思维是凭借直接感知,并在实际操作的过程中进行的,动作既是思维的起点,也是思维的结果。从动作到动作,乃是这种思维的突出特点;形象思维是凭借事物的形象(表象),并按照描述逻辑的规律而进行的一种思维。它的间接性和概括性的程度较大,这种思维的形式为表象、联想。②抽象思维是凭借抽象的非直观手段而间接地概括地去认识客观事物的一种思维过程。它又可分为形式思维和辩证思维两种。形式思维是凭借概念,并按照形式逻辑的规律而进行的一种思维。它的间接性和概括性程度更大。这种思维的形式为概念、判断和推理。概念是单个存在的,它用词来标志,一个实词就是一个概念;判断是两个或几个概念的联结,它用句子来表示,一句话就是一个判断;推理又是两个或几个判断的联结。辩证思维是凭借辩证概念、并按照辩证逻辑的规律而进行的一种思维。它的间接性和概括性程度最大。其思维形式亦为概念、判断和推理,但它们都具有辩证性。众所周知,思维是客观现实的反映,而客观现实有其相对稳定的一面,也有其不断发展、不断变化的一面。形式思维反映前者,即它是在相对稳定的情况下去认识客观现实;辩证思维反映后者,即它是在发展变化的情况下去认识客观现实。

(二)思维在学习中的作用

思维在学习中的作用,可从其一般作用与具体作用两方面来加以分析:

思维的一般作用认为思维是智力活动的核心和方法。现在一般都认为,智力是由观察力、记忆力、想象力、思维力和注意力等5种因素构成的,而思维力则是其中的核心。

思维的具体作用体现在:思维是理解知识的必要心理因素。只有通过思维,才能把大量的感性材料、具体事实、丰富经验,经过由此及彼、由表及里、去粗取精、去伪存真的改造制作工夫,上升为理性知识,构成一定的理论体系。

孔子曰:“学而不思则罔,思而不学则殆。”他认为,君子要视思明、听思聪、色思温、言思忠、事思敬、疑思问、忿思难、见思义。他要求学生在看、感知、言行、学习、品德诸方面都要善于思维。单从学习的角度来说,思维是实现感性认识向理性认识飞跃的中心环节,也是理解教材必要的心理因素,更是巩固所学知识的重要条件。程颐曾说:“为学之道,必本于思,思则得之,不思则不得也。”朱熹也曾说:“读得熟而思得精,自然心与理一,永远不忘。”黄宗羲说:“无深湛之思,学曰思。……学非有碍于思,而学愈远。思正有功于学,而思之困则学必勤。”由此可见,思是学好知识的关键,所以变学为思,变学为悟,才能学有所长,学有所成。一切科学理论的形成,必须经过思维这个过程。因为一切科学理论都是由最基本的概念、定义、定理、定律等组成的,而组成科学理论的这些基本单位都是思维的成果。

思维能力的培养:①要注意思维能力的全面培养。尽管思维有其总的规律,但由于各学科的特点不同,所以思维方式也不完全一样,思维品质和思维过程在不同学科内的体现也各有侧重。这就要求我们在学习不同学科过程中,注意培养不同的思维品质。②解题是培养思维的好方法。要明确解题的目的,在解题中培养思维能力比解题本身更重要。要注意把握例题及其解题思路。要养成一题多解的习惯,这既对培养思维的广阔性好处极大,又有助于思维的灵活性和深刻性的培养。③要独立思考。强调独立思考,并不是否定别人的指导、讲授或与其他人进行交流和讨论,而是说,指导、讲授、交流、讨论不应成为限制思考的障碍,而应成为促进思考的条件。随着学识水平和能力的提高,独立思考应该越来越强,即独立思考的时间应该越来越长，思考的程度应越来越深。

第二节 问题解决与创造能力培养

一、问题解决概述

（一）问题与问题解决

问题常指一种情境，它通常拥有起始状态和目标状态。起始状态就是当前的已知条件，而目标状态则是人们希望的或已规定好的、要达到的一种结果。问题解决是一种高级而又复杂的思维活动过程，也是一种高级形式的学习活动。分析问题、解决问题能力的培养，是学校教育的最主要任务之一。所谓“问题解决”，是指人们在学习过程、日常生活和社会实践中，面临新情境、新课题，感到需要解决而又无现成对策和办法时，寻求处理手段和办法的一种心理活动。不同性质和难度的问题，解决的方法、时间和过程不一样。简单容易的问题会很快找到解决的办法，复杂困难的问题则需经历一定的、甚至曲折的思维过程才能成功。

所有的问题解决都包含三个基本成分或条件：一是目标指向性，即对问题找出一个答案，或得出某种结论。二是认知系列，问题解决是认知的或智力的，即它在问题解决者头脑中进行，不能予以直接观察，只能被推测出来。当然，要有效地解决问题，问题解决者的非认知或非智力因素的积极参与也是必要的。三是操作系列，问题解决者要对自己内部的符号表征进行认知的运思，即要操作自己已有的知识。

问题解决过程是指问题解决者寻找操作系列以达到目的过程。它存在三种状态：一是初始状态，它是一组已知的有关问题的描述，也叫问题情境。二是中间状态，问题解决的正确方法不是直接的，往往要通过一定的探索才能找到相应的答案，也叫问题空间。三是目标状态，它是有关构成问题结论的描述，亦称问题目标，问题解决者必须善于把问题的初始状态以中间状态为中介转化为目标状态。这三种状态是有机地结合在一起的。

问题与问题解决按照不同的角度或标准，可划分为多种不同的类型：①以起始状态与目标状态的描述或界定是否清楚或明确为划分标准的。如起始状态与目标状态都描述清楚或界定明确的，即属于清晰的问题解决；反之，如起始状态与目标状态都描述不清或界定不明确的，即属于模糊的问题解决。界乎这两端之间尚有两种情况：一是清楚描述或明确界定了起始状态但没有清楚描述或明确界定目标状态的问题；一是没有清楚描述或明确界定起始状态却清楚描述或明确界定了目标状态的问题。②非常规性的问题解决与常规性的问题解决，需用新的程序来解决问题叫非常规性的问题解次，又称创造性问题解决；运用已有程序来解决问题叫常规性问题解决。这两种类型的问题解决都是需要的，但比较而言，创造性的问题解决则更为重要。我们在教会人们学习常规性问题解决的同时，更要重视对他们非常规性问题解决学习的培养与训练。此外，尚有专门领域问题（语义丰富问题）与一般领域问题（语义贫乏问题）、有对手的问题与无对手的问题解决等。

（二）问题解决的过程

关于人类问题解决的过程，杜威在1910年提出的五阶段论被认为是经典的解决问题的一种方法，即：开始意识到问题、识别问题、收集材料形成假设、接受或拒绝试探性的假设、问题解决和评价。后来英国心理学家华莱士提出四阶段论：准备收集信息阶段——由刺激情境发现问题及寻求解题线索；深思酝酿状态——因问题复杂程度不同而经过或长或短反复酝酿时间；灵感或启迪——即问题解决方案的突然出现；验证——用实践来检验所提出的方法。这四个阶段提出了问题解决的不同阶段的不同认知状态，准备、酝酿、灵感和验证状态。华莱士的四阶段论也具有相当的影响，经常被引用于创造性解决问题的过程中

目前，大多数教育心理学家认为问题解决过程可以分为四个阶段：

第一阶段：理解和表征问题。确定问题是什么，找出相关信息，理解问题的要求与条件，确定目标。这一阶段是问题解决过程中最难的一步。这种困难有时表现为错误地理解问题的目标，有时表现为实现目标存在某种障碍，有时表现为问题解决时心不在焉。问题表征又可以分成两个小步骤：一是问题表层理解。指解题者逐字逐句读懂描述问题的每一个句子。读懂的标志是他能用自己的话重复问题的条件。二是问题深层理解。问题深层理解也称问题综合，指在问题表层理解的基础上，进一步把问题的每一陈述

综合成条件和目标统一的心理表征。问题深层理解又包括两个方面:识别问题类型,以及区分问题中的有关信息与无关信息。问题深层理解需要问题图式的知识。图式是人脑对事物或事件一般特征的概括,贮存于人脑的长时记忆中。

第二阶段:寻求解答的方案,寻找要求与条件之间的关系,找出问题的方向。在这一阶段,清楚规定的习题和含糊规定的问题解决方法就存在差别了,前者主要通过"算法"来解决,而后者往往用"启发法"。在教学中常用的启发法有:试误法、手段——目的分析、逆推法、类推法、爬山法、简化法等,有创造力的人不仅能灵活、熟练地运用上述启发法来解决各类问题,而且能创造性地使用其他启发法。作为教师,有必要训练和教会学生有关问题解决的常用方法。

第三阶段:执行计划或尝试某种解决方案。在这个阶段或者是把资料放入前一阶段已确定了的算法里,答案自然就获得了;或者是选择执行自己所决定的启发法,结果却很难预期。

第四阶段:对结果进行检验。检验可以从理论上进行。也可以进行实际检验。这一步看似简单,但也往往出现问题。因为学生往往会把得出一个数据作为目标,不管数据是否合理,年龄越小的学生越是如此。

(三)问题解决的策略

问题解决策略主要有两类:(1)算法策略,是解题的一套规则,它精确地指明解题的步骤。如果一个问题有算法,那么只要按照其规则进行操作就能得到问题的解。它往往是在缺乏具体目标的情况下进行的。例如,为了抓到逃往山区的一名逃犯而搜遍每一个山头和乡村。这种策略虽可以保证问题一定得到解决,但费时费力,除非空间很小,否则实际上是行不通的。(2)启发策略, 就是凭借个体已有的知识经验, 采取较少的操作来解决问题的方法。例如,为了抓获逃在某山区去的一名逃犯,首先弄清他逃到那里去的时间、方向,他在那里的亲戚朋友的姓名、住址等,然后再根据这些线索确定搜索的范围。这种办法容易成功,但不能保证成功,因为有关信息和知识的启发可能是不真实的。但它毕竟省时省力,简便易行,所以成为人们常用的问题解决策略。

问题解决的启发式策略多种多样, 其中应用最为广泛的有手段——目的分析策略(正向工作法)和目标递归策略(逆向工作法)等。所谓手段—目的分析,就是从问题的当前状态与目标状态的差距出发,首先将需要达到的问题的总目标分成若干子目标;然后以问题的当前状态为起点,通过采取一定的手段或方法来逐步实现这一系列的子目标,以最终达到总目标。所谓目标递归策略,就是从问题的目标状态出发按照子目标组成的逻辑顺序逐级向初始状态递归。即设置一个目标状态,由此出发,制定相应的步骤退回到当前状态。当然,在实际走步时,仍是从当前状态出发,按照正向的方式进行的。

总之,任何一个问题要得到解决,总要应用某个策略,策略是否适宜常常决定问题解决的成败。但具体应用哪种策略,则既依赖于问题本身的性质和内容,也依赖于个体已有的知识和经验。

二、问题解决的影响因素

问题解决主要是通过学生的思维活动进行的,而学生问题解决思维过程受到多种因素的影响,有些因素起促进作用,有些因素起阻碍作用。主要因素有问题情境、定势、功能固着、动机与情绪、知识经验、认知结构等。

(一)问题情境

问题情境是指问题解决时所要解决的问题的客观情境或刺激模式。当个体在活动中遇到某种不清楚、不了解的客观事实或现象,运用已有的知识和技能不能解决的情况下,就会出现问题情境。一般说来,问题情境与个体的认知结构的差异越大,问题就越难以解决;反之,问题则容易解决。

(二)定　势

定势是由先前的活动而造成的一种对活动的特殊的心理准备状态,或活动的倾向性。在环境不变的条件下,定势使人能够应用已掌握的方法迅速地解决问题,而在情境发生变化时它则会妨碍人采用新的解决方法。如何克服思维定势呢?教师应在日常教学过程中,注意培养学生的求异思维能力。因为,思维定势的出现主要是在教学过程中片面强调求同思维所引起的。

（三）功能固着

功能固着是指个体在解决问题时只看到事物的通常功能，而看不到它的其它方面的功能。在人们解决问题的过程中，常需要改变事物固有的功能以适应新的问题情境需要，这是解决问题的关键。例如，有一个实验，在正式进行实验之前，研究人员给每个儿童一块口香糖。实验任务是要儿童把栅栏缝中的硬币取出来。解决这个问题的关键，就是要儿童克服功能固着。因为口香糖有许多用途，但具体到这个问题，儿童必须要想到口香糖有浆糊一样的功能。功能固着是后天习得的，而作为一种习得的东西，它表明过去经验在解决问题过程中的重要性。

（四）动机与情绪

人的动机可影响心理活动的各个方面，无疑也会影响问题解决的思维活动。在问题解决的思维活动过程中，如果没有恰当的动机，人们就不能进行活跃的思维或有始有终地坚持解决一个问题。因此动机是影响问题解决地重要因素。人对活动的态度、他的社会责任感、认识兴趣、求知欲等都能成为发现问题、解决问题的强烈动机。动机的性质、各动机的强弱影响到整个问题解决的过程。有社会意义的动机，能促使人们为题解决而主动积极地进行思考与探索。太强或太弱的动机都不利于问题的解决，而中等强度的动机则最有利于问题的解决。情绪因素对问题解决也有明显的影响。情绪对问题解决的影响可以是积极的，有时也会使消极的。良好的情绪状态可以提高思维活动的进程。由于问题解决效率是受问题解决得难易和问题解决者的情绪状态所制约的，根据耶克斯—多德森定律，要提高问题解决的效率，问题解决者应保持适当的情绪状态。

（五）知识经验

知识经验不仅有助于提出问题和明确问题，而且有助于形成假设和检验假设。这里所说的知识经验有两层含义：一是一个人所拥有的只是经验的数量。人已有的知识经验愈丰富、愈概括，就愈容易被应用到解决问题的活动上去。在解决问题时一个被全面理解了的抽象原则比一些特殊的知识具体陈述起更大的作用。二是一个人所拥有的知识经验的质量，即在实践活动中积累起来的知识经验，也就是活的知识经验，即专家知识。瑞夫(Reif,1979)通过对专家所具有的知识经验进行分析,发现专家的知识是按层次分门别类地组织起来的。当专家遇到新问题时,他能组织知识经验,很快找到问题的关键所在,从而快速地解决问题。但是如果知识经验理解得不全面或使用不得当,也可能妨碍问题的解决。经验也是这样,一个人如果把局部经验当作普通适用的原则,或受已有的经验的束缚,不能根据事物的新特点去寻找新的解决方法,那就可能导致解题的失败。

(六)认知结构

认知结构是学生头脑中已有的知识结构，它是问题解决过程中最关键的因素。这主要是因为在解决任何问题时,要把已有的经验加以改组,使之适合于当前的问题情境的要求。因为认知结构中的观念都是人体解决的原材料,所以无论出现正迁移还是负迁移,显然都反映着认知结构变量的性质和影响。在认知结构中具备有关的背景知识(如概念、原理、关联词等),特别是在这种知识明确、稳定和可以区别开来的情况下,对问题解决是很有帮助的。事实上,没有这种知识,无论学生有多高的发现学习技能,也不可能解决任何问题,他们甚至都难以理解所面对问题的性质。认知结构在问题解决中的作用有三个:①"组织者"的作用。对于问题解决来说,"组织者"是先于解决问题呈现的一种引导性的材料,它比问题解决的任务本身有较高的抽象、概括和综合的水平，并能清楚的将认知结构中原有的观念与所要解决的问题联系起来,形成一定的关系。所以,它是原有认知结构与所要解决之间的"桥梁"。②"认知结构变量"的作用。"认知结构变量"是个人头脑里知识结构在内容和组织上的特征。它也可以分为一般的和特殊的两种。前者指某一学科内学生拥有的全部知识内容和组织特征；后者指在某一相对小的知识单元学生拥有的知识内容和组织特征，它影响学生在这一单元特殊的学习成绩。认知结构变量主要包括三个方面,即认知结构中起固定作用观念的可利用性、可辨别性和清晰稳定性。对于解决问题来说,重要的是重新组合有关概念和简单规则等形成新的高级规则，没有清晰稳定的可辨别和可利用的观念,就谈不上利用起固定作用的观念来作为新旧知识的"桥梁",解决问题将增加难度,甚至无法解决问题。三,良好认知结构的迁移效应。解决新问题的过程就是认知结构同化新问题的过程。通过一次问题解决的尝试所获得的新信息,反过来又修改原有的认知结构。这种改变了的认知结构又会影响下一次的问题解决。所以,前面所讲的"组织者"和"认知结构的变量"对问题解决得作用,在解决问题的过程中,主要是迁移效应问题。教育教学的主要目标就是形成学生良好的认知结构,以利于在解决问题中的迁移。积极的迁移效应是影响问题解决的重要因素。

三、创造能力的培养

学生学习知识、策略和技能的主要目的之一,在于对面临的新问题加以解决或创造性地加以解决,问题解决和创造性是知识、策略和技能学习的自然延伸。问题解决是最常见的思维形式,是高级形式的学习活动。创造性则是问题解决的最高级表现。培养具有创造性的高素质人才,这是当今各国教育改革所追求的共同目标。而创造性思维是创造性的核心。创造思维是指有创见的思维。即通过思维不仅能揭露客观事物的本质及内在联系,而且要在此基础上产生新颖的、前所未有的思维成果给人们带来新的、具有社会价值的产物,它是智力水平高度发展的表现。如,作曲家谱写了一些新的乐曲。工程师设计了一部新的机器等。

创造性思维不同于一般思维活动,其主要特点是:第一,创造性思维既需要发散思维又需要集中思维,而且更多地表现在发散性上。第二,创造性活动中的思维问题是没有现成答案的,解决这种问题是顽强的、精细的、孜孜不倦的劳动。这种劳动要求人的全部体力和智力高度的紧张,所需要的时间也比一般问题的解决长得多, 这样研究者才能探明自然界和人类社会的规律。第三,迷恋和目的指向性是创造思维的重要成分。第四,灵感状况是创造性思维的又一典型特点。第五,创造性思维常常需要创造性想象的参与。

为了培养学生的创造性思维, 首要问题也许是教师对创造性的积极态度,教师要让学生知道他在鼓励学生的创造性,在课堂中学生的任何创造性的想法都会得到认可和鼓励。对创造性持积极态度的教师便会设计培养创造性思维的思路和方法。具体表现在:一是激发学生的学习动机和好奇心,培养学生的求知欲, 调动学习的积极性和主动性是帮助学生形成与发展创造性思维能力的重要条件。二是培养发散思维和集中思维,研究证明,一个创造性活动的全过程, 要经过从发散思维到集中思维再从集中思维到发散思维,多次循环才能完成。三是鼓励直觉思维并要求与分析思维相综合。下面介绍两种有代表性的创造力的培养方法。

(一)脑激励法(Brain Storming)

又称头脑风暴法,其基本做法是:教师先提出问题,然后鼓励学生进行发散思维,提出尽可能多的解决方法,不必考虑方案的正确与否,教师也不对所提出的想法做评论,一直到所有可能想到的方案都被提出来为止。然后,学生和教师开始对这些想法进行讨论、评价、修改、合并某些想法,形成一个创造性的解决方案。可以看出,这种方法的基本思路是把想法的产生和对想法的评价分开,在产生想法的阶段,不管一个想法起初看起来如何片面和荒谬,都不要妄加评论,以防止因为怕受批评而缩回了可能的创造性的想法。

(二)吉尔福特的创造性培养方法

吉尔福特(Guilford)在总结有关文献的基础上,提出了一套前后有序的培养创造性思维的策略。他强调,创造性思维中有两个关键的智力活动:发散思维和转化(即对信息的重新组织),所以他的培养方案着重对学生的发散加工能力和转化能力进行训练。吉尔福特提出了一些具体的培养创造性思维的策略,这包括:拓宽问题、分解问题、常打问号、快速联想、暂不评价、持续地努力思考、列举属性、形成联系、捕捉灵感等。

吉尔福特的创造性思维练习题样例:

(1)符号类别的发散加工

给学生一些数字(1、2、3、4……50),要求他们对这些数字分类,分类的方法越多越好。例如,将其中的偶数归为一类,将其中的奇数归为一类,将其中的质数归为一类,将其中既是奇数又是质数的归为一类。

(2)语义关系发散加工

给学生一些有明确关系的词,要求他们进行类推。

运动员对于学者犹如______对于______。

运动员对于学者犹如______对于______。

运动员对于学者犹如______对于______。

运动员对于学者犹如______对于______。

运动员对于学者犹如______对于______。

……….

如体育馆对图书馆、疼痛的肌肉对于疼痛的眼睛，肌肉对于头脑，运动对于思维……….

3. 行为系统的发散加工

向学生描述单个人物，如：甲是一个胆怯的妇女；乙是一个愤怒的男子；丙是一个不幸的孩子，要求学生根据他们的行为提供系列短小的故事情节。

4. 语义转化评价

给学生一个熟悉的事物的名称，例如电话，并提出三种可能用途，要他们判断，哪一种用途对电话本来用途改变的幅度最大？

第三节　学习的迁移与教学

一、学习迁移概述

学习是一个连续的过程，学习之间的相互影响是普遍存在的一种现象。人们通常所说的"触类旁通"、"举一反三"就说明学习之间是相通的。心理学中，学习之间的相互影响被称为迁移。迁移对于提高学习效率、培养学生解决问题的能力和创造性等方面都具有重要的影响。

(一)学习迁移的概念

什么是学习迁移？简单地讲，就是一种学习对另一种学习的影响，也就是学生已获得的知识经验、认知结构、动作技能、学习态度、策略和方法等，与新知识、新技能的学习之间所发生的影响。如学习过法语之后，学习英语就容易些。也有与此相反的现象，如不良的学习习惯从一个学科影响到另一个学科等，这些现象也是属于迁移的范畴。

学习迁移过程在人脑中是如何实现的呢?对于学习迁移的实质有许多不同解释，并形成了多种学习迁移理论。尽管各流派观点不一，但都离不开下述基本事实。迁移现象之所以存在，是因为客观事物本身是相互联系又相互制约的。头脑中反映客观事物的知识经验及由此而形成的能力、态度等也必然是相互联系相互影响的。而要实现本质属性区分开来，舍弃非本质的东西，抽出本质属性。从而实现把不同事物本质属性联系起来的概括过程。所以,学习迁移过程就是在分析和抽象活动基础上,找出先前学得的经验和当前学得的新课题之间的共同本质属性联系起来的时候,学习迁移也就实现了。

(二)学习迁移的类型

人们为了更好地理解和研究迁移,对迁移从发生领域、方式、方向、效果等方面进行了分类。

1. 迁移的领域

从迁移发生的领域可以分为知识、动作技能、习惯态度等类型。如知识领域的迁移,学生学习了数学的基础知识,有助于物理、化学中有关数量关系、方程式的理解;动作技能领域的迁移,学会弹钢琴的技能有利于手风琴的学习;习惯态度领域的迁移,对学习精益求精的态度可以影响到对其他工作也持此种态度。

2. 迁移的方式

从迁移发生的方式可以分为特殊迁移和非特殊迁移。特殊迁移指某种学习的内容只向特定范围内容发生迁移,如学习的数学知识只对特定数量关系迁移;非持殊迁移指某种学习的内容向广泛范围学习的迁移,一般而言,这种迁移多发生在学习态度、技巧、策略和方法等方面,对学习的认真态度可以广泛地迁移到所有的工作、生活当中去。

3. 迁移的方向

从迁移中先后学习发生影响的方向。可以分为顺向迁移和逆向迁移,先前学习对以后学习的影响称之为顺向迁移;后学习的内容对以前学习内容的影响称之为逆向迁移。

4. 迁移的效果

从迁移发生的效果可以分为积极的和消极的迁移,或称之为正迁移和负迁移,正迁移即是一种学习对另一种学习的积极影响,负迁移是指一种学习对另一种学习的消极影响。加涅把正迁移又分为横向迁移和竖向迁移,如数学对物理学的影响是横向迁移;竖向迁移往往是不同难度学习之间的相互影响,如学习三角形原理对学习直角三角形原理理解的影响。

表 6-1 迁移的类型

	顺向迁移	逆向迁移
正迁移	已掌握的知识、技能对新学习的知识、技能的积极影响,如掌握加减法的学生容易学好乘法运算	新学习的知识、技能对已掌握的知识、技能的积极影响。如掌握乘法运算又有助于更加熟练地掌握加减法运算
负迁移	已掌握的知识、技能对新学习的知识、技能的消极影响。如掌握汉语语法的学生,在学习英语语法的初期,总会自觉不自觉地运用汉语语法去套用英语语法,从而影响了后者的学习效果	新学习的知识、技能对已掌握的知识、技能的消极影响。如学生掌握英语语法之后,又可能反过来对掌握汉语语法起一定的干扰作用

(三)学习迁移的影响因素

1. 客观因素

(1)学习材料的性质影响迁移。两种学习材料只有相同或相似的成分有利于"迁移"。学习材料的相似性包括本质特征的相似或非本质特征的相似,结构待征是与最终的结果和目标实现有关的特征,如原理、规则或事件间的关系等;非本质特征的相似即表面特征的相似,如某些具体事例的内容等就是表面特征。若结构特征的相似性与表面待征的相似性非常明显,学习者就容易提取相关信息,产生迁移。另外,学习材料具有良好的组织结构,有利于迁移的发生。这是因为良好的材料组织结构可以简化知识,给学生提供便利获得新知识的途径。

(2)学习情境的相似也有利于迁移。前后两种学习的情境相似,如学习的场所、环境的布置等方面的相似,有利于学生利用有关线索促进迁移的发生。

(3)教师的指导影响迁移。教师在教学过程中,有意识地引导学生发现不同的知识之间或情境之间的共同性,启发学生进行概括,指导学生运用已学到的原理、知识去解决具体问题,要求学生将所有的知识"举一反三",这些都有利于促进积极迁移的产生。

2. 主观因素

第一,对材料的理解程度。现代认知理论主张有意义学习,它强调理解对于知识的保持和应用的作用。一般来说,真正理解了的东西,不论它如何改变,人们总能认识它。因此理解程度直接影响到有关知识的应用和迁移。在有意义学习中,同化论的核心也是解决理解问题。通过对知识之间上下位关系的认识,学生在认知结构的适当地方找到其位置,从而达到理解。同化论的这种观点可以用来帮助我们引导学生加深对所学内容的认识水平,这有助于学生所学知识的广泛迁移。

第二,知识经验的概括水平。知识经验的概括水平是影响知识迁移的重要因素之一。正是由于这一点,在教育实际中人们十分强调基本原理、基本概念的学习,这些原理、概念抽象程度高,适用范围广泛,迁移效果明显,学生掌握之后可以用来解决大量的类似或同类课题。

第三,定势作用。定势也称心向,它是指先于一定活动而指向活动对象的一种动力准备状态。定势对于知识迁移的影响既可以是积极的,也可以是消极的。在定势作用与人们解决问题的思路一致时,会对问题的解决产生促进作用,反之会产生干扰作用。因此,在教育实际中,我们要充分利用积极的定势作用,克服消极的定势,从而提高知识的迁移效果。

二、学习迁移的理论

为了解释学习迁移现象，许多的心理学家对迁移的本质及其基本过程做出了不懈的探索,提出了不同的见解,并形成了不同的学习迁移理论。

(一)形式训练说

迁移理论中最早的学说是形式训练说，形式训练说主张迁移要经历一个“形式训练”过程才能产生。形式训练说的心理学基础是官能心理学,官能心理学认为人的心是由若干不同的基本能力,如记忆、注意、推理、意志等官能组成的。心的各种成分(官能)是各自分开的实体,分别从事不同的活动,如利用记忆官能进行记忆和回忆;利用思维官能从事思维活动。各种官能可以像肌肉一样通过练习增强力量(能力)。这种能力在各种活动中都能发挥效用。同时,一种官能的能力改造,也无形中加强了其他所有的官能。所以,学校教育就是对这些基本能力的训练。

(二)共同要素说

19 世纪末和 20 世纪初，心理学家开始借助实验来检验形式说的迁移理论。美国心理学家詹姆士(James)在 1890 年首先通过记忆实验,表示了对形式训练、迁移理论的怀疑,他认为记忆能力不受训练的影响;记忆的改善不在于记忆能力的改善,而在于方法的改善。继詹姆士之后,桑代克和伍德沃斯(Woodworth)以刺激—反应的联结理论为基础,提出了学习迁移的相同要素说,认为只有当两个机能的因素中有相同的要素时,一个机能的变化才会改变另一个机能。

(三)概括说

贾德(Judd)提倡概括化说,他认为:先期学习 A 中所获得的东西之所以能迁移到后期学习 B 中,是因为在学习 A 时获得了一般原理,这种一般原理可以部分或全部运用于 A、B 之中。根据这一理论.两个学习活动之间存在的共同成分,只是产生迁移的必要前提,而产生迁移的关键是学习者在两种活动中概括出它们之间的共同原理,即在于主体所获得的经验类化。所以贾德的迁移理论又称"概括化理论"。

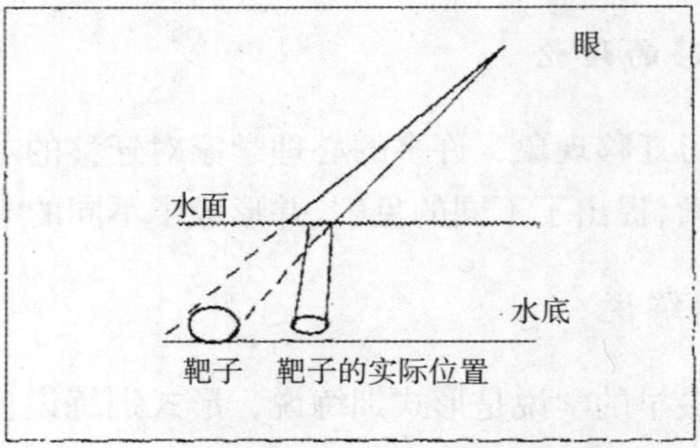

图 6-2 贾德的"水下击靶"实验

贾德在 1908 年所做"水下击靶"的实验是概括化理论的经典实验(见图 6-2)。他以五年级和六年级学生作被试,分成两组。对实验组 A 只讲解简单的光学折射原理,对实验组 B 除教给光学折射原理之外,还教给水愈深所看到的水中的靶子的实际位置距离相差愈大的原理。对控制组不进行任何提示。首先在水深 12 英寸处进行实验,结果,教过和未教过折射原理的学生成绩相等。因为所有的学生都要学会使用标枪,理论的说明不能代替练习。接着改变条件,把水下 12 英寸的靶子移到水下 4 英寸处,这时两组差异明显表现出来。结果表明,提示原理具有重要的效果作用,而且提示愈详细,效果愈好。从各组改善率的比较来看,特别是在实际应用中掌握原理的意义比单纯地作为知识学习原理更为有效。为什么条件改变了(水下 12 英寸处的靶子移到了水下 4 英寸处)这两组的差异明显地表现出来了:没有了解折射原理的学生,表现出极大的混乱,错误继续发生;而学过折射原理的学生,则适应了水下 4 英寸的条件。贾德在解释时认为,理论曾把有关的全部经验(水外的、深水的和浅水的经验)组成了完整的思想体系,学生在理论知识的背景下理解了实际情况后,就能利用概括了的经验,去迅速解决需要按实际情况作分析和调整的新问题。

(四)关系说

关系说是格式塔心理学家提出的迁移观点。他们主张迁移的重要之点,不在于掌握原理,而在于觉察到手段与目的之间的关系。他们认为"顿悟"关系是学习迁移的决定因素,也就是说,迁移不是由两个学习情境具有共同成分、原理而自动产生的某种东西,而是学习者突然发现两个学习经验之间存在的关系的结果。学习者所迁移的是顿悟——即两个情境突然被联系起来的意识。可见,关系变换说更强调个体的作用。与贾德在射靶实验中强调的概括化原理相反,关系变换说认为,靶的位置、水的深度、射击的方法以及光的折射原理等整体相关系的知觉, 它们之间的关系才是重要的。

(五)学习定势说

学习定势是哈洛(Harlow)提出并用以解释顿悟现象的一个概念。哈洛认为:"学习情境的多样化决定我们的基本人格特征,并在使某些人变成会思考的人中起重要作用。这些情境是以同样的形式多次出现的。不应以单一的学习结果,而应以多变但类似的学习课题的影响所产生的变化来理解学习。"

学习定势既反映在解决一类问题或学习一类课题的一般方法的改进(学会如何学习)上,也反映在从事,某种活动的暂时准备状态(准备动作效应或预热效应)中。学习定势的这两个方面都影响作业的变化。

练习一类课题有助于类似课题的学习, 这一现象首先是在实验室用无意义音节进行研究发现的。渥德(Ward)早在1937年报告:被试在记忆数列无意义音节时,前面的练习影响后面的记忆,记忆速度越来越快。哈洛1949年的研究也发现类似的现象。他首先用猴子作被试进行研究,然后以儿童为被试进行重复实验。例如,在一个实验中,智力落后的儿童(年龄为10岁,智龄只有4岁)在解决一个辨别问题时感到非常困难,但先从较容易的问题开始训练,然后转到较难得问题,学习效果就明显提高。

(六)当代三种迁移理论

迁移是学习的一个重要方面,所以每当有新的学习理论提出,迁移理论也随之更新。当代著名的学习论有奥苏伯尔的有意义言语学习论、信息加工心理学的产生式理论和新近发展起来的认知策略理论(包括反省认知理论),与此相应的迁移理论有奥苏伯尔的认知结构迁移理论,J·R.安德森(Anderson)等人提出的产生式迁移理论和新近发展起来的认知策略迁移理论。①

1. 认知结构迁移理论

奥苏伯尔认为,当用他的认知结构的观点重新考察迁移时,会发现原先的迁移模式在有意义学习中仍然适用, 顺向迁移仍然指先前的学习对后继学习的影响。但是,先前的学习指什么? 它如何影响后继的学习? 奥苏伯尔对此作了与传统解释根本不同的新解释。

第一,一般的迁移模式,在这里仍然适用。但先前的学习不只是 A,还应该包括过去经验,即累积获得的、按一定层次组织的、适合当时学习任务的知识体系,而不是最近经验的一组刺激—反应的联结。

第二,在有意义学习与迁移中,我们所说的过去经验的特征,不是指前后两个课题在刺激和反应方面的相似程度,而是指学生在一定知识领域内认知结构的组织特征,诸如清晰性、稳定性、概括性、包容性等。在学习课题 A 时得到的最新经验,并不是直接同课题 B 的刺激—反应成分发生相互作用,而只是由于它影响原有的认知结构的有关特征,从而间接影响新的学习或迁移。

第三,在一般的课堂学习中,并不存在孤立的课题 A 和课题 B 的学习,学习 A 是学习 B 的准备和前提;学习 B 不是孤立的,而是在同 A 的联系中学习。因此,在学校学习中的迁移,很少有像在实验室条件下严格意义的迁移。这里,学习迁移所指的范围更广,而且迁移的效果主要不是指运用一般原理于特殊事例的能力(派生类属学习的能力),而是指提高了相关类属学习、总括学习和并列结合学习的能力。

2. 产生式迁移理论

迁移的产生式理论是由信息加工心理学家 J·R. 安德森提出的。这一理论适用于解释基本技能的迁移。其基本思想是,先后两项技能学习产生迁移

① 莫雷. 教育心理学[M]. 北京:教育科学出版社,2007:208—209.

的原因是这两项技能之间产生式的重叠，重叠越多，迁移量越大。

J·R. 安德森认为，这一迁移理论是桑代克相同要素说的现代化。在桑代克时代，心理学没有找到适当的形式来表征人的技能，以致错误地用外部的刺激和反应（即 S–R）来表征人的技能，所以不能反映技能学习的本质。信息加工心理学家用产生式和产生式系统表征人的技能，这样就抓住了迁移的心理实质。所以，导致先后两项技能学习产生迁移的原因，不应该用它们共有 S–R 联结的数量来解释，而应该用它们之间共有的产生式数量来解释。

J·R. 安德森等设计了许多实验来验证这一迁移理论。例如，他和辛格利（Singley，1989）用不同计算机文本编辑程序的学习，证实了他的迁移理论。实验中的被试为打字熟练的秘书人员，他们能理解文本编辑的含义。被试分三组：A 组在学习编辑程序（被称为 EMACS 编辑器）之前，先根据已经做好标记的文本练习打字；B 组先练习一种编辑程序，后练习 EMACS 编辑器。C 组为控制组，从第一天起至最后一天（即第六天）一直学习 EMACS 编辑器。学习成绩以每天尝试按键数量为指标，因为被试按键越多，说明他们出现错误需要重新按键数越多（因被试打字熟练，其错误不可能是打字造成的）。错误的下降说明掌握文本编辑技能水平提高。图 6–3 为实验结果。控制组每天练习 3 小时 EMACS 编辑器，前 4 天成绩显著进步，至第 5 和第 6 天维持在相对稳定水平。A 组先练习打字，共 4 天，每天 3 小时，第 5 和第 6 天练习 EMACS 编辑器的成绩同控制组第 1 和第 2 天的成绩相似，打字对编辑学习未产生迁移。B 组前 4 天练习一种文本编辑程序，每天练习 3 小时，在第 5 和第 6 天练习 EMACS 编辑器时，成绩明显好于 A 组。这说明第一种文本的练习对第二种文本学习产生了显著迁移。

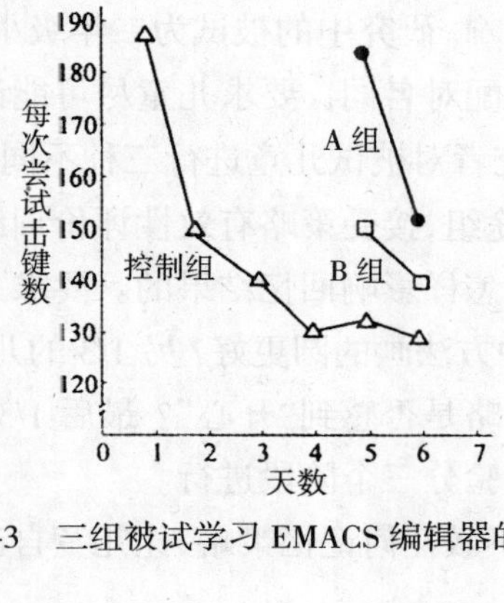

图 6–3　三组被试学习 EMACS 编辑器的成绩

J·R. 安德森认为，在打字和文本编辑之间没有共同的产生式，而在两种文本编辑之间有许多共同的产生式，这是导致两组迁移效果不同的最重要原因。

为了进一步证实重叠的产生式导致迁移这一思想，J·R. 安德森又仔细比较了两种行编辑器和一种全屏编辑器之间的学习迁移情形。被试先学习 A 种行编辑器，再学习 B 种行编辑器，结果节省时间 95%。先学习行编辑器，再学习全屏编辑器，结果节省时间 60%。

最后，研究者为三种编辑器创造一种产生式规则模型，然后计算它们之间共有的产生式数量。研究者应用这一数量对迁移的程度做出预测，然后用预测数量与实际观察到的迁移数量进行比较。结果表明，预测的迁移量和实际测量到的迁移量有很高的一致性。

3. 认知策略迁移理论

20 世纪 60—70 年代，心理学家侧重于将记忆策略教给智力落后儿童，以帮助他们改进记忆，与此同时也开展其他策略训练。1977 年心理学家贝尔蒙特（Belmont）等系统分析了 100 项有关研究，涉及多种多样策略和不同被试。结果表明，没有一项策略训练在迁移上获得成功。研究者指出，这 100 项研究无一项要求学生对他们的策略运用成功与否进行反思。1982 年贝尔蒙特等又评述了 7 项策略研究资料。这 7 项研究都要求被试对策略的运用成功与否进行反思，结果有 6 项获得了迁移。

在这一发现之后，许多心理学家进行了类似的研究，证实学习者的自我评价是影响策略迁移的一个重要因素。

关于策略作用的自我评价实验，加泰勒（Ghatala）等于 1985 年研究了自我评价对策略迁移的影响。研究中的被试为二年级小学生，所教的策略是精加工策略。研究中呈现配对名词，要求儿童尽可能记住并准备回忆学过的词。在正式实验前，研究者对被试儿童进行三种不同的自我评价训练。其中 1/3 的儿童为策略—用途组，接受策略有效性评价训练。方法是反思自己使用或未使用某一策略是怎样影响回忆结果的。要求儿童徒手和用圆规各画一个圆。继而问：用哪种方法画的圆更好？另 1/3 的儿童为策略—情感组，要求他们评价使用某一策略是否感到“开心”？最后 1/3 儿童为控制组，不接受任何评价训练。正式实验分三个阶段进行。

第一阶段，研究者不教任何记忆策略，让儿童自己记忆配对名词并进行回忆测验。其目的是确定儿童的基线水平。

第二阶段,将被试儿童分成两个等组。其中一组学习精加工策略,另一组采用数名词中的字母数的策略帮助记忆。显然前一种策略的记忆效果好,后一种策略的记忆效果差。

第三阶段,所有儿童接受相同的指导语:可以选择自己希望的任何方法来记忆呈现的材料。学完以后要求回忆学过的材料。

为了测量儿童在第三阶段是否继续使用先前习得的策略,研究者问儿童在学习每一配对名词时用了什么策略和为什么选择该策略,以确定他们是否意识到策略的用途。而且,把前两次学习的配对词再呈现给儿童,问他们什么时候记得多和为什么会记得多。这样进一步确定儿童对策略作用的意识程度。

表 6-2 列出了采用不同学习策略的被试平均回忆配对词的百分数,由此可以得出如下结论。

第一,在实验第二阶段,学习了精加工策略的儿童,回忆成绩显著高于采用数字母策略的儿童。到实验的第三阶段,虽然未要求应用精加工策略,但在第二阶段接受精加工策略训练的儿童继续应用这一策略,其回忆成绩仍然很高。但是接受数字母策略训练的儿童,在第三阶段放弃了这一策略,而又未学习精加工策略,所以记忆成绩普遍低。

第二,三种不同策略评价方式(策略—用途评价、策略—情感评价和无评价)对直接回忆或近迁移成绩未产生明显影响。

表 6-2　不同训练组的平均回忆配对的百分数

	训练条件		
	策略—用途组	策略—情感组	控制组
第一阶段:精加工	39.5	37.1	31.9
数字母	36.5	36.2	29.0
第二阶段:精加工	98.6	96.7	97.1
数字母	19.0	19.0	9.5
第三阶段:精加工	92.4	89.0	79.5
数字母	42.9	29.5	29.0

为了考察儿童对策略—用途进行评价是否产生长远影响,在第三阶段研究之后,又对儿童进行追踪研究。儿童对他们为什么选择某一策略的回答表明,受到策略—用途评价训练的儿童更倾向于解释选择某策略的原因是为了提高记忆效率。(见表 6-3)

表 6-3 在实验第三阶段儿童说出选择不同策略理由的人数百分比

训练条件		理由	
	记忆	开心	容易
精加工策略：策略—用途组	100	0.0	0.0
策略—情感组	0.0	90.5	9.5
控制组	0.0	74.1	28.6
数字母策略：策略—用途组	76.2	0.0	23.8
策略—情感组	4.8	52.4	42.8
控制组	4.8	28.6	66.7

在实验结束后第一周和第九周分别用新的配对词对被试进行了两次延后测验。结果表明，策略—用途组的成绩明显优于策略—情感组。在第一周测验时，前者有 90%的儿童在新的学习材料中运用精加工策略，后者仅有 57%的儿童；在第二次延后测验中，前者的人数为 100%，后者只有 50%。这一结果表明，经过策略的有效性自我评价训练的儿童能长期运用训练过的策略，并能迁移到类似的情境中，而在其他训练条件下，策略训练仅有短期的效果。

三、促进学习迁移的教学策略

（一）结合学生年龄特点，创设和改造学校的环境和气氛

除了增加学校对学生的吸引力外，教师还可以通过反馈和归因控制等方式培养学生积极进取的学习态度，使学生形成关于学习和学校的积极态度。在每次学习前，也应注意帮助学生形成良好的心理准备状态，避免不良情绪、反应定势等消极心态产生的消极迁移。其实，这是一个老生常谈但又不能不谈的前提性问题。无论我们干任何事，如果不思进取，一开始就打退堂鼓，其结果可想而知。学习上的迁移绝不是随随便便就能发生的，如果当学习者面对新的但通过一定的努力他又能解决的问题时，他的态度如何，便成了至关重要的因素。如果他锐意进取，问题也许很快得到解决；如果他主动放弃，那么他所学过的相关知识也就没有用武之地，迁移也就不可能产生。因此，态度往往是迁移产生的先决条件，教师应多鼓励学生，让他们相信自己的实力，努力地从现有的知识网络中去找寻与新问题的联结点，以创造出迁移产生的条件。

（二）合理安排教材与教学内容

同样的学习内容，如果编排得对，迁移的作用就能充分地发挥，教师的

教学也能省时、省力；如果编排不好，迁移的效果就小，而教师的努力也往往事倍功半。从迁移的角度说，合理编排教材，就是要使教材结构化、一体化、网络化。结构化是指教材内容的各构成要素要具备科学、合理的逻辑关系，能体现出事物的各种内在联系。一体化是教材的各构成要素能整合成为只有内在联系的整体。网络化是指教材各要素之间上下左右纵横交叉联系要清晰、要突出各种知识技能的联络点，以利于学习迁移的发生。

注意把各独立的教学内容整合起来，还要注意各门学科的横向联系。教师应该鼓励学生把在某一门学科中学到的知识运用到其它学科中去，例如，要学生关注历史与地理、几何与三角、化学与生物、数学与物理学等学科之间的关系。若有必要，教师可作这方面的示范。这就是加涅所说的横向迁移。

（三）强调简单的知识技能与复杂的知识技能、新旧知识技能之间的联系

教师要促使学生把已学过的内容迁移到新的学习内容上去。教师通过提问或简单的提示，有利于学生利用已有知识，从而比较容易学习新的、比较复杂的内容。这就是所谓的纵向迁移。

（四）加强基本原理的教学

布鲁纳认为个人通过基本原理、原则的学习，可以避免从琐碎的事项记起，这有助于新问题、新情境的学习迁移。布鲁纳的迁移原理得到一些心理学家的证实，如维特罗克（Wittrock）通过实验证明：加强概念与原理、原则的教学，虽然教师在教学时较为困难，但是，它有助于学生的记忆，有助于学生的正向迁移。一方面，在教学中要注意引导学生自己总结出概括化的原理，培养和提高其概括总结的能力，充分利用原理、原则的迁移。另一方面，在讲解原理、原则时，要列举最大范围的例子，枚举各种变式，使学生正确把握其内涵和外延；同时应结合原理、原则的具体运用情境进行讲解和学习，使学生能脱离学习原理、原则的背景把握其实质，并能在遇到该原理、原则适用的背景时，准确地运用原理、原则去学习新知识或解决新问题，即达到对原理、原则的去背景化，以防止学生对某一原理、原则的理解和运用仅局限于习得该原理、原则时的情境的情况。

(五)创设利于迁移的学习情境

学习内容和日后运用所学知识的情境相类似,有助于学习的迁移。在教学过程中,教师要选取那些原理、原则的具体运用情境相似的学习内容让学生进行讲解和学习。使学生能脱离学习原理、原则的背景而把握其实质,并能在遇到该原理、原则适用的背景时,准确地运用原理、原则去学习新知识或解决新问题,即达到对原理、原则的去背景化,以防止学生对某一原理、原则理解和运用的呆板化。

布朗等人(Brown&Palincsar,1982)在阅读理解的实验中,用矫正性反馈训练法教给学生元认知策略,结果不仅使学生对阅读理解问题正确反应的百分数明显提高,而且使其学到的元认知策略迁移到了他们的常规课堂的其它学习中。[①]可以说,认知策略和元认知是可教的,教师在教学中有意识地教学生一些认知策略和元认知策略将有助于学生学会如何学习,从而促进学习的迁移。

(六)注意对学生的评论

当学生用其他学科的知识来解决某一学科的问题时,应予以鼓励。如果哪位教师对学生说:“我都被搞糊涂了,我们在讲历史知识,而你却在谈论地理知识。”那肯定会在学生中产生负迁移的效果。

---

① 莫雷. 教育心理学[M]. 北京:教育科学出版社,2007:221.

第七章　学习心理的非认知因素

我国古代就已经开始关注学习中的非认知因素，近几十年开始的关于非认知因素的研究在一定程度上深化了人们对学习行为动力的认识。学习心理学家越来越倾向于认为，各种心理因素的动力作用性质是不同的，需要是一切行为动力产生的源泉，但需要只有转化为动机才能成为现实的行为动力，个体的认知、情感、意志品质等因素的行为动力性主要是通过影响动机形成表现出来的。

第一节　学习动机

在教学活动中，学生的学习动机便是直接推动学生进行信息加工的内在动力，它影响学生进行信息加工的积极性。激发学生的学习动机，也就成为教学活动中教师进行教学调控的一个重要方面。动机是什么？它有哪些规律、理论？在教学中教师如何激发学习动机？这是本节要探讨的主要内容。

一、学习动机的概述

（一）学习动机的内涵

所谓学习动机，指的是学生个体内部促使他从事学习活动的驱动过程。由于这是一个内部过程，故无法直接观察。但是，这个过程与任何一个动机过程一样，均有很多不同形式的外部表现，使我们可以据此做出推断。一般而言，学习动机反映着个人的某些需要或追求，通常表现为渴求学习的强烈愿望，浓厚的求知欲望，认识世界的兴趣，探究事物的好奇心，主动认真的学习态度以及高涨的学习积极性等等。学习动机对学生的学习活动具有引发、维持与导向作用。

根据大量的心理学研究材料，学生的学习动机具有各种不同的内容。例如,为了让家长满意,或为了遵从老师的教诲,或为了获取好成绩以便评上三好学生,或为了避免遭到父母、老师、他人的责难与惩罚,或为了集体荣誉、个人前途、名誉地位、称心的职业等等。这是一类动机的内容。除此之外,还有一类是诸如被某种学习活动或学习内容所吸引,对某个领域的知识有浓厚兴趣,对探究、理解、揭示某种事物的强烈好奇心,积极或消极的自我概念,以及试图充分地实现自己的潜能等等。当然,学生的学习动机也还有为祖国的建设、科学事业以及人类的福利等高尚的内容。

(二)学习动机的种类与功能

从上述动机的内容看来,学生的学习动机复杂多样。然而,为了便于了解与掌握学生的学习动机,我们可以把这些动机简略地归为两类:外加动机与内在动机。外加动机指由学生以外的其他人(诸如父母,教师等)提出来并加给学生的动机,由这类动机所引发的活动只是满足该动机的手段。

大量的研究证实,通常在小学生及初中生中,外加动机占有主导地位,他们的动机常常是"为了得好分数"、"让父母高兴",但有时也有些是"对某个学科感兴趣","想知道为什么"及"为祖国建设而学"等内在动机。在高中及大学生中,内在动机占主导地位。这与他们人格的成熟、自我的确立有很大关系。他们的多数动机都出自学习本身,或是内化了的外加动机。

内在动机在教育中具有重大的意义与价值。这是因为由内在动机引发的活动,持续长久,容易形成某种学习模式。当然,这并不意味着外加动机没有多大的意义与价值。对于缺乏学习热情的学生,利用奖惩手段引导他们的外加动机,就可以有效地促进他们的学习。此外,即使学生具有一定的内在学习动机,但是倘若缺乏家长与教师的扶持,他们的内在动机也会逐渐地消失,最后失去学习热情。由此可见,在教育中适当地交替利用、引导外加动机与内在动机,才是促进学生学习活动的良策。倘若能够像奥尔波特所谈论的"机能自立性"那样,通过对外加动机的利用,在适当的机会使其变成学生的内在动机,甚至成为自我的一部分,那将大大地有益于学生的学习。

二、学习动机的理论

尽管国外有种种动机理论,但严格意义上说,却没有专门的学习动机理论。当然那些一般的动机理论,有的也可以用来解释人的学习行为。现只拟对4种主要的学习动机的理论作一些简单的介绍与分析。

(一)强化理论

行为主义心理学家用S—R的公式来解释人的行为。他们把动机看作是由外部刺激引起的一种对行为的冲动力量，并特别重视用强化来说明动机的引起与作用。经典条件反射与操作条件反射的理论与实验，也都认为强化是形成和巩固行为的重要条件。他们认为：人的某种学习倾向完全取决于先前的这种学习行为与刺激因强化而建立的牢固联系，强化可以使人在学习过程中增强某种反应重复可能性。与此相应，联结学习理论的中心概念是刺激与学习者反应之间的联结，而不断强化则可以使这种联结得到加强和巩固。按照这种观点，任何学习行为都是为了获得某种报偿。因此，在学习活动中、就应当采取各种外部手段如奖赏、赞扬、评分、等级、竞赛等，以激发学生的学习动机，引起其相应的学习行为。学校中的强化，既可以是外部强化，也可以是内部强化。前者是由教师施予学生身上的强化手段，后者则是学生的自我强化，即学生在学习中由于获得成功而增强了学习的成功感与自信心，从而产生更加努力的学习动机。而无论是外部的或内部的强化，都有正强化与负强化之分。前者起着增强学习动机的作用，如适当的表扬、获得优秀成绩等便是正强化手段；后者则起着削弱学习动机的作用，如频繁的惩罚、考试不及格等便是负强化手段。很明显，在学习中应合理地增加正强化，减少负强化。这样，就有助于提高学生的学习动机水平，改善他们的学习行为及其结果。

(二)成就动机理论

早在上世纪30年代，默里(Murry，1938)就提出了成就需要这一概念，并把成就需要定义为一种"努力克服障碍、操纵权力，力求尽可能又快又好地完成某事"的愿望或趋势。后经麦克利兰(D·C·McClelland)和阿特金森(J·W·AtKinson)等人的研究，逐渐形成为一种成就动机理论。成就动机是在人的成就需要的基础上产生。它指个人对自己认为重要的或有价值的工作不但乐意去做，而且还力求获得成功，甚至尽可能达到完美地步的一种内在历程。例如，学生想获得优良的学业成绩，青年人想为社会主义祖国的发展做出更多的贡献等，都是其成就动机作用的表现形式。这种动机是人类所独有的。其形成与生理需要无关，它是一种后天获得的具有社会意义的动机。在学习活动中，成就动机是一种主要的学习动机。

在对成就动机的研究中，阿特金森提出的成就动机模型影响最大。他指出，规定某一动机强度的因素有动机水平、期望和诱因。其关系表现为下面的公式：

动机强度(T)＝需要×期望×诱因

其中需要是个体稳定地追求成就的倾向(M)，期望是个体在某一课题上获得成功的可能性或概率(P)，诱因是个体成功地完成某一课题所带来的价值和满足感(I)。可将上面的公式表示为：

$T=M\times P\times I$

这一理论的一个特殊假定是，如果成功的可能性(P)低，那么，成功的激励值(I)就大。他认为避免失败动机的作用也基于这么三种因素，即：(1)避免失败动机的强度；(2)失败的主观性概率即期望；(3)避免失败的激励值(如害羞)的强度。

人们在追求成就时有两种倾向，一种是不畏困难，努力达到目标的追求成功的倾向(T_s)，另一种是害怕失败，避免屈辱的回避失败的倾向(T_f)。因此，又可以将动机强度 T 按其方向的正负分别表示为：

$T_s=M_s\times P_s\times I_s$

$T_f=M_f\times P_f\times I_f$

在上述两个公式中，成功的主观性概率与激励值之间是互补关系，失败的主观性概念与激励值也是互补关系；而成功的主观性概率与失败的主观性概率是相反的。就是说，在完成某种活动中，若成功的主观性概率或激励值低，则成功的满意度就高，而失败的不满意度便低；反之，若二者的水平高，则成功的满意度就低，而失败的不满意度便高。例如，一个参加某学科竞赛的学生，如果他估计会名落孙山，那么，意外地获得了名次便会喜不自胜，而失败了也不会十分苦恼；反之，如果他认为自己一定会名列前茅，那么，即使获得了名次也不会十分喜悦，而意外地失败了便会苦恼不堪。

关于成就动机的组成因素，奥苏伯尔(Ausubel)提出了三个方面的内驱力：一是认知的内驱力。这是一种要求获得知识、技能以及善于发现问题与解决问题的需要。它常常以好奇心、求知欲、探索、操作等心理因素表现出来。二是自我提高的内驱力。这是一种把学业成就看作赢得相应地位的需要。它往往以自尊心、荣誉感、自信心、胜任感等心理因素表现出来。三是附属的内驱力。这是一种为了获得长者(父母、教师)和同伴们的赞许和认可而努力搞好学习、搞好工作的需要。它表现为一种依附感。这三种内驱力适用于学校情境,但它们在学习活动中的作用不是固定的,各个部分的比重通常随学生的年龄、性别、个性特征以及社会历史和文化背景等因素产生变化。

(三)归因理论

一般而言，成功可使人产生积极的体验，而失败则使人产生消极的体验。当然,这些体验对个人行为的动机均会有影响。归因论认为,个人对其成败原因的归结广泛地影响着后来行为的动机。归因理论认为,人具有理解世界和控制环境的两种需要，满足这两种需要的最基本手段就是了解人们行动的原因,并指出人们会把行为归结于内部原因和外部原因。内部原因是指存在于行为者本身的因素,如努力、能力、兴趣、态度、性格等;外部原因是指行为者周围环境中的因素,如任务的难度、外部的奖赏与惩罚,运气等。

对于内部与外部原因而言,个人若把其成功的原因归属于内部原因(例如个人的努力),那么将来其发生类似行为的动机则大大加强。若把成功归因于外部原因(诸如运气、别人的帮助),则会体验到宽慰或感激,但对后来的行为动机影响不大。在失败时个人若归因为内部原因(如能力低下),会感到无能与顺从;若归因于努力不够(也是内部原因),则会有内疚或罪恶之感,这对行为动机起削弱作用。若认为失败原因是由于他人的缘故(外部),个人会感到愤怒;若把失败归因于运气不佳(外部),个人只感到无奈与惊异,这对行为动机也无甚大的影响。显然,无论成功或失败,归因于内部时对动机的作用都大于归因于外部时对动机的作用。

维纳（B·Weiner）在内部原因和外部原因的成就动机划分维度上增设“稳定性”维度,把行为的原因分成稳定的原因和不稳定的原因。个人把过去的成功归因于稳定因素(诸如高能力,个人努力,任务的适当难度以及教师的偏爱等)比归因于不稳定因素(诸如良好情绪、临时的努力,好运气以及别人的特殊帮助等)更能增强对类似行为的动机。而在失败时,若归因于稳定因素(低能力、任务的巨大难度以及教师的偏见等)则比归因于不稳定因素(诸如情绪不佳,坏运气以及得不到他人的帮助等)更能削弱对类似行为的动机。由此可见,无论成功或失败,归因于稳定因素时对行为动机的作用都大于归因于不稳定因素时的作用。这是因为如果人们认定成败的原因是稳定的，无法改变的，那么他们会认为将来类似行为的成败也是相当确定了的。而若认为成败的原因是不稳定的,可以改变的,那么对将来成败的期望就没有这么确定。

研究指出,对成败原因的可控性影响个人的自信心,进而影响个人的行为动机。例如,若学生把在学习上的成功归因于个人努力这种可控制因素,那么他对将来的学习会充满信心,并会加倍努力学习。但若把成功归因于高能力或运气这样的不可控制因素,学生的学习主动性与积极性是得不到提高的。又如,学生若把失败归因于努力不足这种可控制因素,虽然有内疚感,但还不至于丧失信心;若把失败归因于能力低下这种不可控制因素,则会丧失信心,冷漠,听任失败。长此以往会出现“习得性无助’现象。所谓“习得性无助”是一种认为失败无法避免的观念。对于学生来说,无论他怎样努力都遭到失败之后,便会产生出此观念。一旦学生持有这种观念。则表现为自尊心下降,有强烈的失败感,学习消极,不愿做出任何努力。一般而言,那些在学校被教师视为能力低下,同时被其它同学看不起的学生通常具有“习得性无助”的特点。

动机的归因论还指出,影响学生进行成败归因的重要因素有年龄、早期经验、成败的情境条件、教师的观点与指导,以及反馈等等。例如,小学低年级的学生既不能准确地评价自己的成就水平,也不能迅速地进行归因;而小学高年级的学生,特别是五年级以上的学生,则可以清楚而迅速地进行归因。由此可见,学生对成败的归因依赖于年龄。

(四)自我实现理论

自我实现理论是人本主义心理学的一项主要理论,美国心理学家马斯洛(Maslow)是这一理论的提出者和代表人物。马斯洛认为人的基本需要有5种,它由低至高依次排列成一定的层次,分别是生理的需要、安全的需要、归属和爱的需要、尊重的需要、自我实现的需要。很明显,自我实现是前4种需要基础上产生的一种最高级需要,包括认知、审美和创造的需要。自我实现有两方面的涵义,即完整而丰满的人性的实现;个人潜能或特性的实现。马斯洛说,一个人力求变成他能变成的样子,这就是自我实现。从学习心理的角度看，人们进行学习就是为了追求自我实现，即通过学习使自己的价值、潜能、个性得到充分、完备的发挥、发展和实现。因此可以说,自我实现乃是学习的一项主要动机，自我实现理论也就是人本主义心理学提出的一项主要的学习动机理论。

上世纪80年代以来,自我实现理论在我国产生了不良的影响,如片面强调个人的所谓“自我设计”、“自我完善”便是明显的例证。在社会主义条件下,我们当然也重视个人的自我实现、自我发展。但是,在这个问题上,我们与人本主义的本质区别是显而易见的,其主要的有两点:第一,马斯洛把自我实现看作一种似“本能”的东西,这实质上就是肯定自我实现是与生俱来的人的需要,具有明显的生物学化的倾向。我们则认为,个人实现固然要受到个体自然方面的规定,但它更要受制于个体所处的社会历史条件,即它最终是在现存社会生活条件下、通过个体所从事的社会生活、实践过程来完成的。第二,个人实现必须与社会实现统一起来。我们不能片面地强调追求个人实现,而更应当重视社会实现。确切地说,一方面,社会实现归根到底是无数个人实现所构成的，即人民群众通过自身的主体能动活动，推动社会进步,促进社会实现;另一方面,达到相应社会文化水平的现存社会,又为身在其中每个人的实现创造了必要的社会生活条件。

三、学习动机的激发与培养

(一)建立学习定向的课堂环境

所谓“学习定向的课堂环境”,指的是一种使学生倾向于学习活动的环境气氛。学习定向课堂的特征是:①学生进入课堂即为学习活动或学习内容所吸引;②建立起强烈的学习意向;③在学习过程中通常都体验到成功,很少有焦虑体验。学生在这样的环境中具有高度的学习积极性,尽管有时他们也会体验到失败,但这种失败体验并不是一种惩罚,而是对努力不够的学生的一种反馈。欲建立这种课堂环境,须从以下做起:集中学生的注意力,建立学习意向,消除学生的高焦虑。

1. 集中学生的注意力

一般说来,选择性注意是进行学习活动的基础。因此,一旦学生进入学习情境时,教师应设法把学生的注意集中于学习运动之上,排除分散学生注意的干扰。在这方面教师要善于利用各种刺激物的特点与学生的知觉好奇。例如,教室内的布置简朴,教师着装打扮不过分奇特,这样可以避免分散学生的注意。又如，教师可利用适当的直观教具，诸如各种图片、挂图、模型、实验器具等等，引起学生的探究心理。迅速地集中学生的注意力。除了利用物理条件外，教师还可以创设问题情境，以激起学生的求知欲和学习积极性。

2. 建立学习意向

在把学生的注意集中到学习活动或学习内容之上以后，必须设法帮助学生建立学习意向，这有助于继续唤起与集中学生的注意。或许读者们还记得，“意向”对于活动的自我控制来说，是主要的执行控制过程。例如个人的按时赴约的意向，使得他去安排和实施准时赴约的活动。

3. 消除学生的高焦虑

一般来说，普通焦虑指的是个人预感到某种失败或痛苦将会发生的一种情绪体验。在学生中常见的焦虑是测验焦虑，也叫考试焦虑。这是一种担心考试失败的焦虑。这种焦虑普遍存在于成就动机高的学生之中。通常，适当的测验焦虑有助于考试成绩的提高，但是高度的测验焦虑会使考试成绩降低，从而挫伤学生的学习积极性。

（二）充分利用学生的需要与内在动机

学生的各种需要与内在动机是他们从事学习活动的持久动力。倘若教师对学生满足自身需要的活动给予正确指导，对他们的内在学习动机给予适当的激发，势必激起学生的学习热情，保证学习活动的顺利进行。

1. 学生需要的满足

学生的需要是多方面的，我们要对学生的需要加以分析。教师应设法了解学生中普遍存在的需要，并把学习活动与内容以一定的方式与这些需要的满足联系在一起，就能达到促进学生学习的目的。例如，把学习活动与集体荣誉感（归属的需要）联系在一起，可使用班级间开展学习竞赛的方式实现。学生在这种竞赛中，既满足了归属的需要，同时也促进了学习活动。

2. 学生内在动机的利用

在前面的论述中，我们已经看到利用学生的好奇来集中他们的注意，并帮助他们建立学习意向。学生其它的内在动机倘若也能得到充分地利用，那将有利于学生的学习。例如，兴趣是个人学习活动的潜在动力，唤起了学生的学习兴趣也就有助于解决激发学习动机的问题。唤起兴趣的方法有很多，其中主要有：①使学生认清学习目标。一般来说，目标越具体，价值越高，兴趣也越浓厚。②让学生体验到成功的满足，教师为学生创造获得成功的机会。成功的经验能使学生建立信心，提高兴趣。③利用直接兴趣产生间接兴趣，可将学生不感兴趣的学习内容变得兴趣化。④用各种方法丰富学习活动，使其变得生动活泼，富于吸引力。

又如，自我概念在一定程度上决定了个人的行为方式与抱负水平等。积极的自我概念与消极的自我概念对学生的学习活动起着完全相反的作用，前者为促进作用，后者为妨碍作用。因此，在学校中教师应该设法帮助学生建立和发展积极的自我概念。通常，在学校中改善学生自我概念水平的有效方法是给学生提供某种机会，使他们能强烈地感受到自己的能力以及得到别人的承认。当个人能在完成一项任务中做出贡献，便会体验到力量感与价值感；而当个人被同伴吸收参加一项合作性活动时，将体验到归属感。这些体验是促进积极自我概念必不可少的情感。

还有一类活动是改变学生在学校的现行角色，使之担任积极的新角色。如前所述，我们在一项研究中使用了这种方法，结果发现在小学高年级学生中开展这样的角色改变活动，可以使他们的自我概念水平得到明显改善。[①] 例如，让学生轮流担任班干部就是一种改变方法。如果学生不接纳这种改变，那么他们仍会保持原状，不发生变化；如果学生接纳了这种改变，那么，他将会做出相应的角色行为以及知觉到外界（老师和同学）的正面评价。但是，这时还不能说学生已经把这些角色行为与他人评价纳入自己的价值体系之中。还需要有一个把外在行为与评价转化为内在秉性的内化过程。这个内化过程包括了个人—社会比较与自我重新评定两个方面。

（三）帮助学生确立学习目标和控制学习

学习目标的确定和学习活动的自我控制是学生的一种强有力的动机过程。在学校里，教师对学生的目标确立与学习控制给予适当的帮助，将会极大地激起他们的学习动机。

1. 学习目标的确立

学习目标确立意味着建立一个奋斗的标准，一个在学习上要获取某种成功的意向，这个标准或意向将贯穿在随后的日常学习活动之中。它对学生

---

① 吴增强. 学习心理辅导[M]. 上海：上海教育出版社，2000：108.

的学习活动起指导作用,使学习活动成为一种明显的目标指向性活动。在帮助学生确立学习目标时,既要注意确定一般的学习目标,更要注意确立特殊的学习目标。一般目标的实现具有长期性的特点,需要通过特殊目标的实现而得以落实。所以,在通过教育影响使学生基本树立一般学习目标之后,教师应精心策划学生的特殊目标。一个较好的方法是把各门科目的单元目标以及有关活动列举出来,供学生选择或分配给学生。只要学生做出选择或接受单元目标,就等于确立了特殊目标。这时,学生会努力去实现这些目标。在这里值得指出的是,倘若没有教师的指导,学生很难确立自己的特殊目标,特别在小学生之中更是如此。

2. 学习活动的自我控制

学生对自己学习活动的控制与调节反映了学生进行学习的主动性。学生若能对学习活动进行自我控制与自我调节,则说明他自愿在学习活动上花费时间与付出努力,而不是为了外在的奖励。例如,能够对学习活动做自我调节的学生通常按下列过程从事活动,这充分表现了他的主动性:选择自己希望实现的学习目标;计划如何实现这一目标;为实现这一目标而不懈地努力;承认自己的学习结果;对这一结果进行评价;练习那些对学习很有必要的技能;检验自己的学习进步;根据自己的价值观,对学习做出有效的选择;持有用来判断学习质量的个人标准;选择富于挑战性的学习目标;按自己的速度从事学习;决定如何使用额外的时间;在自己不理解时提出问题。

(四)对学生的信息反馈和外部控制

教师给学生的信息反馈,对他们的目标指向性活动起指导作用;而教师对学生的外部控制(即奖励与惩罚)也在一定程度上影响着学生的学习动机与积极性。

1. 对学生的信息反馈

教师给学生提供的信息反馈包括学生的学习结果以及教师给予的一定评论(包括口头与书面)和指导(即进一步努力的线索)。

通常,知道自己的学习结果,会产生很大的激励作用。无论这个结果是成功还是失败,均有激励作用。因为若是成功,学生会提高学习热情,加倍努力;若是失败,可从中看到缺陷所在,激起上进心,进行及时改正,也同样促进学习。许多研究结果都证实:反馈在学习上有显著效果,反馈愈及时,效果愈好。然而,必须指出,仅给学生提供正确与否、适当与否的信息反馈是不充分的。而应该给予一定的评论与指导,提供如何保持与提高成就,或如何克服与改正错误的线索,这对于学习动机的激起与保持是很重要的。因为这样一来,学生不仅了解到自己的学习结果,而且明确了以后行为的方向,这将大大有利于学生坚持对自己所选择的学习目标的追求。

2. 对学生的外部控制

为了影响学生的学习动机,教师应该对学生进行必要的外部控制,这种控制主要依靠对学生的表扬与批评、奖励与惩罚来实现。表扬与批评、奖励与惩罚对学生活动的影响问题,心理学家们做了大量的研究。一般来说,表扬与奖励象征着学习上的成功;批评与惩罚则象征着失败。就对学习动机的影响而言,表扬与奖励优于批评与惩罚。但是,在实际的应用时,二者的效果决定于下列诸因素:

第一,学生过去受表扬与奖励或批评与惩罚的经验。例如,在过去经常遭受失败,受到批评与惩罚的学生,对表扬与奖励的反应更敏感些,也更积极些;而过去经常获得成功,受到表扬与奖励的学生则相反。

第二,学生的自我概念。具有积极自我概念的学生对表扬与批评、奖励与惩罚均取积极的态度;而具有消极自我概念的学生则相反

第三,学生的性别。男生对批评与惩罚更敏感;女生则对表扬与奖励更敏感。

第四,学生对批评与惩罚的理解。若将批评与惩罚理解为是对自己的一种帮助,则具有积极的效果;若被理解为是对自己的一种威胁,则起消极作用。

第五,教师对表扬与批评、奖励与惩罚的使用频率和范围。凡是胡乱或过分地使用表扬与批评、奖励与惩罚都是无效果的。表扬与奖励每一个人等于没有表扬与奖励任何人;批评与惩罚也是如此。而且,无论表扬与奖励还是批评与惩罚,针对行为表现本身要比针对学生本人的人格效果更好些。

表扬与奖励一般都可以得到好的效果,但批评与惩罚则不然。如果使用不当,往往会产生与教师期望相违背的效果。因此,教师在使用批评与惩罚时应注意适当的方式。使用批评与惩罚的一种最佳方法是设法把批评与惩罚的效果,由外部源泉迁移到任务与学生本身。例如,为学生创设一种能及时提供反馈的学习情境,使学生明白失败的过程及原因。

第二节 学习成功感

学习中的情感因素在最近几年受到研究者越来越多的关注。学习成功感作为在学习过程中产生的一种积极情感，对于提升学生的学业成就起着重要的推动作用。随着实践和理论研究深入,成功教育的理念逐渐受到广大教育者的认可。我们都知道反复成功的孩子越来越好,反复失败的孩子越来越差,成功教育秉持这样的理念:相信每一个学生都有成功的潜能、成功的愿望,可以取得多方面成功。期望、机会和鼓励是成功教育的三要素,成功教育就是通过教师帮助学生成功、学生尝试成功,逐步达到自主成功,成为学习成功者;是由他律走向自律,走向自我教育。①

一、学习成功感的内涵

(一)成功、成功感和学习成功感

成功,不同的人参照标准不一致,就会产生不同的理解。我们在评价或判断一个人是成功还是失败时,有三种标准可以参照:个体标准、他人标准和群体标准。在现实生活中这三种标准往往并不一致。成功感作为一种情感,它并不关注目标的达成情况,而是侧重于个体的主观感受。林传鼎、张厚璨等(1986)认为成功感是指,当人们感到自己已经达到或超过自己的抱负水平时所体验到的情感。②与成功感对立的是失败感,即当人们感到自己未达到或远距自己的抱负水平时所体验到的情感。车文博(1991)在其主编的《心理咨询百科全书》中认为成功感又称成功体验,是一个人成功地完成某种活动任务时所产生的一种自我满足、积极愉快的情感。它决定于在活动中所达到的效果和一个人在参加活动时的抱负水平(目标)的高低。③单小东(2006)认为学生的成功感是指学生在完成了某项活动或学习任务之后,在积极的外部评价与自我评价的激发下,所产生的一种自尊、自信、自我满足的情绪体验就是学生的成功感。④它是学生的自我意识在情绪情感

① 刘京海. 成功教育[M].福州:福建教育出版社,1993:68—256.

② 林传鼎,陈永舒,张厚璨. 心理学词典[M].南昌:江西科学技术出版社,1986:132.

③ 车文博. 心理咨询理咨询百科全书[M].长春:吉林人民出版社,1991:284.

④ 单小东. 中小学体育器材和场地标准修定对学生成功感影响的研究——以篮球项目为例[D].长沙:湖南师范大学,2006:13.

上的体验。

成功和成功感是两个不同的概念,两者之间既有联系也有区别。成功是获得成功感的前提,成功感顾名思义是对成功的主观体验;成功是个体达到所要追求的目标,成功感是个体在达到自己的目标或抱负水平之后体验到的情感。[①]"学习成功感"(Feelings of Academic Success,简写为 FOAS),就是个体意识到自己在学习上成功地接近、达到或超过自己抱负水平时,所体验到的满意、喜悦、自豪等积极情感。学习成功感包括认知和情感两个成分,学习成功感主要决定于个体在学习活动时的抱负水平与实际成绩之间的差距,但也会受到他人评价和情境的影响。[②]学习成功感体验的强弱会受到个体的人格特征等的影响。

(二)学习成功感和学习自我效能

学习自我效能作为自我效能在学习领域内的表现,是学习者对控制自己学习行为和学习成绩能力的一种主观判断和主观感受。众多研究已经证实自我效能会对学生的学业成就产生影响。[③]作为一种能力信念,学习自我效能成为学习成功感一个重要的认知成分,在相信自己能够学好的信念指引下逐步感受成功的喜悦。同时,学习成功感又不同于学习自我效能。学习成功感是对自己实现(接近、达到)抱负水平的一种主观情感,是对个体学习行为的结果期待和判断。在"个人→行为→结果"的环节中,学习成功感作用于"行为→结果"阶段;而效能信念则作用于"个人→行为"之间。

二、学习成功感的研究进展

(一)学习成功感的测量

Osgood, May 和 Miron(1975)用 The Semantic Differential Scales 来测量成功的情感意义。The Semantic Differential Scales 包括评价(Evaluation)、潜能(Potency)和活动(Activity)三个维度,采用从 -3 到 +3 的 7 点记分方法。[④] Roberts, Treasure 和 Balague(1998)研究了体育运动中的成就目标,

① 杨秀君.学习成功感研究[D].上海:华东师范大学,2004:9—10.

② 杨秀君,孔克勤.学习成功感的影响因素研究[J].心理科学,2004,27(6):1291—1295.

③ 边玉芳.学习的自我效能[M].杭州:浙江教育出版社,2004:13—18.

④ Osgood, C. E., May, W. H., & Miron, M. S. (1975).Cross-cultural universals of affective meaning. Urbana, IL: University of Illinois Press.

编制了感知的成功问卷（The Perception of Success Questionnaire）。[①] Liukkonen 和 Leskinen(1998)对感知的成功问卷(儿童版)进行信效度检验，结果显示有很高的内部一致性系数，任务定向分量表的 a 系数为 0.836，自我定向分量表的 a 系数为 0.849，验证性因素分析发现结构效度良好。[②]国内学习成功感的测量源于教育改革实验的需要，杨秀君等(2003)编制了我国第一个 60 道题目的学习成功感量表(FOASS)，由四个维度构成：与学习有关的积极情感、学习效能感、满意感和与他人有关的情感，具有很好的信效度。[③]谭先明，罗冬林，陈小敏(2006)编制了 53 个条目的运动员成功感量表，但是相对而言内部一致性系数较低，而且没有进行验证性因素分析。[④]总之学习成功感的测量研究仍有待与进一步研究。

(二)国外关于学习成功感的研究

Hoppe(1930)曾提出，个体的抱负水平在一项任务中并不是固定不变的，它会随着工作的成功而提高，随着工作的失败而下降。学习成绩抱负水平是用来评价成绩的价值标准，如果超过了这个标准，个体可以体验到成功感；如果个体没有达到这个标准，则会体验到失败、不高兴和不满意。适当的学习成绩抱负水平，学生在努力后可以达到，更有助于体验到学习成功感。[⑤] Lewin(1944)提出成功感和失败感并不依赖于个体达到的绝对成就水平，而是依赖于与个人标准(即个人目标)相关的成绩。而这个标准便是个体的抱负水平。Luginbuhl(1972)研究了选择的作用及其对成功感和能力估计的影响。其研究发现选择是影响成功感的一个因素，即与随机地接受一项任务相比，可以对任务加以选择，会降低个体的成功感和能力感。[⑥]Diggory 和Morlock

① Roberts, G. C., Treasure, D., & Balague, G. Achievement goals in sport: The development and validation of the Perception of Success Questionnaire. Journal of Sport Sciences, 1998, 16, 337-347.

② Liukkonen, J. & Leskinen, E. The reliability and validity of scores from the children's version of the perception of success questionnaire. Educational and Psychological Measurement, 1998, Vol. 59 No. 4, August 1999, 651-664.

③ 杨秀君，孔克勤，刘京海.中学生学习成功感量表的初步研究[J].心理科学，2003，26(6)：992—995.

④ 谭先明，罗冬林，陈小敏. 运动员成功感量表的初步编制[J].中国行为医学科学，2006，15(2)：179—181.

⑤ 转引自伯纳德·韦纳(孙煜明译).人类动机：比喻、理论和研究[M]. 杭州：浙江教育出版社，1999：12.

⑥ Luginbuhl, J. E. R. Role of Choice and Outcome on Feelings of Success and Estimates of Ability. Journal of Personality and Social Psychology, 1972, 22(1): 121-127.

(1964)通过实验研究了抱负水平和成功感之间的关系。[①]他指出抱负水平可能是学生成功感的有效的预测指数,并发现随着抱负水平的升高,学生感知的成功可能性趋于降低。高动机水平的学生比低动机水平的学生有更高的抱负水平,感知更低的成功可能性。不论是在高动机还是低动机条件下,抱负水平提升,感知的成功可能性就会降低。

Luginbuhl(1972)通过实验研究了成功(失败)感的可能影响因素。[②]Horner(1978)用成功恐惧来解释女性的行为与男性行为的不一致。成功恐惧是一种稳定的动机状态,通过焦虑表现出来,而焦虑抑制了成就行为。同男性相比,女性在各种竞争中通常体验到更多的焦虑。他在TAT测验后加了一个言语测验项目来考察成功恐惧。结果显示:62%的女性表达了对成功的恐惧,而男性仅为10%。[③]然而也有相反的结论,霍夫曼(Hoffman,1974)发现有相当多男性表现出比女性更多的成功恐惧。[④]Salili和TSEMAK(1988)通过对80名中国女高中生进行问卷调查,研究了高成就者与低成就者对于成功意义的理解。结果显示成功不论对高成就者还是低成就者都是同等重要的;对成就目标两者赋予了不同的价值。[⑤]

Nicholls和Silva(1993)关注了成功感和目标之间的差异,他们通过提问成功感这样一种能使被试比较容易回答的方式来探知被试的目标类型,证实了成就目标与成功感之间有着密切的联系。当儿童失败后,他们的自信心会降低,对成功的预期也会下降。[⑥]Wigfield和Eccles(2002b)的研究[⑦]证实从

① Diggory, J.C. & Morlock, JR. H. C.(1964).Level of aspiration, or probability of success? Journal of Abnormal and Social Psychology ,1964, Vol. 69, No. 3:282-289.

② Luginbuhl, J.E. R.(1972) Role of choice and outcome on feelings of success and estimates of ability. Journal of Personality and Social Psychology, 1972, Vol. 22, No. 1:121-127.

③ Horner, M.S.(1978).The measurement and behavioral implications of fear of success in women. In J. W.Atkinson & J.O.Raynor (Eds.), Personality, motivation, and achievement (pp.41-70).Washington, DC: Hemisphere.

④ Hoffman, L.W. (1974). Fear of success in males and females :1965 and 1971. Journal of Consulting and Clinical Psychology, 42:353-358.

⑤ Salili, F. & TSE MAK, P.H. (1988) Subjective meaning of success in high and low achievers. International Journal of intercultural Relations.Vol. 12:125-138.

⑥ Dweck, C.S.(1989).Motivtion. In R.Glaser& A.Lesgold (Eds.), The Handbook of Psychology and Education.(Vol.1, pp.187-239).Hillsdale, NJ: Erlbaum.

⑦ Wigfield, A., &Eccles, J.S.(2002b).The development of competence beliefs, expectancies for success, and achievement values from childhood through adolescence. In Wigfield, A., &Eccles, J.S. (Eds.), Development of achievement motivation(pp.91-120).San Diego: Academic.

小学、中学到高中，儿童对能力的认识和对不同任务的成功预期会持续下降,尤其是在数学方面。如果一个自我概念比较低学生,在成功经验比较少的学习情境中很容易将失败归因于能力,认为成功与个体行为之间无关,从而导致“习得性无助”的产生。

Heiman(2006)调查了大学生对他们学业成功(academic success)的感知情况,结果显示 190 名正常大学生比 191 名学习困难(Learning disabilities)大学生感受到较少的社会支持；学习困难大学生更倾向于将他们的学业成功或失败归因于外在的因素。[1]McGrathand 和 Repetti(2006)从家庭教养方面研究了父母对孩子学业行为的态度是否影响孩子对学习能力(academic competence)的感知。母亲对孩子学习表现的满意度与孩子(儿子和女儿)对学习能力的感知成正相关，父亲对孩子学习表现的满意度与儿子的自我感知相关;父亲对孩子学业成功的重视与女儿的自我感知成正相关。[2]Ruthig, Haynes 和 Perry 等(2007)研究指出对学业持乐观态度者比不持乐观态度者 GPA 得分高,感受到了更多的成功感;学业态度乐观者报告了更多的积极情感,较少的消极情感。[3]

(三)国内关于学习成功感的研究

纵观国内相关文献,一个十分有意思的现象是对学习倦怠的关注程度明显高于对学习成功感的关注。当学生感受不到成功、失败和情绪体验消极时就会产生学习倦怠。关于学习成功感的一般状况,杨秀君(2004)认为学习成功感的年级差异不显著，有着显著的性别差异，女生学习成功感比男生高;学习成功感高的个体拥有较为理想的人格特质,自尊较高、心理健康以及行为积极。[4]杨秀君(2004)在学习成功感的影响因素研究中指出:积极的课堂情境、积极的家庭情境、抱负和积极的归因都对学习成功感有着直接的影响。积极的课堂情境和积极的家庭情境还通过抱负和归因进而对学习成

① Tali Heiman. Social support networks, stress, sense of coherence and academic success of university students with learning disabilities. Social Psychology of Education, 2006,(9):461-478.

② McGrath, E.P.& Repetti, R.L. Children's Academic Performance and Children's Perceptions of Their Academic Competence. Journal of Youth and Adolescence, Vol. 29, No. 6, 2000:713-723.

③ J.C. Ruthig, T. Haynes, R. P. Perry, & J. Chipperfield . Academic optimistic bias: Implications for college student performance and well-being. Social Psychology of Education (2007) 10:115-137.

④ 杨秀君.学习成功感研究[D].上海:华东师范大学博士论文,2004:50—58.

功感产生影响，积极的课堂情境对学习成功感的影响更大。[①]在后来（杨秀君，2005）的实验研究中发现，通过抱负水平指导，可以使学生的"抱负水平与实际成绩之间的差距"变小，可以帮助学生提高学习成功感，并使行为变得更为积极；归因训练有助于学生的学习成功感的提高，帮助学生的归因和行为向积极方向转化。[②]宋怡（2005）的研究显示学习成功感与学习适应性之间有着显著的正相关，学习动机、自我投入和目标达成都是促进学习成功感产生和提高的重要影响因素。[③]后续研究（宋怡，2006）也指出，根据学生人格特点和学习成绩水平来指导学生，设置恰当的学习成绩抱负水平可以让学生更多体验学习成功感，启示我们应该改革教育评价制度，建立学生个人成功档案。[④]进行学习成功感的研究符合当前积极心理学研究的潮流，它将有助于我们开展行之有效的素质教育，服务于学生身心的健康发展。

三、学习成功感的调查研究

研究采用整群取样的方法于 2007 年 4—6 月对安徽省六安市徐集中学、芜湖市第二十四中学 6 个班级（完全中学和初级中学各一所）和江苏省兴化市戴窑中学、江苏省新沂市东方中学、合沟中学 9 个班级（完全中学二所、初级中学一所）731 名初一到高三学生进行问卷调查（学习成功感量表[⑤]与"我的班级"问卷）。除去填写不全以及没有认真作答的问卷 67 份，总有效问卷 664 份，有效率达 90.83%。被试的分布情况见表 7–1。

---

① 杨秀君，孔克勤.学习成功感的影响因素研究[J].心理科学，2004，27(6)：1291—1295.

② 杨秀君，孔克勤.抱负水平指导和归因训练对提高学习成功感的影响研究[J].心理科学，2005，28(1)：99—103.

③ 宋怡.中学生学习成功感和抱负水平关系研究[D].上海：华东师范大学硕士学位论文，2005：19—21.

④ 宋怡.中学生学习成绩抱负水平的指导对学习成功感的影响研究[J].心理科学，2006，29(4)：951—953.

⑤ 杨秀君，孔克勤，刘京海.中学生学习成功感量表的初步研究[J].心理科学，2003，26(6)：992—995.

表 7–1 被试分布情况一览表

	安徽省		江苏省		总计
	男生	女生	男生	女生	
七年级	23	29	15	18	85
八年级	15	39	19	24	97
九年级	29	29	25	20	103
高一	33	24	48	28	133
高二	29	41	32	37	139
高三	29	30	18	30	107
总计	158	192	157	157	664

此外，被试的年龄从 12–21 岁不等(平均年龄为 16.86，标准差为 1.84)；独生子女有 229 人；家庭户口在农村的有 429 人，乡镇的有 69 人，县城以及市区的有 166 人。

(一)学习成功感的现状

调查所得学习成功感及四个维度的平均数和标准差具体见表 7–2。研究显示学生的学习成功感量表的总得分为 52.23 ± 8.48，与杨秀君 2004 年的研究结果 56.05 ± 7.98 相比[①]存在显著性差异（t=8.30，p<0.01）。采用 SPSS13.0 中一般线形模型(GLM)中的 MULTIVARIATE 对学习成功感及分量表进行多元方差分析。

表 7–2 中学生学习成功感以及各个维度的平均数和标准差(M ± SD)

	学习成功感	C1	C2	C3	C4
男 生(315)	52.32 ± 8.43	16.19 ± 3.52	11.88 ± 2.17	9.39 ± 2.21	14.89 ± 2.94
女 生(349)	52.15 ± 8.54	16.34 ± 3.65	11.67 ± 2.13	9.14 ± 2.33	15.00 ± 2.95
七年级(85)	58.67 ± 7.72	18.39 ± 3.35	13.08 ± 1.94	10.78 ± 1.97	16.42 ± 2.91
八年级(97)	51.11 ± 7.95	15.81 ± 3.46	11.48 ± 2.07	8.84 ± 2.30	14.98 ± 3.13
九年级(103)	52.28 ± 8.20	15.75 ± 3.57	11.88 ± 2.12	9.46 ± 2.17	15.19 ± 2.79
高 一(133)	53.39 ± 8.04	16.95 ± 3.31	12.22 ± 2.12	9.31 ± 2.30	14.91 ± 2.91
高 二(139)	49.82 ± 8.10	15.63 ± 3.60	11.16 ± 2.03	8.83 ± 2.07	14.20 ± 2.96
高 三(107)	49.75 ± 8.06	15.38 ± 3.50	11.11 ± 2.04	8.75 ± 2.30	14.50 ± 2.53
独生子女(229)	52.67 ± 8.85	16.14 ± 3.65	11.83 ± 2.12	9.43 ± 2.34	15.27 ± 3.08
非独生子女(435)	51.99 ± 8.29	16.31 ± 3.57	11.74 ± 2.17	9.17 ± 2.24	14.77 ± 2.86
农村户口(429)	51.86 ± 8.28	16.36 ± 3.52	11.76 ± 2.19	9.15 ± 2.26	14.59 ± 2.90
乡镇户口(69)	50.54 ± 8.63	15.78 ± 3.82	11.26 ± 1.95	8.83 ± 2.24	14.67 ± 3.09
县市户口(166)	53.89 ± 8.73	16.17 ± 3.68	12.01 ± 2.12	9.72 ± 2.27	15.99 ± 2.75

注：C1 代表与学习本身有关的积极情感；C2 代表学习效能感；C3 代表满意感；C4 代表与他人有关的积极情感。

① 杨秀君.学习成功感研究[D].上海：华东师范大学硕士学位论文，2004：61.

多元方差分析结果显示地区、年级的主效应显著，与杨秀君（2004）的研究不同的是本研究中性别的主效应并不显著；地区与年级的交互效应在 C1（与学习本身有关的积极情感）上显著（$F_{(5,658)}=6.984$，P=0.000），年级和性别的交互效应在总量表（$F_{(5,658)}=2.836$，P=0.015）和 C1（$F_{(5,658)}=2.724$，P=0.019）上显著；性别的主效应以及其他交互效应不显著。对地区、年级进行进一步的 T 检验和 ANOVA，结果显示安徽地区中学生的学习成功感显著高于江苏地区的中学生（表 7–3）。此外中学生表现出较为显著的年级差异，多重比较（LSD）结果显示在学习成功感全量表和四个维度上七年级得分最高，而且七年级和高一年级的得分显著高于其他年级（表 7–4）。

表 7–3　不同地区中学生学习成功感的差异比较

	学习成功感	C1	C2	C3	C4
江苏地区（314）	50.43 ± 8.64	15.70 ± 3.65	11.48 ± 2.26	8.99 ± 2.27	14.25 ± 3.12
安徽地区（350）	53.84 ± 8.02	16.75 ± 3.47	12.03 ± 2.02	9.50 ± 2.26	15.56 ± 2.63
t	5.275***	3.780***	3.314***	2.861**	5.857***

注：* 表示 p<0.05** 表示 p<0.01*** 表示 p<0.001，下同。

表 7–4　不同年级中学生学习成功感的方差分析

来源	SS	MS	F(5，658)
学习成功感	5292.937	1058.587	16.417***
C1	632.395	126.479	10.509***
C2	280.644	56.129	13.232***
C3	271.375	54.275	11.287***
C4	290.085	58.017	6.993***

（二）中学生学习成功感的发展趋势

杨秀君在 2004 年研究中指出初一学生的学习成功感比初二学生的学习成功感稍高，但二者差异不显著。在本研究中学生的学习成功感呈一种先降后升的趋势，七年级水平最高，到八年级显著下降，随后逐步增长，到高一后又出现缓慢的下降。如图 7–1 所示。

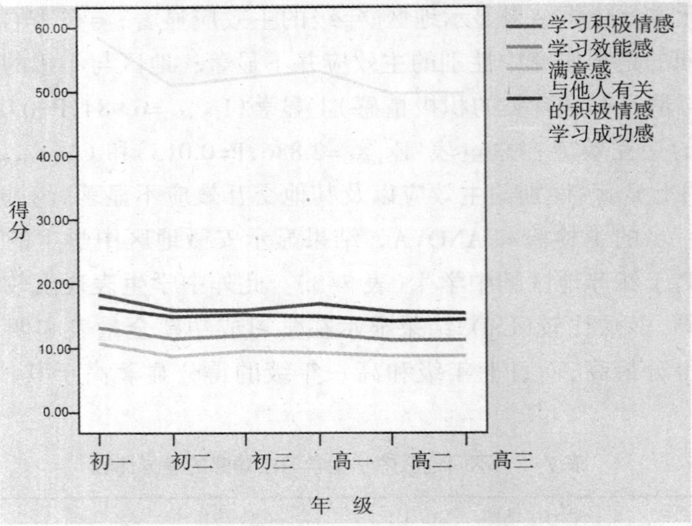

图 7-1 中学生学习成功感的发展趋势图

(三)不同班级环境中学生学习成功感的差异性比较

表 7-5 中学生班级环境的聚类分析

聚类类型	师生关系	同学关系	秩序与纪律	学业负担	竞争
类型 1(293 人)	34.49	32.62	32.62	24.37	27.86
类型 2(181 人)	24.64	27.59	27.59	25.13	26.54
类型 3(190 人)	26.27	23.72	23.72	20.71	19.33
F(2,661)	286.432***	268.638***	268.638***	65.576***	277.364***

同一个班级的学生对班级环境的知觉存在个体差异,学生知觉到的班级环境对其适应行为有更大的预测作用。[①]本研究参考屈智勇(2004)的研究,[②]以学生个体为单位进行聚类分析(K-Means Cluster Analysis),将班级环境归纳为三种类型:类型 1 为团结进取型,拥有良好的人际关系和纪律秩序,竞争氛围浓厚,学业负担适中;类型 2 为一般型,纪律秩序、竞争与第一类班级接近,但是人际关系一般(师生关系较差),学业负担最重;类型 3 为自由散漫型,同学关系较差,纪律秩序散漫、竞争氛围较差,学业负担轻。三

① Fraser, B.J. Classroom Environment, London: Croom Helm, 1986:1-119.

② 屈智勇,邹泓,王英春.不同班级环境类型对学生学校适应的影响[J].心理科学,2004,27(1):31—33.

种类型学生的分布比例分别为:团结进取型有 293 人,占总人数的 44.13%;一般型有 181 人,占总人数的 27.26%;自由散漫型有 190 人,占总人数的 28.61%。

以学习成功感及其各维度为因变量，以 3 种不同的班级环境类型为自变量,进行单因素方差分析(ANOVA)。结果显示(见表 7–6)不同班级环境类型在学习成功感及其 4 个维度上存在及其显著的差异。

表 7–6　不同班级环境中学生学习成功感的方差分析

班级环境类型	学习成功感（M ± SD）	C1（M ± SD）	C2（M ± SD）	C3（M ± SD）	C4（M ± SD）
团结进取型(293)	56.04 ± 7.64	17.81 ± 3.30	12.53 ± 1.82	10.08 ± 2.21	15.62 ± 2.82
一般型(181)	50.16 ± 7.45	15.31 ± 2.97	11.40 ± 2.16	8.58 ± 2.02	14.86 ± 2.71
自由散漫型(190)	48.32 ± 8.22	14.75 ± 3.62	10.95 ± 2.23	8.65 ± 2.21	13.97 ± 3.08
F(2,661)	65.830***	59.045***	38.663***	37.447***	19.212***

多重比较结果(LSD)显示,对班级环境知觉为团结进取型的中学生学习成功感得分显著高于一般型和自由散漫型的中学生，知觉为自由散漫型的中学生学习成功感显著低于其他两类班级($t=5.88, p<0.05$;$t=7.72, p<0.05$;$t=1.84, p<0.05$)。

研究启示我们当前中学生学习成功感的水平不是很高。在我们高度关注学生学业成绩的同时,应该关注学生情感的发展。试想个体沉浸在没有成功感的情绪氛围中,任何教育都会是事倍功半的!同时关于班级环境的聚类分析我们不难发现不同班级环境中的学生学习成功感之间存在显著差异,教育工作者可以通过营造团结进取的班级环境来促进学生学习成功感的发展,为学生进行高效地学习提供良好的教育情境。

第三节　学习品质

学习品质是指个体在学习行为中表现出的相对稳定的心理特征,主要包括学习兴趣、学习性格以及学习的意志品质等。良好的学习品质会使学生主动积极地参与求知学习活动,使学生的智力得到最佳的发挥,使学生的潜能得到充分的发挥,也使得学习过程成为学生心理成熟和生命优化的过程。培养学生学习品质是学校实施素质教育,推进课程改革的需要。

一、学习兴趣

(一)什么是兴趣

所谓"兴趣"是一种内在学习动机。这是学生认识需要的情绪表现,它是在过去知识经验,尤其是愉快体验的基础上形成的,令人乐于积极而持久地接触、认识某类事物的一种意识倾向。一般而言,学生的学习兴趣表现为对学习活动或学习内容的好恶。具有浓厚的学习兴趣的人通常会废寝忘食,津津有味地去学习,并从中获得巨大满足。所以,学习兴趣是推动学生学习活动的一种最实际的内部动力。

(二)兴趣的种类

学生的学习兴趣可根据其起因而划分为直接与间接两种。直接兴趣指由学习活动与学习内容本身所引起的兴趣,而间接兴趣指的是由学习活动所产生的结果而引起的兴趣。前者可以使学生感到学习活动或内容引人入胜,毫无枯燥乏味之感;后者则使学生保持旺盛的学习热情,把学习活动坚持下去。无论哪种兴趣,对学生的学习活动都很有必要。持有直接兴趣的学生可以轻松自如地从事学习活动,持有间接兴趣的学生则能够以坚强的意志克服学习上的困难。两种兴趣可以互相转化,如果教师善于巧妙地利用这种转化规律,那么他的教学一定是生动活泼,具有良好的效果。在实际生活中,这两种兴趣总是交织在一起的。以学生对学科的兴趣而言,同是一门喜欢学习的学科,其喜欢的原因却各不相同。

学生的学习兴趣还可以按其稳定程度划分为暂时兴趣与稳定兴趣。通常,暂时兴趣指学生对某种学习活动的短时期兴趣。持这种兴趣的学生对某种学习活动狂热一时,但浅尝即止。稳定兴趣是指学生对某种学习活动保持长时期的兴趣,持这种兴趣的学生能对某种学习活动长期保持浓厚的兴趣,坚持不懈地从事这种学习活动。

从学生的成长过程来看,他们学习兴趣的发展有一个从直接到间接,从暂时到稳定的过程。小学生的学习兴趣具有直接性与暂时性的特点,他们往往对学习活动本身感兴趣。据调查,在小学一年级至三年级,无论男生或女生都喜欢算术与语文,并且希望在这两门学科里懂得多一些。中学生的学习兴趣正在向稳定性过渡，并且开始产生间接兴趣，在男女生之间学习兴趣出现分化。例如，男生偏好于理科，女生偏好于文科。

（三）兴趣的作用

1. 兴趣的定向作用

一个人现在和将来做什么，不做什么，常常是由自己的兴趣来定向的。特别是志趣，更可以决定一个人的进取方向，奠定其事业的基础。兴趣的这种定向作用，还可以表现在它对未来活动的准备作用上。例如，一个从小很喜欢探讨风、雨、雷、电、云、雾等天气现象奥秘的儿童，长大之后可能去学习物理学或气象学。因此，在教学中，教师注意发展和培养学生的兴趣就显得非常重要，以免产生定向性的错误。

2. 兴趣的动力作用

所谓兴趣的动力作用，是说人的兴趣可以直接转化为动机，成为激发人们进行某种活动的推动力。学生对于某种学科有浓厚兴趣，常常就会推动他们满怀乐趣地去进行钻研。如前所述，人的兴趣总是和一定的情感紧密联系着的，如学习兴趣和学习热情就如影随形。因此，从这个意义上说，正当的兴趣乃是一种高尚的情操，情之所钟，金石为开，对科学的兴趣，常能唤起人们废寝忘食的钻研劲头，从而成为打开科学大门的金钥匙。由此可见，在教学中，教师就应当善于唤起并组织学生的兴趣，以便激励他们更好地去进行学习。

关于兴趣与学习成绩的关系，不少研究者对之进行了实证性研究。申继亮以 104 名小学四年级学生为被试，测查出语文、数学、外语三科的学习成绩与学习兴趣水平有显著相关。[①]其结果见下表（表 7–7）：

表 7–7　三科学习成绩与学习兴趣有关

	语文	数学	外语
r	0.180	0.486	0.556
p	<0.01	<0.01	<0.01

（四）兴趣的规律

1. 学习兴趣发展逐步扩展深化、稳定集中的规律

从人们一生的兴趣来看，最初总是分散的、泛化的，即对多种多样的事

① 申继亮. 中学生学习兴趣的评估[J]. 心理发展与教育，1998(4)：11—16.

物和活动都感兴趣，然后逐步集中到较少的一些事物上。这种状况持续一定的时间后，其兴趣又会有所扩展。当扩展到一定限度后，其兴趣又逐渐趋于集中，以致最后把兴趣集中稳定在一两件事物和活动上，但也并未完全抛开对其它某些对象的兴趣。这条规律告诉我们，在学校教育中。教师对学生的兴趣应顺其自然地加以引导，切不可随意干预而加以禁止。例如，强迫一个对某专业毫无兴趣的学生学习，是很难收到学习效果。我们必须按兴趣的这一活动规律办事，方能取得应有的学习效果，达到预定的学习目的。

2. 直接兴趣与间接兴趣彼此替代、相互转化的规律

直接兴趣和间接兴趣是密切联系的。一般说来，凡是与学生的需要及已有知识经验相符合的事物，就会使他们产生直接兴趣；但当他们一旦遇到困难，感到乏味，不愿再学习时，就需要有间接兴趣的参加了。凡是学生对掌握某种科学知识的必要性与重要性有充分认识时，就会对它产生间接兴趣，从而激励自己去学习那种无兴趣的东西；同时，由于学生顽强地学习，克服了困难，他们对此科学知识本身又会产生直接兴趣了。这样随着两种学习状况的轮流出现，两种兴趣自然也就处于相互转化的境地。这可以概括为两种兴趣相互转化的子规律。另一条是两种兴趣彼此替代的子规律，即在学习过程中，有时是直接兴趣发挥主要作用，有时又是间接兴趣产生重要效果，二者总是轮流出现，交替作用，单靠一种兴趣的支持而学习到底的情况是没有的。根据这一规律，在教学中，教师要善于把简单的容易的材料和复杂的材料，学生感到生动有趣的材料与学生觉得枯燥乏味的材料结合起来，交替进行。以促成直接兴趣和间接兴趣的彼此交替、相互转化，学生也才能取得最好的学习效果。

3. 中心兴趣和广阔兴趣相互促进的规律

从兴趣的广度来看，它又可以分为中心兴趣和广阔兴趣两种。中心兴趣就是对某一方面事物或活动有极浓厚而稳定的兴趣；广阔兴趣就是对多方面的事物或活动都感到兴趣。中心兴趣和广阔兴趣是密切联系、相互促进的。对学生来说，首先要有广阔兴趣，多方面地去汲取知识，给自己打下扎实的知识基础；然后在此基础上，培养中心兴趣，即要求对某一方面进行更加深入的钻研，并使其它各种兴趣都能直接或间接地为它服务。广阔兴趣解决所谓博的问题，中心兴趣解决所谓专的问题。因此，两者的关系就是博与专的关系，即：在博的基础上去专，在专的要求下去博；不博不专，不专不博；博而后专，专而后博；博专结合，相互促进。博与专的这种辩证法，也就是广阔兴趣与中心兴趣的辩证法。这一规律告诉我们，在教学中，教师必须善于引导学生既有广阔兴趣，又有中心兴趣，并且把二者有效地结合起来。教师应当有意识地在培养学生广阔兴趣的基础上，去发展他们的中心兴趣；在发展学生中心兴趣的要求下，去培养他们的广阔兴趣，从而使二者相辅相成，相得益彰。

4. 好奇心、求知欲、兴趣依次发展的规律

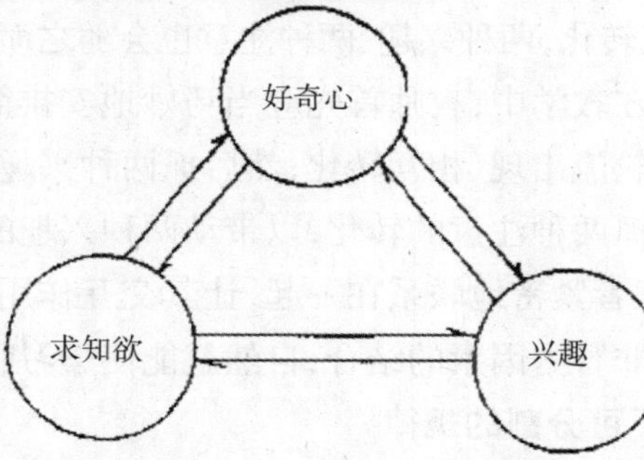

图 7–2　好奇心、求知欲、兴趣三者间的关系

好奇心是人们对新奇事物积极探求的一种心理倾向，它带有先天性与泛化性。前者表示好奇心似乎是一种本能，是人类天生的反应能力；后者则意味着，好奇心会指向任何对个体来说是新异的事物，而不会专一化。求知欲是人们积极探求知识的一种欲望，它的基本特点是后天性与专一性。前者表明，求知欲是在好奇心的驱使下在探求活动中经过培养而发展起来的；后者是说，求知欲专门指向对知识的探求，可以说是好奇心的进一步深化。兴趣是人们积极认识某种事物或关心某种活动的心理倾向。它们三者是密切联系、不可分割的（见图 7–2）。在教学中，教师首先要保护学生的好奇心，好奇心在儿童期最为强烈，表现为好问、好动，它是待放之葩，是人们智慧的萌芽。其次是要培养求知欲，求知欲常常是青少年走科学之路的理智诱因。最后，在求知欲的基础上去培养学生的兴趣，并且不仅要让三者依次发展，而且还要让它们交互作用，共同提高。

5. 兴趣与注意相互依存的规律

兴趣与注意是嫡亲姐妹，二者具有相互依存、难以分离的关系。王如林汉达所指出："有人以为我们对于某一事件当先有相当程度的注意作为基础，而后才可对该事件发生兴趣。也有人以为我们对于某一事件当先有相当程度的兴趣作为基础，而后才可对该事物多加注意。平心而论，这两种学说都是对的。因为我们对于某一问题有兴趣,所以便加注意;同样,我们愈注意某一问题便愈有兴趣。……其实兴趣可说是对于某一事物有特殊注意的情结,所以二者不能分割。”①这段话实质上也是对兴趣与注意相互依存规律的表述或阐释。这一规律还具体反映在:一般地说,直接兴趣与无意注意相联系,间接兴趣与有意注意相联系;同时直接兴趣、无意注意又与学习中的容易性、简单性相联系,而间接兴趣、有意注意又与困难性、复杂性相联系。于是随着学习中难易程度的相互转化,两种兴趣、两种注意也会随之而相互转化。

按照这条规律,在教学中,教师首先应当巧妙地安排简单容易和复杂困难的学习内容,使其轮流出现、相互转化;然后抓两种兴趣的转化,以带动两种注意的交替,或者抓两种注意的转化,以带动两种兴趣的交替。这样,把学习内容、兴趣、注意三者紧密地联系在一起,让其交互作用,既有主体与客体的互动,又有智力与非智力因素的结合,自然就能使学习收到优化的效果。

6. 兴趣与努力不可分割的规律

在兴趣与努力的关系上,历来存在着两种极端相反的看法:一种是片面强调兴趣,认为只有顺从儿童的兴趣,才会使其学习有效;一种是片面强调努力,认为只有通过艰苦的学习,才能使儿童学习得好。前者只要兴趣,抹杀了努力;后者只要努力,抹杀了兴趣,完全把二者对立了起来。其实,兴趣与努力是不矛盾的。一方面,在对学习没有任何兴趣的情况下,通过努力学习见了成效,便可激起对学习的兴趣;另一方面,有了某种学习兴趣,又可进一步推动学生努力学习、刻苦钻研。如此兴趣与努力不断相互促进,就能使学习获得较大的效果,可以断言兴趣与努力不应分割。

按照这条规律,在教学中,就既要反对“为兴趣而兴趣”的兴趣主义,也要反对一味悬梁刺股的苦学主义。必须善于把兴趣与努力结合起来,即当学习碰到困难和索然寡味的时候,就要求学生加强意志,努力学习;单靠努力的学习是很难持久的,因此又必须培养儿童的学习兴趣,促使学习得以长期地维持下去。

7. 兴趣迁移的规律

兴趣同动机一样也可以迁移, 即对此门学科的学习兴趣可以转化为对彼门学科的学习兴趣, 甚至对别种事物或活动的兴趣也可以转化为积极的

① 林汉达. 向传统教育挑战——学习心理学讲话[M]. 上海:上海书店,1988:127—128.

学习兴趣。在学校教育中,我们就可以利用这一规律,来组织、激发和转化学生的兴趣。例如,一个对学习语文有兴趣,但对学习数学缺乏兴趣的学生,就可引导他把学习语文的兴趣迁移到学习数学上去。又如,对一个贪玩、学习毫无兴趣的学生,就不要消极地限制他贪玩的一面,而完全可以引导他把玩的兴趣转化为学习兴趣。

(五)兴趣的培养

1. 激发导入

在学习开始前，学习者要采取一定的激励手段，把自己的兴趣激发起来。与此同时,还要使自己的认识也进入准备状态。只有当学习者在兴趣与认识两方面都有一定的学习准备,并以此为基础而导入学习,那么,其学习才会易于开展。

2. 交融展开

学习者进入学习后,其兴趣与认识必须交融展开。所谓交融展开,就是趣中得知、知中生趣的结合。这可以有两种情况:一是感性的交融展开。即在感知、观察的过程中,学习者始终保持浓厚的兴趣,用兴趣推动感性认识,又用感性认识不断地引发兴趣。二是理性的交融展开,即在思考、理解的过程中,学习者也总是津津有味、乐趣横生,用兴趣推动理性认识,也用理性认识不断地引发兴趣。必须指出,兴趣与认识的这种相互引发、交融展开是自然的,而不是学习者的“矫揉造作”。以需要的满足为中介,就能形成、促进兴趣与认识的此种交融展开的态势。

3. 评价终结

在学习进行到一定的阶段后,就要对学习成果加以评价,使该阶段的学习有始有终。评价终结既要让前阶段学习有个好的结束,又要使下阶段学习有个好的开始。因此,它不单纯是对认识成果(知识与技能)作出恰如其分的评价,同时还应通过评价来巩固已有的学习兴趣,并推动它的进一步发展。

二、学习性格

(一)什么是性格

性格是一个人比较稳定的心理特征，它体现在个体对待现实的稳固态度以及与之相适应的习惯化了的行为方式之中。

在活动过程中，客观事物的影响（特别是社会环境）通过个体心理过程的加工处理，不断地渗透到人的生活经历之中，便形成了个体对待事物的独特态度和反应。这种态度和反应一经在生活经验中巩固下来，就会成为该个体独特的性格。在人对现实的态度方面，良好的性格品质有诚实、谦虚、勤奋、忠诚、自信等。而人对现实的态度会通过行为方式有所表现，为人们所欣赏的行为方式有举止优雅、稳重、神态温和、端庄、热情豪放、谈吐幽默等。

性格是一种比较稳定的非智力因素。这种稳定性，一方面表现在已有性格的改变需要经过一个长时期的过程；另一方面表现为人在绝大多数场合下具有同样或类似的态度和行为方式。比如，一个诚实正直的人，他在对集体、对他人的态度上会表现出实事求是、公正无私的特点；对自己的缺点和观点也不会隐瞒，敢于并善于严格剖析自己；对工作和劳动也是严肃认真的。情境性、偶然性的态度和行为表现不能代表一个人的性格。例如，一个人只有在领导和权威面前才表现出谦虚，而在群众面前专横跋扈，那么谦虚就不是这个人的性格特点；同样，一个比较机敏的人，在某种特殊的情况下显得呆板，我们也不能说呆板是他的性格特点。

（二）性格的层次

性格是由世界观、现实态度、心理特征、活动方式等 4 个因素组成的完整结构。

1. 世界观

世界观是人们对自然、对社会、对人生的总体看法，它由科学的认识、正确的观点、坚定的信念与崇高的理想所构成。它是心理的最高层次，是个性结构的核心因素。据此，我们完全可以说，世界观也是性格结构的最高层次或核心因素。而且在我们看来，作为个性特征的两大构成因素，智力受世界观的支配较小，而性格则受世界观的影响较大。世界观还包括人生观、价值观，它对性格结构的其它三个层次即现实态度、心理特征、活动方式等，都具有明显的主导作用。

2. 现实态度

对现实的态度是性格系统的第二个层次。人对现实的态度是多种多样的，它基本上可以分为对己、对人、对事三个方面。在对己方面，有的谦逊，有的自负；有的自豪，有的自卑；有的大方，有的羞怯等等。在对人（包括对集体、对社会)方面,有的诚实,有的虚伪;有的善于交际,有的孤僻寡合;有的大公无私;有的自私自利等等。在对事(包括对劳动)方面,有的勤劳,有的懒惰;有的负责细心,有的粗枝大叶;有的革新创造,有的墨守成规等等。对己、对人、对事三方面的态度是相互联系、彼此制约的。

3. 心理特征

它是性格系统的第三个层次。这个层次主要包括如下三个方面的特征:

(1)性格的理智特征。凡属认识过程和智力方面的一切稳定特点都是。比如,在感知方面,有的观察精细,有的观察疏略;有的观察敏锐,有的观察迟钝。在记忆方面,有的记忆巩固,难以遗忘;有的记忆不牢,遗忘迅速,有的过目成诵,记忆敏捷,有的反复背诵,方能记住,等等。

(2)性格的情绪特征。凡属情感过程方面的一切稳定特点都是。比如,有的热情,有的冷漠;有的乐观向上,有的悲观失望;有的情绪饱满,精神奕奕,有的情绪低落,没精打采;有的笑起来声震屋宇,有的尽管内心乐滋滋的,却不露声色等等。

(3)性格的意志特征。凡属意志过程方面的一切稳定特点都是。比如,有的勇敢,有的怯懦;有的蔑视困难,有的害怕困难;有的克制自己,有的放纵自己;有的果断坚定,有的优柔寡断等等。

4. 活动方式

它是性格系统的第四个层次,亦即最低层次。这个层次主要包括行为方式和行为习惯两个方面。行为方式是一个人的活动特点处事表现形式,它是在活动中不断得到强化、巩固,并逐渐趋向稳定的。一个人的各种性格特征常常会在其行为方式中反映出来;而且,不同的性格特征也常常会使人采取不同的行为方式。自动化是不需要思考和意志努力的行为方式。也就是说,一个人形成了某种行为习惯之后, 他就再也不需要他人的督促或自己的提醒,却能自然而然并轻松自如地去完成那种习惯动作。

综上所述,我们可以给性格下这么一个定义:性格是以世界观为核心或在世界观支配下的对现实的稳固态度、心理特征,以及与之相适应的活动方式的独特心理构成物。

(三)性格的作用

性格是在环境和教育因素的影响下形成和发展的,具有相对的稳定性。

但已形成的性格特征也会反作用于环境和教育,即决定活动的方向、进程和效率,影响教育的效果。

1. 性格在学习活动中的作用

性格特征对一个人的学习过程起着重要的推动和控制作用，对其学习活动效率有着巨大的间接影响。性格特征可以较好地预测一个人的学业成就。有一个研究表明,对进入幼儿园的儿童进行自我观念的测量,可以预测这些儿童两年半以后的阅读成绩，而且这种方法的预测效果要好于智力测量的预测。库伯(Cooper)做了一项有关各种因素与学习德语的成就之间的相关研究。结果发现,一项配对联想记忆任务的成绩与德语学习程度有非常显著的相关。

2. 性格在教育过程中的作用

性格结构中的一部分态度特征是品德的具体反映。例如,正直、诚实、大公无私等既是品德的一部分,也是性格的组成成分。一方面,性格的形成与发展受道德认识、道德情感和道德信念等的影响。例如,一个诚实的人,如果总是坚信"老实人吃亏"这样错误的道德信念,就会逐渐变得虚伪和狡诈;相反,一个性情温顺柔弱的人,如果坚信"为正义献身无尚光荣",就会逐渐变得勇敢和坚强起来。另一方面,性格对品德的形成也有重要的影响。例如,正直、诚实的人,容易形成大公无私、刚直不阿的优秀品德;虚伪、狡猾者容易形成阿谀奉承、阴险毒辣的不良品德;虚荣、浮华者容易变成挥霍浪费、贪图享受之徒。性格教育是道德教育的基础和落脚点。因此,教育者应从培养学生良好的性格品质着眼,让学生掌握对待外界事物的正确态度和行为方式,同时注意帮助学生认识和改正其不良的性格特征。英国教育家洛克曾指出:"只有你给他的良好原则与牢固习惯,才是最好的,最可靠的,所以也是最应该注重的。因为一切告诫与规则,无论如何反复叮咛,除非形成了习惯,全是不中用的;在这里是这样,在其它情况下也是这样。"[①]在此基础上,再进行生动、具体的人生观和世界观教育,才是正确的教育步骤。

(四)个性的自我培养

在中小学阶段,学生的性格经历一个从无到有,并趋于定型的过程。因

① 洛克. 教育漫话[M]. 上海:上海人民出版社,2005:7.

此，中小学生的性格具有较大的可塑性。中小学教育应该抓住这个重要时机，把培养学生的性格作为一项非常重要的工作。就如何培养学生良好的性格特征，提出以下培养的途径和原则：

1. 培养学生科学的世界观、人生观和价值观

正确地对待社会、对待人生，是塑造一个人性格的重要基础，同时也是性格教育的一个核心成份，因为它是性格结构中态度特征的一个重要部分。世界观是人们在社会生活中形成的对整个世界的信念体系。在教育教学过程中，教师应通过科学的事实向学生阐明道理，使学生树立科学的世界观。所谓人生观就是个体对人生的根本看法和态度。人生观的形成与发展依赖于个体的思维发展水平和自我意识发展水平，还依赖于对社会历史任务及其意义的认识程度。教师应通过班会、历史课、思想品德课和阅读图书等活动，帮助学生认识青少年一代所肩负的历史重任，启发学生经常地、主动地从社会意义和社会价值的角度来分析自己的思想、言行以及所从事的各项活动，从而进一步树立正确的人生观。价值观是推动并指引一个人采取决定和行动的有关经济的、逻辑的、科学的、艺术的、道德的、美学的、宗教的原则、信念和标准。当价值观被社会上大多数人所接受和使用时，就变成了社会规范。价值观影响人对事物进行价值判断，进而影响人的态度和行为方式。认知能力的发展水平、环境和教育是影响价值观形成与发展的主要因素。教师应该努力把良好社会规范所反映的价值观，结合世界观和人生观教育，通过生动的教育形式传授给学生，并要求他们以此来衡量世界上的一切事情。

2. 建立良好的学生集体，开展各种寓教于乐的活动

学生的性格是在集体中形成和发展的，特别是一些优良的性格特征离开了集体就根本无法培养。例如，诚实性、自尊心、好胜心、责任心、自律性等等。马卡连柯说过："只有当一个人长时间地参加了有合理组织的、有纪律的、坚韧不拔的和有自豪感的那种集体生活的时候，性格才能培养起来。"通过开展各种形式的活动，来培养学生的性格。活动的内容和形式要注意多样性、趣味性和教育性，还要适合学生的心理发展水平。开展的活动一般要达到以下三个目的：一是要通过活动使学生认识到完成该活动的意义和重要性；二是要让学生了解某种性格特征对顺利完成活动的必要性；三是要通过活动帮助学生树立正确的态度（包括对人、对事、对集体、对社会的态度等），掌握适当的行为方式，逐步养成良好的行为习惯。

三、学业情绪

(一)学业情绪的内涵

Pekrun 等人提出了学业情绪(Academic Emotions)的概念。指出"学业情绪表示与学校学习、课堂教学以及学业成就直接联系的情绪,例如学习过程中的兴奋、成功后的自豪、以及与考试相联系的焦虑等。它不仅指学生在获悉学业成功或失败后的情绪体验,也包括学生在学校环境中经历的与成就有关的情绪。"①学业情绪中的"学业"与学业动机、学业自我概念中"学业"的含义相同,指学生在学校中与学习能力、学习行为相关的学习成绩。②

国内学者俞国良等人结合国外学业情绪研究者的观点指出,学业情绪概念除了包括学生在学校环境中经历的与成就有关的情绪外,也应该包含在教学或学习过程中涉及的那些情绪,并在此基础上将学业情绪定义为"学业情绪是指在教学或学习过程中,与学生的学业相关的各种情绪体验,包括高兴、厌倦、失望、焦虑、气愤等。③

国内外学者在描述学业情绪概念时,一致认为,学业情绪包括在课堂教学活动中、日常作业过程中以及考试期间的情绪体验。如图 7–3 所示:

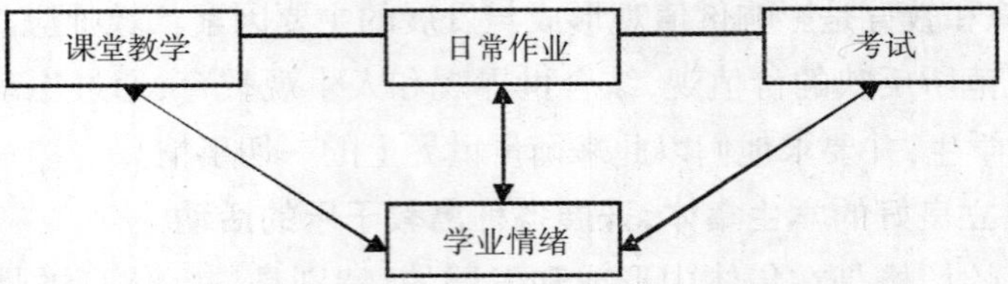

图 7–3 学习情境中的情绪体验图

我们可以看到学业情绪的研究者们,大都重点论述了学业情绪和环境的关系以及认知对学业情绪和环境之间的调节作用等,都普遍认识到遗传倾向、生理过程、认知评价三者是学业情绪的起因。其中的遗传倾向和生理过程与教育无关,而认知评价则受到教育的影响。认知评价是影响学业情绪

---

① Entwistle, N.J. (1988).Motivational factors in students' approaches to learning. In R.R.Schmeck (Ed.), Learning strategies and learning styles . New York: Plenum Press:21–51.

② Fraser B. J. (1994) Research on classroom and school climate. In: D. L. Gabel. Handbook of research on science teaching and learning. New York : Macmillan, 493–541.

③ 俞国良等. 青少年学业情绪问卷的编制及启用[J].心理学报,2007,39(5):852—860.

产生的一个重要因素，包括学业自我效能感、学业自我控制评价和学业成就主观评等。[①]例如，获得高分数，既可以是具有内在行为动机学生的动力，同样也可以是那些重视外在目标（如这些高分数有利于我获得好工作）学生的行为动力，都是认知对情绪体验和特定的环境产生调节作用。这在一定程度上提醒研究者，要在教学中调节学生的学业情绪就必须从认知评价出发，对学业情绪与认知评价以及环境之间的关系进行研究。

通过以上定义，我们不难发现，Pekrund 等人关于学业情绪的定义更强调学业情绪的性质，不仅包括学业情境中的消极情绪体验，更强调积极的情绪体验；[②]俞国良等人关于学业情绪的定义更强调的是学业情绪的情境性，在各种学业情境中，更强调的是教学和学习过程中；[③]在孙士梅的定义中更突出的是学校的范围，学业情绪不仅仅在大学情境中，而且包括中学学校情境中学生所经历的各种情绪体验。[④]

尽管研究者对学业情绪的界定在文字表述上有所不同，但学业情绪均包括三层含义，一是指学业情绪的情境，即与学业相关的各种情境，如课堂学习过程中、日常作业过程中（课堂上、在自习中）、考试前后、学业成功或失败情境等；二是指学业情绪的性质，不仅包括在学业情境中的各种消极情绪体验，还包括积极情绪体验；三是指学业情绪的结构，学业情绪指的是一组情绪，而不是某种单一情绪。

（二）学业情绪的结构

对于学业情绪的结构，目前研究者主要从维度和层次观点两个方面进行探索，每个维度或层次的学业情绪又包含不同类别的子情绪。研究者最初采用维度的观点对学业情绪的结构进行研究。采用愉悦度（valence）将学业情绪划分为积极与消极两类，很多问卷就采用了这种划分模式（如，DES，PNANs-R 量表等）。还有一些研究者采用了积极情绪、中性情绪与消极情绪的划分方法。而 Patrick（1993）在研究中发现，儿童在学习活动中经历了四类

① 卢家楣．情感教育心理学[M]．上海：上海教育出版社，2004（9）：59—60．

② Dart，B.C.（1998）．Teaching for improved learning in small classes. In B.C. Dart & G.M. Boulton-Lewis（Eds.），Teaching and learning in higher education. Melbourne，Australia：Australian Council for Educational Research：222-249.

③ 俞国良，董妍．青少年学业情绪问卷的编制及应用[J]．心理学报，2007，39（5）：852—860．

④ 孙士梅．青少年学业情绪发展特点及其与自我调节学习的关系[D]．山东师范大学硕士学位论文，2006，5．

情绪:积极情绪(兴趣、高兴、放松)、厌倦、痛苦和生气。但是以往这种只按愉悦度单一维度对学业情绪的划分忽视了唤醒度(arousal)这一维度,而实践上唤醒度高低对认知操作成绩的影响是不同的。于是,最近有 Pekrund(2002)、Ravaja(2004)将唤醒度加入了学业情绪的分类中,将学业情绪按照愉悦度和唤醒度两个维度进行划分。

在 Pekrund 等人的研究中,依据效价和唤醒性这两个维度把学业情绪分为四类:积极高唤醒、积极低唤醒、消极高唤醒和消极低唤醒。他还发现大学生群体主要有九种学业情绪,依据以上的划分进行了如下分类:愉快、希望、骄傲属于积极高唤醒性情绪;宽慰属于积极低唤醒情绪;气愤、焦虑、内疚属于消极高唤醒性情绪:绝望和厌恶属于消极低唤醒性情绪。第一类情绪是由积极事件引起的,而第二类情绪(宽慰)是当某一消极过程停止时出现的情绪。第三类情绪是消极情绪,它们缺乏主观控制。第四类消极情绪的特点是控制水平较高,这与 Russell(1980,1999)提出的情绪环状结构是完全一致的。

我国学者俞国良等人,仍然是采用效价和唤醒性这两个维度,将学业情绪分为:积极唤醒度高的情绪、积极唤醒度低的情绪、消极唤醒度高的情绪、消极唤醒度低的情绪。结合中学生(高中生和初中生)在学业情境中的各种情绪体验,他们指出中学生的学业情绪主要有十三种,分别是高兴、希望、自豪、满足、平静、放松、生气、焦虑、羞怯、厌倦、无助、沮丧、心烦—疲乏等。其中,积极唤醒度高的情绪包括高兴、希望、自豪 3 种;积极唤醒度低的情绪包括满足、平静、放松 3 种;消极唤醒度高的情绪包括生气、焦虑、羞怯 3 种;消极唤醒度低的情绪包括厌倦、无助、沮丧、心烦—疲乏 4 种。①

有研究者采用情绪的层次观点,对学业情绪的结构进行了研究。孙士梅以中学生(包括初中生和高中生)和大学生为研究对象,对学业情绪的结构进行了探索。在她的研究中,把学业情绪分为 6 个层次,也有研究者将学业情绪分为:厌恶类情绪(4 种子情绪)、恐惧类情绪(5 种子情绪)、悲伤类情绪(14 种子情绪)、愉快类情绪(5 种子情绪)、焦虑类情绪(4 种子情绪)和惊讶类情绪(4 种子情绪)。尽管学业情绪的分类仍然是沿袭了情绪的分类,大多采用维度观点按照效价和唤醒度进行分类,但是不论是维度的观点还是层次的观点研究结果均表明:学业情绪包括了很多具体的情绪种类,不仅仅包

① 陆莲. 初中数学学习困难学生学业情绪及影响因素研究 [D]. 华东师范大学硕士学位论文,2008:5.

括焦虑等几种情绪，而且几乎包括了人类可能经历的情绪体验。

四、学习意志

（一）什么是意志

按照心理学的二分法，可以把人的心理过程划分为认识和意向两大系列。意志同需要、注意、兴趣和情感一起属于意向过程，是人的意识倾向性的表现。从此角度来看，所谓意志就是人的意识对一定客体的目的性和调控性的表现；而目的性和调控性便是意志的两个基本特征。

意志的目的性。人的意志活动总具有明确的目的。所谓明确的目的，就是能清晰地意识到主体行动的过程及其结果。明确的目的性是人类行为不同于动物行为的一项最本质的特征。只有人类有目的的活动，才能在自然界打上自己意志的印记，而动物则做不到这一点。

意志的调控性。人的意志总能对自己的内外活动实行调节和控制。从心理学的角度来看，活动可分为外部和内部的两种。外部活动指各种实际活动，如学习、劳动等；内部活动指心理活动，即认识、情感等。所谓调控性，有发动和制止两个方面。这两个方面实际上是统一而不可分割的。古人云：当行则行，当止则止，就是意志调控性的具体表现。

意志的调控性还反映在克服各种困难上。困难是多种多样的，但归结起来，不外乎两种：外部（客观）的困难和内部（主观）的困难。前者如遇到他人的反对或破坏，缺乏必要的工具和设备，没有理想的合作者等；后者如别的动机或目的的诱惑和干扰，缺乏必要的知识或能力，没有决心、勇气或信心等。这两种困难是互相依存、彼此转化的。一方面，内部困难往往会由外部困难而引起；另一方面，由于内部困难的存在，又往往会把外部困难加以夸大。意志的调控性的水平，是以克服困难的程度来表征的。

二者是相互制约的，意志以目的性为指引，确定调控的方向，目的愈明确，则调控越有效，这是一方面。意志的调控性使目的得以贯彻和实现，调控愈有效，则目的实现得愈成功，这是另一方面。例如，在学校教育中，一个学生确定了某一学习目的后，他就要按照这一目的，自觉地调控内外活动，克服各种困难，以期收到应有的学习效果，达到预期的学习目的。很明显，在整个学习过程中，其意志的目的性和调控性始终是统一的。

(二)意志的作用

意志在学习中的作用，充分反映在它的两个基本特点即目的性与调控性中。

意志是意识能动性的集中表现。所谓意识的能动性，是指意识能积极地反作用于客观事物，能积极地参与各种各样的实践活动，从而正确地处理客观事物，有效地改造客观世界。但这种能动性主要是由意志体现出来的。可以说没有坚强的意志，就很难侈谈意识的能动性，诸如认识的能动性、情感的能动性、个性的能动性等都与意志有关。也可以说，没有坚强意志的参与，认识、情感乃至个性的能动性都是谈不到的。

意志像情感一样也能促进智力的发展。这可以表现在两个方面：一是由于意志参与智力活动，能使其具有明确的目的性与方向性。如主动地由一般知觉过渡到积极观察，由无意记忆转向有意记忆，由再造想象迅速过渡到创造想象，思维会很快地从一般反映转向问题解决，注意亦会从非意志注意过渡到意志注意。二是意志可以帮助人们排除智力活动中的困难与干扰，维持活动的持续进行。总之，意志的参与，可以把智力潜能充分发挥出来。

(三)学习意志的主要规律

1. 意志与行动不可分割的规律

人的意志总是在一定的行动中表现出来的，它的发生、发展和形成都离不开行动。前面说过，在有明确目的并与克服一定困难相联系的行动中，总有意志参与；而没有意志参与的行动，它虽有目的，但却没有任何困难要求克服。正因为如此，我们可以把意志过程称为意行过程。同时，要考察一个人的意志，必须通过他的行动才有可能；要锻炼一个人的意志，也必须通过他的行动才能达到目的。

这条规律告诉我们，学习本身就是一种行动(动作构成行动，行动构成活动)，它需要意志的积极参与，变成意志行动，这样，学习才会有明确的目的，并能克服妨碍学习的种种困难与障碍。同时，由这也可以看出，学习又是锻炼人们意志的最好场所。据此，在学习中，学习者必须有意识地通过克服困难来锻炼自己的意志，千万不要错过，更不要逃避艰苦的脑力劳动。

2. 意志与认识相互制约的规律

这条规律的基本涵义是，认识指导意志，意志主导认识。一般地说，人的意志总是在认识的指引下展开的。前面说过，意志活动的一个基本特征是明确的目的性，这目的性就与认识有关。可以说，认识愈清楚，则目的愈明确，离开了认识，就很难有什么明确的目的。众所周知，意志活动是与克服困难相联系的，这克服困难也与认识有关。只有当人们对困难的性质有了清楚的认识时，才有可能采取相应的办法去克服它；如果对困难的性质认识不清，人们就只能盲目地去克服困难，因而也就很难收到应有的效果，这是一方面。另一方面，意志也可以支配、调节认识活动。在很多的情况下，认识活动是一种复杂而艰苦的脑力劳动，它往往要求人们有坚强的意志参与，才能有效地达到认识的目的。一个意志薄弱的人，是不可能完成复杂而且困难重重的认识活动的。

按照这条规律，在学习中，就应当提高学习者的认识，以指导其意志活动；同时，也必须培养学习者的意志，以支持他们的积极认识，克服其消极认识。这样，则可使意志与认识对学习都产生积极的影响。

3. 意志与情感相互制约的规律

这条规律的基本涵义是，一方面情感激励意志，意志调控情感。一般说来，高尚的、稳定的、强烈的情感，特别是道德感、理智感与审美感，都是一个人意志活动的强大推动力，而种种低级的、动摇的、萎靡的情感，则是一个人意志活动的障碍。另一方面，意志在情感的激励下产生之后，它又会反转来调节和控制情感。一般说来，意志越坚强，就越能使积极的情感持续下去，越能使消极的情感得到克服；反之，一个意志薄弱的人，他就会成为情感的奴隶。

根据意志的这一规律，在学习中，就必须培养学习者健康的情感，以激励他们形成坚强的意志；同时，也要培养学习者坚强的意志，以维持其积极的情感，克服其消极的情感。这样，就可发挥意志与情感在学习中的作用。

4. 意志的强度与克服困难的大小、多少成正比例关系的规律

这一规律可表述为：在一定的条件下，意志越坚强，就越能克服更多更大的困难；反之，意志越软弱，就只能克服较少、较小的困难，甚至于不能克服任何困难。同样，克服的困难越多越大，则意志越会锻炼得更坚强；反之，克服的困难越少越小，则意志越会变得更软弱。

这条规律对我们的启示是，在学习中，应当给学习者布置有一定困难的任务，要求他们完成有一定困难的作业。当然，学习困难要有一定的限度，并非越困难越好。其限度是，所布置的困难任务必须是学习者经过一定的努力所能完成的。这样，就可使学习者始终保持学习进取的信心与学习成功的喜悦。如果学习者经过一次一次的努力，总是克服不了学习困难、完成不了学习任务、那就会使他们丧失对学习成功的信心，从而削弱其意志。在这个意义上说，苏联教育家赞可夫提出的“以高难度、高速度进行学习的原则”是不可取的。

第八章　学习策略及其教学

教会学生学习、教会学生思考已成为近年来世界各国关注的焦点问题。有效教学不仅要教给学生知识，更重要的是在掌握知识的过程中教学生学会学习，即学会运用一系列的学习策略，解决实际问题。学习策略的获得与知识的习得、技能的形成一样也是教学的一个重要目标。本章首先从学习策略的界定、分类及结构等多方面来揭示学习策略的性质，然后在此基础上对学习策略的获得与教学作了重点阐述，以便为学习策略的理论研究与实践运用的发展提供依据与借鉴。

第一节　学习策略概述

随着素质教育的实施与改革，当今社会对人的素质要求越来越高，人们需要不断的学习来完善自己，“学会学习、有效学习、终身学习”是时代对我们提出的要求。要想快速适应当今的“学习化社会”，成为一个高效学习者，好的学习策略是必不可少的。学习策略作为一种比较系统的理论，主要是指学生为达到一定的学习目标而采用的学习方法、技巧或规则。它既可以是内隐的规则系统，又可以是外显的操作程序和步骤。

一、学习策略的概念

20世纪中叶以来，在学习心理学和教育心理学的研究领域中，学习策略的研究始终占有重要的地位，但人们系统地对学习策略研究的历史还不是很长。目前，人们对于学习策略这一概念，还没有一个统一的界定，不同的学者，从不同的角度，提出了“什么是学习策略”的见解。

(一)学习策略的涵义

虽然“学习策略”作为一个完整的概念，从提出到现在已经有几十年了，

但学习策略的界定始终是一个基本问题。由于研究者的方法和角度不同，认识也就很难统一。概括起来大致有三种：[①]

第一种：把学习策略视作学习活动和步骤。如梅耶(R·E·Mayer)认为学习策略是“在学习中用以提高学习效率的任何活动”，是“学习者有目的地影响自我信息加工的活动”；琼斯等人(Jones，Amiran.Katims)认为学习策略是“被用于编码、分析和提取信息的智力活动或思维步骤”；奈斯伯特和舒克史密斯(Nisbet，Schucksmith)认为学习策略是“选择、整合、应用学习技巧的一套操作过程”；凯尔和白森(Kail，Basen)认为学习策略是“一系列学习活动过程，而不是简单的学习事件”；丹瑟雷(Dansereau)认为学习策略是“能够促进信息的获得、存储和利用的一套过程或步骤”等。

第二种：把学习策略视作学习的规则、能力或技能。如杜菲(Dduffy)认为学习策略是“内隐的学习规则系统”；平特里奇(P·Pintrich)认为学习策略是学生获得信息或方法，是指用认知策略和元认知策略的一般的术语；温斯坦(C·E·Weinstein，1985)认为学习策略“在广义上指由实践工作者和研究工作者所假设的、对有效地学习和保持信息有帮助的、并且是必需的各种不同能力”。

第三种：把学习策略视作学习计划。如得瑞(S·J·Derry，1986)认为学习策略是学习者“为完成学习目标而制定的复杂的计划”，它可以看成是对一个学习问题应用一个或几个学习术。所谓学习术，是指在计划中所使用的单个加工技术。

综合这些不同的看法，我们认为，所谓学习策略是指学习者在学习活动中，有效学习的规则、方法、技巧及其调控，既可是内隐的规则系统，又可是外显的程序与步骤。

(二)学习策略的特征及本质属性

学习策略的基本特征表现在以下三个方面：[②]

(1)学习策略的艺术性特征。

所谓“策略”意指根据形势发展而制定的行动方针和斗争方式[③]。那么，学习策略就应当是根据学习活动的发展变化而采取的适合于学习活动规

① 陈琦，刘儒德.《当代教育心理学》[M]. 北京：北京师范大学出版社，1998：180.

② 桑青松. 学习策略的原理与实践[M]. 合肥：安徽教育出版社，2006：2—3.

③ 莫雷. 教育心理学[M]. 广州：广东高等教育出版社，2002：215.

律的方式方法。当然,这里的适合于学习活动规律的方式方法,并非是指拘泥于一般的学习程序或套路的方法。尽管学习活动可以有一套的规则、程序或步骤,学习策略也并不排除对规则的运用,但学习活动是因人而异、千变万化的,而学习策略最讲求的也是一个"形势发展"。因此,那种一般性的学习方法或技能并非学习策略的本质特征,在学习策略意义上的方法往往是一种富有创造性的方式方法,是独特的、新颖的,学习策略是带有艺术性的。

(2)学习策略的主动性特征。

贯穿于学习策略实质性的事物是它的主动性特征。如奥苏伯尔的有意义学习就非常重视学习者自身对学习过程的操作和控制,把学习者在学习过程中积极主动的倾向与行为作为有意学习的重要内部条件。所以,主动性学习必有其一定的学习策略相伴随,而学习策略之精神实质就是它的主体意识的明确和主动性的发挥。

学习策略的主动性特征主要体现为学习者在学习过程中所具有的能动性和控制性方面。也就是说,学习策略是学习者对学习活动的能动把握,是对自我学习活动的一种调整和监控,其调控的方式可以有两种:或者是学习者直接干预学习环节,达到学习目标,或者是通过提高自身的认知功能,间接地达到目标。

(3)学习策略的对策性特征。

学习策略是在学习者面对具体的任务时,为解决具体的学习问题而采取的行动方式,它具有非常明确的目的,带有很强的针对性和操作性。学习策略,当然也要遵循一般的学习规律,采用或借用一定的学习方法,但它是针对一定的情境、目的、以及材料的特点,有选择地把这些方法加以具体化,从而相对地找到一种最优化的方法,最终形成一套有效的对策和对象性明确的操作过程。所以,学习策略对学习问题的解决,并非只看问题的"症状"而被动地满足于一般性的"消炎"方式,而是要分析问题的"病因",力求主动地找到一种特效的最佳方式。

学习策略的本质属性表现在以下两个方面:

第一,学习策略在学习过程中的主要作用是学习者对学习活动进行自我调节和控制。这种对学习活动的调节和控制,就是在具体的学习过程中,针对具体的学习内容,对"怎样学"和"学到什么程度"等一系列问题进行决策,并将这种决策在些具体的学习活动中实施。第二,在具体的学习过程中,学习策略对学习活动所进行调节和控制主要是通过学习方法的调用来实现的。因此,学习策略具有一定的方法性。但学习方法并不等同于学习策略。

二者既有区别又有联系,具体关系为:学习策略的本质属性是对学习进行自我调节和控制,而学习方法是指学习者用在编码、储存、提取、运用等认知过程中的认知方法或技能。具体学习方法的运用,要靠学习者依据所掌握的学习策略对学习进行调节和控制,才能达到好的学习效果。这是因为,学生即使掌握了一定的方法,但如果在实际的学习过程中,面对特定的学习内容,不会使用或不知道如何使用这些学习方法,他们就无法或难以对学习进行自我调节和控制。

二、学习策略的分类及常用学习策略

关于学习策略的类型,心理学家依据不同的标准,提出了多种分类。

(一)丹塞雷的分类

丹塞雷等人认为，学习活动是一个由多种内容紧密关联的活动构成的复杂活动系统。在学习活动中,认知活动起着关键的作用,但与此同时,还需要适宜的认知气氛来支持认知活动的进行,使之更为有效。因此,他认为,学习策略由两个策略系统构成,其一为基本策略系统,其二为支持策略系统。[①]基本策略系统直接作用于学生的认知活动，是学生学习过程中赖以应用的主导性策略。包括信息获得、贮存、信息检索和应用的策略,如识记、组织、回忆等策略。支持策略系统则是帮助学生在学习过程中形成适宜的认知气氛,使已有的学习活动得以顺利进行的保证性策略,包括计划和时间筹划,注意力分配与自我监控和诊断策略。

(二)奥克斯福德(Oxford)的分类[②]

奥克斯福德认为,学习策略包含下列五个层面:

第一,元认知策略,用来帮助学生计划、管理以及评估学习过程的策略;

第二,情感策略,用来提高学生兴趣和态度,例如多给学生正面鼓励和

① 叶燕星. 与新世纪相适应的学习方法——丹塞雷的学习策略系统[J]. 职业技术教育,1999(6):24—25.

② 张大均. 教育心理学[M].北京:人民教育出版社,2003:252—258.

反馈；

第三，社会策略，用来促进学生之间的合作。一方面可提高学习兴趣，另一方面可透过合作学习增进理解能力；

第四，记忆与认知策略，用来增强记忆与思考能力；

第五，补偿性策略，用来与学生沟通，帮助学生克服知识上的不足。

（三）迈克卡的分类①

迈克卡（Mckeachieetal）等人对学习策略的成分进行了总结，他们认为，学习策略包括认知策略、元认知策略和资源管理策略三部分，资源管理策略是辅助学生管理可用的环境和资源的策略，对学生的动机具有重要的作用。成功的学生使用这些策略帮助他们适应环境以及调节环境以适应自己的需要，如图 8-1。

学习策略
- 认知策略：复述策略、精加工策略、组织策略
- 元认知策略：计划策略、监视策略、调节策略
- 资源管理策略：时间监管、学习环境管理、努力管理、其他人的支持

图 8-1　迈克卡等人的学习策略分类

除了以上有代表性的分类外，有的还将学习策略分为学习的宏观策略和学习的微观策略。学习的宏观策略是对学习的任何一种活动都发挥作用的策略，即人们常说的大策略，它与学习的认知以外的因素有关，可迁移性大，距任务最远，可教性差；学习的微观策略是关于学习的具体活动的策略，即我们通常所说的小策略，它包括阅读策略、听讲策略、记忆策略、解题策略、考试策略，这些具体的学习策略与学习的认知因素有关，可迁移性小，距任务近，可教性好。

以上各家分类标准不同，于是学习策略就有了各种不同的类型，但纵观各家观点，不难发现这些观点存在一些共同之处，即都认识到学习策略既包含有直接影响对学习材料的信息加工的成分，又包含有影响信息加工过程的成分，并且还包含有对学习环境、时间及工具等管理的成分。在学生的学习过程中，学习的活动类型不同，使用的学习策略也是不同的，有人认为，学习策略因知识的类型而有所不同。下面我们结合迈克卡的分类谈谈学习策

① 陈琦，刘儒德. 当代教育心理学[M]. 北京：北京师范大学出版社，1998：183.

略、认知策略及元认知策略三者之间的关系。

1. 学习策略与认知策略的关系

认知策略是个体对认知过程进行调节和控制的能力。它与智慧技能不同,这是一种"对内"的能力。智慧技能是一种处理外部世界的能力。认知策略包括个体挖掘自己注意、学习、记忆和创造性思维的能力。它是学生学会学习的核心成分。对认知策略研究较为系统的是美国教育心理学家加涅(R·M·Gagne)。学习策略与认知策略既有联系,又有区别。加涅认为认知策略与学习策略具有因果关系。认知策略的改进是学习策略改进的原因。同时学习策略与认知策略又具有包含关系。由于学习方法(如上文所述的记忆术、建立新旧知识的联系、建立新知识内部联系、做笔记、在书上评注、划线等促进学习等)及其它的一些非认知策略的内容也是学习策略的重要组成成分,所以学习策略比认知策略所包容的范围更广。但认知策略是学习策略的一个重要的核心组成成分。

2. 学习策略与元认知的关系

元认知是关于"认知的认知"。它是弗拉维尔(Flavell)于20世纪70年代提出的一个新概念。弗拉维尔认为元认知就是个人关于自己的认知过程的知识和调节这些过程的能力。①关于元认知与认知策略的区别,弗拉维尔认为,认知策略的主要功能是在学生从事的认知活动中,帮助他们达到认知目标;而元认知的主要功能是向学生提供有关认知活动或活动进展的信息。使用认知策略是为了取得进步,使用元认知是为了监控这种进步。因此,元认知的发展水平直接制约或促进其它方面的发展,包括认知策略的发展。从这个意义上来说,元认知能力与认知策略一样,是有效运用学习策略的基础或前提,它亦为学习策略的一个核心组成部分。另外,根据学习的信息加工过程、学习策略与元认知的关系,可以知道,学习策略是储存在长时记忆中的元记忆知识,它包括有认知策略、元认知策略以及资源管理策略。而元认知过程是指在工作记忆中进行的、运用贮存在长时记忆中的元认知知识(包括学习策略知识)来管理和控制认知活动的过程,它包含情感调节的过程。元认知过程是使用学习策略的知识,元认知能力则是反映执行这一控制过程的能力。也就是说,学习策略是有关学习的动态过程的静态知识,而元认知过程则是使用静态知识的动态过程。②

① Flowell, J.H. (1985). Cognitive Development, pp103—240. Ind. Englewood Cliffs. New Jersey: Prentice-Hall Inc., pp103-240.

② 陈琦,刘儒德. 当代教育心理学[M]. 北京:北京师范大学出版社,2000:197—201.

近几十年来，学习策略的研究发展很快，不同学者提出了种类繁多、各具特色的学习策略。

1. 复述策略

复述策略是为了在记忆中保持信息而对信息进行重复识记的策略。在某些简单的任务中，为了将一个电话号码保存在短时记忆中，我们会口头重复这个号码，这是对新记材料的维持复述策略。对于某些复杂的任务，我们需要根据“遗忘规律”（遗忘的速度呈先快后慢的趋势）来组织自己的复述，以便将新学的材料保持在长时记忆之中。

2. 精加工策略

复述策略是一种识记策略，其作用仅仅是保持信息，是一种比较低水平的信息加工策略。而精加工策略是一种更高水平的更精细的信息加工策略，是在意义理解基础上的信息加工策略，它是将所学新信息与头脑中已有知识联系起来以增强记忆效果的一种学习策略。

具体包括以下几种。

（1）划线法。划线法是最常见的一种学习策略，划线能使学生快速找到和复习课文中重要的信息，有研究表明，如果学生划出课文中重要的和相关的信息，学生就能从课文中学到更多的东西。学生谨慎使用划线，并且划出他们认为重要的信息，这一点是很重要的。因此，要有针对性地对学生进行划线法的训练。此外，在划线的旁边作注释可能是一种更为有用的方法，如：圈出不知道的词、标明定义、列出观点原因或事件序号以及画箭头表明关系等。

（2）做笔记。记笔记是阅读和听讲中用得较为普遍的精加工策略。俗话说：好记性不如烂笔头，心不及墨。研究表明，学生借助笔记既可以有效地控制自己的认知加工过程，维持学习注意和兴趣，又有助于概括新的知识和建立新旧知识之间的联系。维特罗克等人以小学生为被试做了写概括语的研究，结果发现，学生在学习过程中，材料中附加扼要的概括词尤其是要求自己写出概括材料的要点促进了他们对材料的理解。由此可见，记笔记有助于学习者从外部控制转向自我内部控制。①

3. 组织策略

组织策略是对将经过精加工提炼出来的知识点加以构造，形成知识结

---

① 周全生. 做笔记的价值与意义研究[J]. 常州工程职业技术学院学报，2007(4)：102—105.

构的更高水平的信息加工策略。温斯坦和梅耶提出两种有用的组织策略:列提纲和归类整理。这两种策略能帮学生分析课文的结构,使材料变得更有系统性、组织性、形象性,结构更明确,脉络更清晰,使记忆材料的内容简化、精练化,从而使他们更好地把握材料,形成知识的结构网络,以提高认知结构的清晰性和可利用性。下面就分别对这两种学习策略作一介绍。

(1)归类整理。将所学新信息进行归类整理,形成内在的结构组织,以便于记忆。由于归类有多种不同的维度,其方式、方法的运用也是各式各样的,通常有相似归类、对比归类、从属归类以及递进归类等四种归类方法。

(2)列提纲。列提纲是以简要而关键的语词写下主要和次要的观点,也就是以金字塔的形式组织材料的要点, 每一具体的细节都包含在高一级水平的类别之下,以此对材料进行简化。提纲一般是材料中的精华部分,它可以减轻记忆负担,提高记忆效率。如美国记忆专家曾举例说明如何用字头概括法记住北美五大湖。他说可以想象为湖面上浮着几幢房子——HOMES。因为北美五大湖包括 Huron(休伦湖)、Ontario(安大略湖)、Michigan(密执安湖)、Erie(伊利湖)、Superior(苏必利尔湖), 取其第一个字母即可组合为HOMES。在教列提纲技能时,教师可先向学生传授如何列提纲的技巧,再要求学生独立列出提纲,最后教师提供自己事先列好的"样板"提纲以供学生参考对照,通过对比分析,说明学生的提纲哪些地方不如样板好以及如何改进。

以上是几种常用的学习策略,在实际学习过程中,学生可根据具体的学习目标任务及自身的情况灵活加以运用。

三、学习策略的获得与发展

在讨论"学习策略的获得与发展"这个问题之前,我们先来分析一下学习策略的结构,了解一个完整的学习策略系统都是由哪些因素构成的。然后再来看看影响学生完整学习策略获得的因素及其发展阶段。

(一)学习策略的结构[①]

学习策略是学习的执行监控系统。作为一个系统,它必须使其内部的各

① 蒯超英. 学习策略[M]. 武汉:湖北教育出版社,1999:45—47.

个因素形成一定的结构，才能在具体的学习情境中产生作用。

1. 学习策略系统的总体结构

学习策略作为一个学习的执行监控系统，它是由学习方法、学习的调节和控制、元认知等三个层面的要素组成的。其中，学习方法是学习策略的知识和技能基础，元认知是学习策略的核心，学习的调节和控制是学习方法和元认知的“中介”环节。学习策略系统的总体结构是：元认知系统接受了学习者、学习任务、学习方法（指学习者已经掌握的）等信息输入后，通过学习的调节和控制系统，使用学习方法执行学习，在学习活动进行期间，对学习的进程进行连续的调节和控制。

2. 学习的调节和控制系统的内部结构

学习的调节和控制系统是学习策略系统的一个子系统，它在学习策略系统中处于一个“中介”的地位。它既表示了学习者使用学习方法的学习行为，又表现出元认知的具体内容，起到了沟通学习策略系统内外各要素的桥梁作用。学习的调节和控制系统不直接作用于信息，是在元认知的作用下，调节和控制学习过程和学习方法以及伴随学习活动而产生的心理倾向等。同时，某种程度上该系统又受到学习方法的影响和制约，并反作用于元认知。学习的调节和控制系统的内部结构如图 8-2 所示。

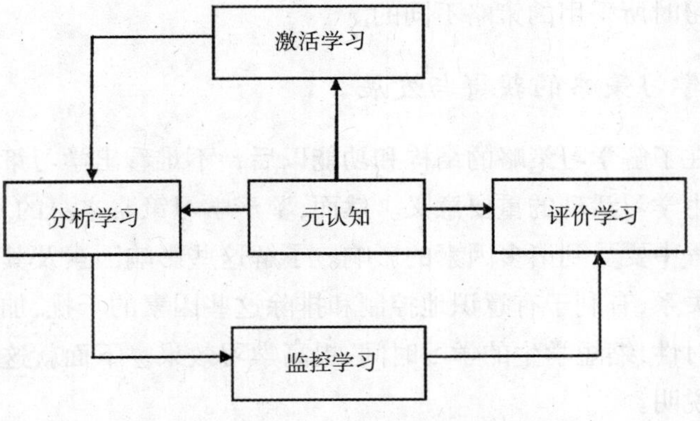

图 8-2　学习的调节和控制系统的内部结构示意图

3. 元认知结构

元认知是学习策略中的动力系统，是学习策略中最活跃的成分，它集中反映了学习策略的本质属性。关于元认知的结构，我们采用 Bowkowski 等人的提法如图 8-3 所示。

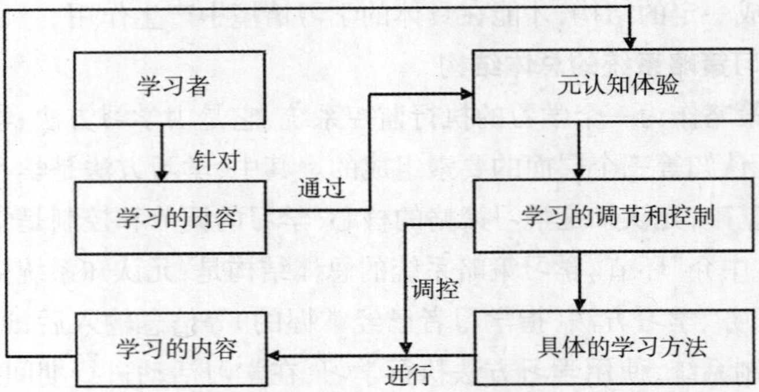

图 8-3 学习策略在学习过程中的作用的一般模式示意图

4. 学习策略的功能

学习策略是在学习的环境中产生作用的，它的功能是学习的执行监控。在具体的学习过程中，学习策略是通过怎样的交互作用，对学习进行执行监控的呢？可用图 8-3 所示的学习策略在学习过程中的作用的一般模式来说明。

值得注意的是如图所示的是学习策略在学习过程中的作用的一般模式，仅仅是对一般的学习而言的。对于具体的学习，实际的学习策略作用模式会因所学的知识（即学习内容）的性质不同和其它学习变量的变化而有所变化。例如，学生在对物理知识进行的学习时所用的学习策略，是与进行化学知识学习时所采用的策略不同的。

（二）学习策略的获得与发展

我们在了解学习策略的结构和功能以后，不难看出学习策略的获得与运用对学生学习活动的重要意义。然而，鉴于学习策略本身的复杂性，在其获得的过程中要受到诸多因素的影响。了解这些影响因素及其与学习策略间的相互关系，有利于有意识地控制和排除这些因素的干扰，加强学习策略训练的针对性，缩短学生的学习时间、提高学习效果。下面就这些影响因素分别予以说明。

1. 影响学习策略获得与发展的因素

就目前的研究来看，学者们对影响学习策略获得和运用的因素有不同的观点，这些观点概括起来主要有两种。一些学者认为应从影响学习者学习的内外部条件来分，即把影响学习策略获得的因素分为内部因素和外部因素；也有一些学者主张从智力与非智力因素两个维度来分析影响学习策略获得的因素。本章采用前一种分法,把影响学习策略获得与运用的因素分为两个方面:一是学习者内在的因素(也称主观因素),二是学习者外在的因素(也称客观因素)。其中内在因素包括学生的年龄特征、智力水平、学习归因方式、自我效能及动机,外部因素包括学习材料的难度、教师因素、学校背景及家庭背景。下面就逐一介绍这些影响因素。

内部因素包括以下几个方面。第一,学习者的年龄特征角度。不同年龄阶段的儿童,学习策略的自发掌握情况不尽相同。研究表明,学生对学习策略的掌握和运用水平随年龄的增加而增加;儿童对学习策略的自发掌握按年龄的发展分为三个不同的时期:学前期、小学期和高中期。①处于学前期,儿童尚不能自发地掌握学习策略,即使自发地使用了某种策略,常常也是无意识的。如果教师能给予学生策略运用的清晰指导,则有助于他们对策略的运用。初、高中时期的学生,在自己熟悉的知识领域,可以自发地形成策略,自觉地运用适当的策略改进自己的学习,并能根据任务的需要来调整策略。此外,策略的复杂程度不同,形成策略的年龄阶段也有差异,越是比较复杂的策略,形成的年龄越晚。如果进行适当的教学训练,学生可以提前获得相应的学习策略。

第二,智力水平的角度。学生的智力水平在很大程度上影响着他们对学习策略的获得和运用,进而影响他们的学习成绩。实验表明,通常情况下,智力水平明显低下的学生往往倾向使用单一而机械的学习策略,而智力水平较高的学生则能自发获得较为有效的学习策略。学习策略的教学训练表明,智力发展优秀的学生,自发形成了一套行之有效的学习策略。智力发展中等的学生,往往是在教师明确、具体的提示下,才能获得学习策略。而智力发展较差的学生,不仅需教师的具体帮助、明确的讲解,常常还需要反复练习才能习得学习策略,而一旦任务内容、情景有变化,就不知道如何选用相应的学习策略。因此,教师在对学生进行学习策略的训练时要充分注意学生的智力差异,应针对智力的差异,采取不同的训练方式,并且训练的侧重点也应有所不同。

第三,学习者的学习归因方式。所谓归因,是指人们对自己和他人行为产生的原因所作的解释和推论。个体的归因方式对他们的学习工作有着重要的影响。一般来说,学生的归因有两种方式:内部归因和外部归因。研究表明,学习归因方式对学生学习策略的掌握和运用有着较大的影响。凡是倾向

① 刘电芝.学习策略研究[M].北京:人民教育出版社,1999:284—285.

于内部归因(把取得好成绩看成是自己有能力及努力的结果)的学生,其学习策略水平通常都很高;而那些倾向于外部归因(将学业成功看成是“运气好”或将失败看成是“任务难”)的学生通常学习策略水平都很低。因此,教师要采用多种方法引导学生正确归因,消除其不恰当的归因,形成积极的归因方式,以促使其学习策略的掌握和运用。

第四,学习者学习动机的角度。有关学习策略的研究表明,通常学生在具备一定学习策略知识的情况下,并不能改进他们的学习。只有当外来的指导被学生接受并改变他们的信息加工过程时,才能改进学习。而且策略性知识必须通过大量的练习才能作为一种概括化的策略能力迁移到与原先学习任务不同的任务中去。这样的学习没有学生强烈的要求改进自己的认知加工过程的愿望(即学习的动机)是难以奏效的。动机强的学生倾向于经常使用他们习得的策略,动机弱的学生对策略的使用不敏感。

第五,学习者的自我效能感角度。自我效能感是指人们对自己能够在何种水平上成功完成某种任务的能力的信念。它影响着人们对活动的选择、面临困难任务时付出的努力及行为的坚持性。Pintrich 等(1990)年研究证明,[①] 自我效能的高低对策略掌握有影响,高自我效能会促进策略的习得和掌握。因而,在学习策略的训练中,要对学生相应学习策略使用的自我效能进行测量,对自我效能低的学生在策略训练中应注意对其进行自我效能训练,以提高自我效能水平,促进策略的习得和掌握。

外部因素包括如下方面。第一,学习材料方面。学习材料的难度影响着学生对学习策略的使用。研究表明,当学习材料的难度太大,学生对学习材料完全或基本上很陌生时,无论是生成表象策略还是问答策略都不会有助于记忆成绩的提高;反之,当学生对所学材料非常熟悉时也不利于形成好的学习策略,达到最佳的学习效果。只有学习材料难度对学生比较合适时,生成表象,问答及其他精加工策略才会对记忆发挥其最佳的促进效果。此外,有实验表明,学习材料的性质特别是材料的联想程度会影响学习策略的使用效果。

第二,教师的角度。迈克卡等人认为,尽管有些学生自己能够获得和使用有效的学习策略,但多数学生并不能做到这一点,因此在教学过程中需要教师教学生如何运用学习策略。可以说,学生对学习策略的掌握和运用在某种

① Pintrich P R. Multiple goals, multiple pathways: The lole of goal onientation in sey-regulated learning and achievement[J]. Jounnal of Educalional Psychology. 2000, 92: 544-555.

程度上受到教师因素的影响，特别是教师的策略教学经验和他们对教学方法的恰当运用。教师的策略教学经验对学生掌握学习策略起着至关重要的作用。教师丰富的策略教学经验，能促进或加速学生获得和运用学习策略。

第三，学校环境。学校教育对学生学习策略的发展水平有着一定的影响。实验证明，学生的元记忆发展水平主要与其所处和教育环境和所受的教育程度有关，宽松、开放、民主的校园环境有利于学生获得更多更好的学习策略。反之，获得的策略就会越少，水平也会越低。因此，学校要努力为学生创造良好的，有利于其学习策略发展的教育环境，以促使各年龄段学生的学习策略水平得到有效的提高。

第四，家庭因素。除了以上所说的影响学习者策略获得的因素以外，家庭环境也是影响学生学习策略获得和运用的一个重要因素。研究发现，学习上遇到障碍的学生，常常出身于父母不向儿童解释或讨论事件的家庭。在这样的家庭中，儿童学不到解决问题的策略或方法，思维得不到训练。因此，家长的教养方式影响儿童思维策略的获得。不同的家庭背景对学生采用什么方法去学习有一定的影响。研究表明，儿童使用的方法策略与家长受教育程度有关。深层策略与家长受过至少中学教育有关，而表面策略与家长只有小学以及以下的文化程度有关。

综上所述，学生对学习策略的成功掌握既受到学生内在因素的影响，又受到外在因素的制约。内在因素影响学生学习策略掌握和运用水平的发展，外在因素则影响其内隐学习策略外显化的进程。内在因素与外在因素交互作用，共同促进学生学习策略水平的提高。

2. 学习策略的获得与发展

关于学习策略的形成与发展研究主要集中在学习策略发展阶段特征、年龄特征和水平特征上。奈斯伯特和舒克史密斯提出认知策略的形成要经过自觉性行为、低水平的自动化行为、主动的有意识的扩展性行为和高水平的自动化行为四个阶段。心理学家 Miller 从策略运用的生成缺陷和策略运用缺陷存在的实验事实出发，认为策略运用缺陷现象是普遍存在的，是儿童策略发展过程中的必要一环，策略的发展可以分为四个阶段：[①]第一阶段为无策略阶段，儿童根本不会使用策略，它包括两种情形的使用，一是自发使

① 葛明贵. 学校创造学习与教育[M]. 合肥：安徽大学出版社，2006：110—111.

用策略,二是在他人要求或暗示下使用某一策略;第二阶段为部分使用或使用策略的某一变式,即有些场合儿童会使用策略,有些场合儿童又不会;第三阶段为完全使用但不受益阶段,儿童能够在各种场合使用某一策略,但策略的使用并没有提高成绩,这一阶段的典型特点是出现策略运用缺陷现象;第四阶段为使用且受益阶段,儿童使用策略并且这一策略的使用还会导致成绩和策略有效性的提高。不同年龄阶段策略的运用存在差异。有研究发现,在获得策略的早期阶段,儿童多使用单一策略,当儿童的作业从非技能性向技能性过渡时,策略运用的多重性表现得特别明显。此外,不同水平的学生在拥有和使用策略上也存在差异,低水平学习者由于缺乏丰富的相关经验,难以获得以及使用高级的、复杂的策略,中高水平的学习者容易获得并从高水平的策略中受益。不同水平的学习者在学习策略使用的数量、频率和质量上均有差异的根源在于使用策略的恰当性,高水平的策略学习者知道何时何地以及如何使用学习策略。

第二节 学习策略教学

研究表明,学习策略与学习能力有关。学习策略的获得与改进不仅能够有效提高学生的学业成绩,促进其知识、技能的掌握,而且能直接促进学生学习能力的提高,增强其适应未来社会终身学习的生活能力。①未来社会教育的目的不再只是教给学生知识,更重要的是要教学生学会学习、学会思考,以促进自身的可持续发展。因此,学习策略的学习与教学必然成为新世纪教育教学的高级目标。但如何通过教学途径教给学生大量的学习策略方面的知识以提高他们的学习能力呢?本节我们就来探讨一下学习策略教学中的一些重点问题,如学习策略的教学模式、原则及技术等,在此基础上,进一步探讨如何将这些方法原理运用到具体的教学实践中以及学习策略的培养与创新问题。

一、关于学习策略教学的争议

探讨学习策略教学,首先应回答一个问题,是否有必要进行学习策略的专门教学?关于这个问题,学术界一直存在着截然不同的观点。为了更好地

① 桑青松. 试论策略型学习者问题解决能力的培养[J]. 课程教材教法,2002(9):34—37.

提高学生的学习策略水平，我们应该对这个问题有一个清楚的认识。

（一）学习策略是不需要进行专门教学的

在心理学界和教育界，有一些学者认为，学习策略是不需要进行专门的教学的，他们的观点主要体现在以下两个方面。

1. 属于能力范畴的学习策略是难以进行传授的

学习策略是问题解决能力的一种具体表现形式，学习者不能通过一般意义上的教学形成学习策略。虽然学习策略中的某些因素（如具体的学习方法等）是可以通过教学的形式传授给学习者的，但属于能力范畴的学习策略本身是难以进行传授的，它具有内隐性特点。学习策略是学习者个体在长期的学习过程中自然诱发出来的偶然学习结果。同样，那种使学生根据各种各样的学习情境来组织适当的学习策略的认识机制，也只能是学习者练习活动和经验（即一般知识的获得）的伴随结果。

2. 学习策略水平会随着个体的心理发展而得到不断地发展和成熟

发展心理学的研究表明，元认知的发展与个体的成熟度有很大的关系。随着个体年龄的增长，他们的学习策略也在不断地发展和成熟。随着他们利用元认知调节与控制学习和学习方法水平的提高，形成新的学习策略的能力也随之得到发展。

（二）学习策略是需要专门进行教学的

与上述观点相反，有的学者认为学习策略是需要专门进行教学的。学习过程中的学习策略的运用是在一定的规则指导下进行的，既然辨别学习、具体概念学习、定义概念学习、规则和高级规则这五类智力技能可以通过教学途径进行训练，那么学习策略也可以进行专门的教学训练。此外，学习策略虽然具有内隐性特点，但只要使用恰当的方法，如内省法、口头言语报告法等心理研究方法，可以揭示、分离学习活动中策略成分及操作程序，而这些规则是可以通过研究逐步发现的。可见学习者是可以通过适当的教学途径获取学习策略的。因此，为了提高学习者的学习策略水平，有必要进行专门的学习策略数学。

（三）折中的观点

持此观点的学者认为，学习策略的专门教学既有优点又有缺点，如格里诺认为学习策略的专门教学既有优点又有缺点。[1]其主要优点是:第一,会使那些在日常教学中学习感到困难学生的作业得到改进，特别是对那些了解很多问题但自己归纳不出这类问题所需策略的学生，在课堂上进行策略教学是理想的方式。第二,可以使学生和教师更好地鉴别问题情境的性质。其主要缺点是:第一,减慢了教学进度。第二,容易让学生养成过于机械的问题解决方式，尤其是对许多自己能发挥策略原则或能从例题中归纳出策略原则的学生来说更是如此。有研究发现,中等学生接受策略训练受益大,而优生受益不明显。

综上所述,我们应对“学习策略教学”这个问题有一个合理的认识。我们认为,目前对于学习策略的教学问题的处理,比较适当的做法是,在具体的学科教学过程中,有意识地渗透元认知知识和学习方法等内容的教学,并通过设置问题情境等方法,有意识地训练学生的学习策略,逐步形成学习策略和提高学习策略的水平。此外,还应针对不同学生的年龄差异、个性特征选择合适的教学策略,确定相应的教学模式、教学技巧,促使学生获得的策略能够迁移到不同的问题情景中。

二、学习策略的教学模式及技术

(一)学习策略的教学模式

学习策略教学是一种在原有经验的基础上,通过教师的推荐、引导,学习者主动接受、内化、应用特定策略,在具体的学习活动中体验策略的有效性,享受学习所带来的愉悦,进而生成新策略的过程。关于学习策略教学模式研究,国内外学者提出了不少见解。目前被广泛接受的主要有通用学习策略教学、学科学习策略教学以及交叉式学习策略教学三种模式。

1. 通用学习策略教学模式

通用学习策略教学模式的策略训练内容不涉及任何特定知识，它是指撇开具体的学习内容,单独开设学习策略课,训练学生学会学习的一般方法和技巧。大量的实践研究表明,开设通用学习策略课这一模式效果显著。国外较为成熟的大学生通用学习策略教学课程主要有丹塞路的学习策略指导教程和温斯坦的认知学习策略课程。

---

① 桑青松. 构建策略型学习者问题解决能力培养模式[J]. 教育理论与实践,2002.22(9):57—61.

丹塞路的学习策略指导课程是教给学生一些经认知心理学证实的学习策略和技巧。该课程由基本策略和支持策略两大类组成，基本策略包括识别材料，应用各种技术理解、保持材料及对材料的回忆与使用。支持策略是保证基本策略有效进行的各种策略，包括实现和维持基本策略操作的合适心境的方法，如处理挫折、疲劳、分心的各种技巧，控制和纠正正在进行的基本策略的各种技能。该课程的指导步骤是：激发学生对学习策略的兴趣与欲望；在教师指导下具体学习某种策略；在不同学习情境中练习策略并对练习结果进行评价，及时反馈矫正。

2. 学科学习策略教学模式

通用学习策略教学模式使学习策略的教学更加具有系统性，能够使学生将注意力更多地集中于策略本身，而不会被大量的学科知识所淹没。但由于不与专门知识结合，这种学习策略教学模式对学生知识领域的学习帮助较为有限，因此，有学者提出应当通过学科策略教学模式传授给学生大量的学习策略方面的知识。

学科学习策略教学模式主要是指学习策略技能通过学科知识这一载体，渗透到课堂教学之中，使学生在学习各种知识的同时，学习和掌握有关的学习策略知识和技能。此类模式中的学习策略训练结合特定学科内容而编制直接传授特定学科学习的方法与技巧。如专门传授语文或数学学科的学习方法与技巧中的阅读理解策略和应用题解题策略就属于这种类型，该类教学训练针对性强。

3. 交叉式学习策略教学模式

虽然学科学习策略教学模式使学习策略的教学更具有针对性，但由于学习策略与具体学科内容密切联系，学生掌握的策略对另一学科用处不大，缺乏广泛性且难以实现策略的迁移，并且需要教师全员参与，对教师的要求较高，也不是非常理想的学习策略教学模式。因此目前有学者试图克服前两种模式的不足，综其所长提出了交叉式的学习策略教学模式。该模式一般采用先独立地教通用学习策略，包括学习策略的意义、具体操作程序，然后在此基础上再与具体的学科内容结合起来，根据具体学习情境的不同，要求并提示学生把所学的策略运用于具体的知识学习中。此种教学模式吸取了以上两种模式的长处，将前两种教学模式融合在一起，在实际教学中取得了很好的教学效果。

(二)学习策略的教学技术

学习策略教学是否有效,不仅取决于教学内容,也依赖于如何教学。我们知道学习策略可以在两种教学情境下进行:一种是把它放在自然的学习情境下进行,即把它同具体学科知识的教学结合起来;另一种是把它从具体学科的教学中分离出来独立于学科教学内容,进行专门教学。那么如何在教学过程中将两者很好地结合起来以发挥其最大效用呢?我们还需要不断地完善策略教学的技术,在其教学过程中,应注意以下几点。

1. 注重元认知监控和调节训练

研究表明,在加强学习策略教学的同时注重元认知监控和调节的教学是提高学习策略教学的有效技术,元认知能意识和体验学习情境中各种变量间的关系及其变化,并导致感情活动的形成,而成熟的学习的调节与控制则能根据上述体验来监视并控制学习方法的使用,使之自始至终伴随学习过程并适合于新的情境下的学习。那么怎样才能有效提高元认知训练的效果呢?众多学者研究发现,元认知监控策略的有效教学可采取以下技术。

方法一,出声思考。当教师处在思考解决问题计划和解决问题方案时,通过语言将自己的思考过程大声地讲出来,展示给学生,以便学生能够模仿教师所要展示出来的思维过程。帕里斯卡尔等人提出的结伴问题解决法,[①]是一种十分有效的训练策略。其方法是,一个学生对另一个学生讲述解决某一问题的过程,特别是详细地描述自己的思维过程,其间同伴认真地听,注意讲述者的思维过程,并向他提出问题以使双方思维更明晰。

方法二,计划和调节。教学过程要增加学生对做学习计划和自我调节学习过程的责任感,如果学生的学习是由他人计划和监控的话,那么他就很难成为一位积极有效的自我定向的学习者。做学习计划包括:估计学习所需要的时间,组织材料,制订完成一项活动的具体时间安排表等,在这个过程中,学生学会如何思考,如何向自己提问,这样能使学生逐步形成自我控制、自我检查、自我调节的能力。

方法三,自我评价。学生对自己的学习过程或质量进行检查和评价,可以提高元认知能力。学生的自我评价可以通过自我报告和回答一系列关注思维

---

① A.S.Palinscar, D.S, Ogle, B.F.Jones, E.G.Carr & K.Ransom (1986), Teaching Reading as Thinking Alexandria VA: Association for Supervision and Curriculum Development.

过程的问题单逐步形成，直到养成自我评价习惯，当学生认识到不同学科的学习活动的相似性时，他们就开始将学习策略迁移到新的学习情境了。

2. 有效运用教学反馈

有关反馈研究的实验表明，反馈能改进学习，提高学习的效果，学习策略的反馈研究也表明，如果降低训练的速度，增加反馈，让学生知道他们所用策略的不足之处，评价训练的有效性，理解学习策略的效应，或者体会到学习策略的确改善了他们的学习，学生就更有可能把学习策略运用到更为现实的学习情境中去。有人以不同年级的学生为实验对象，研究了策略反馈在记忆方法的持续使用和迁移中的作用。结果表明，只有得到记忆方法的传授与明晰的元认知反馈（告诉他们学习改进得益于教给他们的记忆方法）的学生，保持了这种学习方法，改进了学习，并提高了在与原先有些不同的条件下的学习效果。

3. 提供足够的教学时间

学习的调节与控制是否自动化，学习方法的使用是否熟练，是学习策略得以持续使用和迁移的条件之一。为此，提供给学生足够的策略训练时间，使之达到自动化的程度是非常必要的。一些学者认为，只有当学生能够真正理解选择恰当学习方法的重要性的时候，他们才可能有策略地学习，而要做到这一点，就必须提供足够的、长期的教学时间。

有效策略教学是建立在一定的原则及条件的基础上的，学习策略的教学既受到学习策略学习特点的制约同时又要受学习者自身条件（如个性特点、发展水平等）的影响。因为无论是学习策略的教学内容的确定、教材的选择，还是教学方法的设计，都必须适应学习策略的学习特点及学习者自身的特点。下面我们就分别介绍一下有效策略教学的原则及条件。

（一）学习策略教学的原则

人们在学习过程中会使用各种不同的策略，那么究竟何种策略最有效呢？如前所述，学习策略的教学受其自身的特殊性及具体策略的适用性所制约，托马斯和罗瓦（Thomas&Rohwer，1986）提出了一套适用于学习策略教学的具体原则。

1. 特定性与生成性[①]

所谓特定性是指学习策略一定要适合学习目标和学生的类型，即通常所说的具体问题具体分析。例如，研究者发现，同样一个策略，年长和年幼的、成绩好的和成绩差的，用起来的效果就不一样。阅读时写提要对于成人来说可能是一种有效的学习方法，但对幼儿则可能相当困难。针对学习者的发展水平，你要确定哪些策略是最有用的，同时，还要考虑学习策略的层次，因此必须给学生大量的各种各样的策略，不仅有一般的策略，而且还要有非常具体的策略，比如前面所讲的划线策略。

生成性是有效使用学习策略最重要的原则之一，是指在学习过程中要利用学习策略对学习的材料进行重新加工，产生某种新的东西。这就要求学习者进行高度的心理加工。要想使一种学习策略有效，这种心理加工是必不可少的。生成性程度高的策略有写内容提要、提问、列提纲、图解要点之间的关系、向同伴讲授课的内容要求。生成性程度低的策略有不加区分的划线、不抓要点的记录、不抓重要信息的肤浅的提要等，这些方法对学习都是无益的。

2. 分解性与过程性

所谓分解性就是把完成一个学习任务的完整思维过程分解为几个阶段，然后再总结出每个阶段上的高效策略。例如，作文过程可以分为审题、构思、行文、修改 4 个阶段等。在这些学习中，每个阶段都有一些高效的学习策略，帮助学生把这些高效的学习策略总结出来，是实现学习策略学科化的关键。

所谓过程性就是让学生有机会体验自己的学习过程，并与教师所呈现的学习策略加以比较，有意识地改进和优化自己的学习策略。研究表明，如果学生不能体验或意识不到自己原先策略的不足之处，就很难接受学习策略，那么学习策略的训练将是盲目的，不自觉的，效果也不会好。具体的办法是讲新策略之前，先让学生独立地完成某个学习任务，然后总结自己用的是什么方法，最后再由教师讲出新策略，不可在学生没有自我体验之前，教师就讲出新策略。

3. 迁移性

研究表明，策略性知识也会具有惰性，成为僵死的知识，所以，在学习策略教学中，必须“为迁移而教”，必须做到条件化、熟练化。在教给学生学习策略的同时，要向学生指明学习策略的使用条件，不能把条件限得过死，要考

① 张大均：教育心理学[M].北京：人民教育出版社，2003：281.

虑策略性知识在尽可能广泛的条件中运用。要给学生提供一般策略在学科中运用的实例,并启发学生思考如何将一般策略运用于各门学科之中,进而达到灵活熟练的程度。

4. 有效的监控

教学生何时、何地与为何使用策略似乎非常重要。尽管这是显而易见的,但教师却常常忽视这一点,这可能是因为他们没有意识到其重要性,也可能是因为他们认为学生自己能行。我们要知道,如果交待清楚何时何地与为何使用一个策略,那么我们就更有可能记住和应用它。有效监控的原则仅仅意味着学生应当知道何时、如何应用他们的学习策略以及当这些策略正在运用时能将它说出来。

5. 个人效能感

日常学习活动中,我们大多数人可能都见过这样一种现象:通常当学生掌握了一定的学习策略时,他们仍然不能取得好成绩。这是因为即使学生知道何时与如何使用策略,但是如果他们不愿意使用这些策略,他们的一般的学习能力是不会得到提高的。那些能有效使用策略的人相信使用策略会影响他们的成绩,教师一定要给学生一些机会使他们感觉到策略的功效。有些策略训练课程必须包括动机训练,让学生意识到"一分耕耘一分收获"。教师要树立这样一种意识:在学生学习某材料时,要不断向学生提问和测查,并且根据这些评价给学生定成绩,如此促进学生使用学习策略,并感觉到学习策略,学习就会有所收获。

(二)学习策略教学的条件

策略的学习不同于一般知识的学习。如前所述,它既受其自身规律特点的制约,同时又受策略学习者一系列条件的影响。下面我们就在了解策略教学原则的基础上来分析一下有效策略教学的条件,具体表现为以下几点。

1. 原有知识背景[①]

从信息加工过程的理论来看,策略对整个信息加工过程起调控作用。应用策略的目的是提高信息加工的效率。策略的应用总是随着个体对他所加工的信息不同而发生变化。策略的学习和运用离不开被加工的信息本身,如

① 卢家楣.学习心理与教学[M].上海:上海教育出版社,2000:66.

在记忆领域研究最多的复述策略、精加工策略和组织策略。这三种策略中的每一种策略都有它最适宜应用的范围。复述策略宜在系列学习中使用，精加工策略宜在配对联想中应用。例如，外语单词的记忆实际上是一种配对联想学习形式，所以宜采用精加工策略学习。组织策略宜在自由回忆的学习中应用。在组织策略中，有一种对信息分类学习和记忆的策略。研究表明，如果用分类典型的项目让儿童记忆，儿童能应用分类组织策略识记和回忆。若项目不典型，儿童不熟悉，他们不能采用分类学习与记忆的策略。这表明，策略的应用离不开被加工的信息本身。儿童在某一领域的知识越是丰富，他越能应用适当的加工策略。

2. 自我效能感与学习动机水平

在策略教学中，首先要使学生体会到运用较好的学习策略，能提高学习效率。也就是说，要使他将学习的改进归因于采取了较好的策略。这种认知反过来会推动他们去运用策略。一般来说，学习策略的低水平与自我效能感的低水平是并存的。教学要改变学生低水平的学习策略，就要同时改变他们不良的归因倾向。此外，学习策略的学习属于高层次的认知学习，它不仅要求学生掌握运用学习策略的技能技巧，而且还要求学生具有运用学习策略的意愿，即学习的策略的动机问题。现代认知心理学研究发现，“认知和元认知策略的知识往往不足以提高学生的学业成绩，他们还必须具有使用这些策略的同时调节他们认知与努力的动机”（Pintrich，DeGroot，1990）。[①]学生的动机决定他们选择什么样的学习策略，并决定他们使用这些策略的效果。因此，教师在学习策略的教学过程中要注重激发学生的学习动机水平，促使他们积极运用好的学习策略以提高学习效率。

3. 元认知发展水平

通常儿童先有认知发展，而后才有元认知的发展。由于儿童的自我意识发展水平较低，他们运用元认知监控和调节自己认知活动就比较困难，这在一定程度上限制和阻碍着儿童策略学习的效果。研究发现，儿童即使接受了有关阅读策略的训练，但其对所训练的策略仍然很难达到监控和调节的水平。

4. 练习的一致与变化

学习策略从陈述性知识向程序性知识转化，最重要的就是教师要精心

① Pintrich，P R，&DeGroot，E.V.（1990）.Motivational and self-regulated learning components of classroom academic penformance，Journal of Educational Psychology，82，33-40.

设计相似情境和不同情境的练习。例如,学生要掌握“抓住事物特点来描写”这一写作策略,从杨柳的“写具体”练习到槐树的“写具体”练习,是相似情境的练习。从写景物(树)的特点到写动物的特点,甚至在事情的发展过程中写动物的特点,则是不同情境的练习。练习必须具有连续性,没有连续性,学习者无所适从,认知图式不能形成,但练习必须有变化,只有经过在变化的情境中的练习,认知图式才能深化,策略才能灵活应用。

5. 外显的可操作技术

个人使用的学习策略是内在的,但是它可以从他的认知行为中等到反映。反之,如果我们有一套具体可操作的技术来控制学习者的认知行为。那么我们就有可能培养学生良好的认知或学习习惯,进而培养他们的学习策略。例如,有关四年级学生四则运算的实验研究发现,学生常犯的错误有四种类型:疏忽、不理解、混淆及错格和其他非智力型错误。在矫正时他们创造了一种可以操作的程序。这套操作程序被概括为:一找,即找到并用线画出差错在何处以及何因;二标,即用符号标出错误类型,如疏忽错误用“？”标出,不理解型错误用“?”标出;三订正,即针对错误类型提出具体订正方法。采用这套纠正差错的技术后,学生的错误行为被一套适当的程序所控制,既便学生操作.也便于教师检查。实践表明,该套程序使实验班学生的计算差错率显著减少。

四、学习策略的创新与培养

“创新是一个民族进步的灵魂,是一个国家兴旺发达的不竭动力。”因此,培养学生的创新精神显得尤为重要,本节我们就围绕学习策略与创新学习、创新学习策略及培养途径这三个方面谈谈教师该如何引导学生进行创新学习。

(一)学习策略与创新学习

培养学生的创新素质,从心理学层面上说,学生学习策略的获得与改进是培养学生创新素质的核心。①

1. 学习策略的获得有助于培养学生的创新精神

学习策略属于策略性知识,它具有内隐性的特点。掌握一种策略,须经历一个内化过程,将这种策略由外在的东西变为自身学习能力的一个组成

① 张向葵等. 学习策略的获得与学生创新素质的培养[J]. 现代中小学教育,2001(6):44—46.

部分。任何一种内化都是在主体的自我实践中实现的,学习策略的获得与改进就是一个内化过程,因而也只能在学习者的自主的学习活动中才能实现。从总体上说,学生运用学习策略获取知识的过程是一个主动探究、主动发现的过程。这种探究与发现所获得的东西,对于学生来说,从个体发展的角度就是一种创新,个体就是在不断发现的积累中走向成熟的。

创新精神主要是指一个人的创新意识和创新个性。它不同于某种单纯的创造技巧或创造方法,它更多体现的是一个人的个性倾向。某一创造技巧或创造方法可以通过专门训练课的形式让学生在较短时间内掌握,但是一个人的创新精神却不可能在短短的几节课就能获得。学生的创新精神是在长期的学习实践中逐步形成的,而这种教学实践的最突出特点就是学生的主体地位和主体性。在这一点上,学习策略的获得与改进与创新精神上的培养存在着本质上的一致性。教师在结合学科教学向学生传授学习策略的过程中,一定要重视学生的独立性、主动性以及积极性的培养,这些都是创新个性中的重要因素。

2. 学习策略的获得有助于培养学生的创新能力

创造性想象和创造性思维是创新能力的两个主要支柱。学习策略的获得与改进既有助于培养学生的创造性想象,又有助于培养学生的创造性思维。具体表现如下:

(1)学习策略的获得有助于培养学生的创造性想象。创造性想象是指不依据言语、文字描述和图形示例独立地创造出新形象的过程。创造性想象是学生进行创造性学习和创造性活动的必要条件。如精加工策略中的人为联想策略对于培养学生的创造性想象就具有十分重要的作用。

人为联想策略是指当学习材料本身没有意义或意义性不强时,学习者可以展开联想,人为地赋予其意义,以便于自己记忆与提取。人为联想策略的结果必须有鲜明的形象性,因此,在运用人为联想策略的过程中,学生的想像力会得到训练。人为联想策略主要有形象联想法和谐音联想法两种。

形象联想法是使用率较高的一种人为联想策略。如可以借助离奇的想象,将毫无联系的材料人为地联系起来,使其成为一个新鲜而离奇的故事,从而便于记忆。例如,要记住“飞机、大树、电线、小鸟”等几个相互没有内在联系的词语,可以进行如下的联想:天空飞着一架银灰色的飞机,这架飞机突然撞到一棵顶天立地的大树上,这棵大树在倒地的过程中触到了旁边的电线,电线损坏后漏电击中了停在它上面的小鸟。实验表明,进行这样的"形象联想"既提高了学生的记忆成绩又培养了其想象能力,同时又利于学生创造能力的提高。

此外,还有一种谐音联想法。谐音联想法就是通过谐音将抽象的材料与某种意义联系起来,以帮助人们记忆。在谐音联想法中有的是通过谐音创造一个生动形象的故事。例如,有人将圆周率的值(3.14159265358979323846 26..)利用谐音编成了一首顺口溜:山巅一寺一壶酒(3.14159),尔乐苦煞吾(26535),把酒吃,酒杀尔(897932),杀不死,乐尔乐(384626)。这种谐音联想法非常有利于培养学生的创造性想象。

(2)学习策略的获得有助于培养学生的创造性思维。所谓创造性思维就是应用独特的、新颖的方式解决问题的思维活动。创造性思维是创造性活动中的思维方式,它不是某一具体的思维,而是多种思维方式(如发散思维与聚合思维、直觉思维与分析思维)的综合体。有人研究了常用的学习策略与创造性思维的具体思维方式和思维品质的关系,结果发现,学习策略与创造性思维之间存在着内在一致性,而思维则是联结这一联系的纽带。因此,学生学习策略的获得与改进,能使自身思维能力得到提高与完善,实际上也就是创新能力得到提高与完善。

(二)创新学习策略

培养与掌握创新学习的策略是进行创新学习的前提条件之一。要进行创新学习,除了须具备一般学习策略的知识以外,还需要一些适合创新学习自身特点的学习策略。在弄清了学习策略与创新学习的关系以后,本章节我们来探讨创新学习策略的概念、构成及其教学方法与培养途径的问题。

1. 创新学习策略的概念及构成

所谓创新学习是指一种让学生提出新问题、新想法、新结论,创造新事物的学习,其特点是推陈出新,而非墨守成规。[①]要进行创新学习,就必须使用创新学习策略,那么何为"创新学习策略"呢?简言之,创新学习策略是指学生在创新学习过程中所采用的学习策略的总称。凡是有利于学生进行创新学习,能提高学生创新素质的方法、手段和途径等都可以称之为创新学习策略,它

① 于世明.试论引导学生创新学习的教学方法及策略[J].辽宁教育,2002(21):65—66.

是在创新学习过程中所使用的策略及新颖独特的学习方式方法系统。①

从逻辑上讲，创新学习策略应当是在较低层次的一般学习策略基础上更高层次的学习策略系统，它是一个多层次、多维度的有机整体。通常我们是根据学习过程的进程来划分创新学习的策略系统的。模仿学习策略、发散思维策略和发现学习策略是创新学习策略和基础组成部分。另外，创新学习，作为一种积极的学习方式，它是学习者良好学习品质在学习策略方面的反映和体现。从这个角度来看，创新学习策略还应包括能体现学习者良好个性品质的学习策略，如主动学习策略、怀疑学习策略、个性化学习策略等。下面就分别介绍一下这些创新学习策略。

模仿学习策略：模仿学习策略就是在一般学习的基础上，了解前人的创新学习经历和具体经验，在自己当前的学习过程中加以应用的策略。其核心是通过模仿来体验和了解学习过程，促进学习内容的自我掌握。它可以通过"动手操作、角色扮演"等途径来实现。

发散思维策略：发散思维是创新思维的重要特征之一，其中讨论学习是学生在学习过程中培养和锻炼发散思维最常用、最熟悉的学习策略。所谓讨论学习，就是指几个学生在一起围绕某一问题展开讨论，各抒己见，从而促进其共同进步的一种学习策略。另外在教学过程中多鼓励学生从不同的角度去思考一个问题、分析某种现象也是培养学生发散思维的一种方法。

发现学习策略：发现学习是一种创新学习，它不仅具备了接受学习的所有优点，而且能够创造性地解决问题，因此又称之为创造性问题解决学习。例如科学家发明某种技术、文学家创作作品都属于创造性学习。所以教师在教学过程中要创造有利于学生积极学习的问题情境，让学生通过自己积极主动地探索，尝试着去发现问题、解决问题，从而提高其创新学习的能力。

主动学习策略：主动学习策略是体现学生"学习动机"的策略。当学生在学习过程中若具有强烈的内在学习需要，自觉地担负起学习的责任时，就会主动全身心的投入到学习活动中，开动脑筋，切实经历一个实践和创新的过程，从而达到创新学习的目的。

怀疑学习策略：怀疑学习策略是问题意识在学习活动中的体现。创新学习是一种高素质、高要求的学习活动，只有带着"问题"不断地询问"为什

---

① 葛明贵.学习创造学习心理与教育[M].合肥：安徽大学出版社，2006：122.

么”，才能发现新的知识，激发创新的潜能，才能产生新思想、新方法。在学习过程中，要善于发现新问题并尝试用新的方法去解决问题，才能促进创新能力的不断提高。

2. 创新学习策略的教学方法、步骤与培养

在阐述了创新学习策略的概念及构成以后，我们再来看看创新学习策略的教学方法、步骤与培养途径。创新学习策略的教学方法主要有：体验学习教学法、潜科学教学法、挫折演示教学法、发展问题教学法以及内容不完全教学法。①

体验学习教学法就是教师要学生们去亲身经历，模仿某种情景或剪取某个生活片断，让学生在里面担任一定的角色，就像电影演员体验生活一样地去开展他们的学习活动。此外，教师要积极地去引导学生的感情，让学生在积极的气氛中进行智力活动，实现智力因素和非智力因素在教学过程中的统一。

潜科学教学法是指教师在课堂上当面向学生展示自己探讨疑难问题或尚未定论问题的方式、方法，使学生亲自看到教师创造性思维和想象活动的实际过程。潜科学教学法的基本构想是：教师探讨问题的过程，正是教师创造性思维活动的真实写照。

挫折演示教学法的基本含义是：教师在课堂上把自己当成一名学生，模仿他们思考问题的方式和角度，有意“制造”出思维受阻的现象，并借此向学生演示在若干次挫折后，如何克服了思维上的障碍，取得成功。该法提出的主要依据是：教学中如果教师从不向学生演示解题的挫折和失败，以及如何从有限次的挫折中得到正确的思路和方法，这样学生的学习就会停留在仅仅听懂或掌握教师讲过的问题的水平上，而缺乏灵活应变的能力。这一教学方法的主要优点是可以使学生更深刻地了解解题的一般规律，有助于提高学生在学习中的应变能力。

发展问题教学法是指当学生解答了某一问题之后，教师要求学生把原问题的某一部分变化一下，编写出与原问题相关而又有区别的发展问题，并加以解答。教师不要告诉学生怎样去编，而只让学生独立思考，允许他们编出不同的发展问题。教师对这些问题进行评价，当学生解出这些共同问题后，教师要引导学生考虑和找出在解答原问题和发展问题时从各题的关系

① 于世明.试论引导学生创新学习的教学方法及策略[J]. 辽宁教育，2002(21)：65—66.

中学到什么，从而深化对问题的认识。

内容不完全教学法，就是教师在教学过程中不把教学内容全部告诉学生，而是有意识地在内容上制造一定的空白地带，让学生自己去推测和预计可能的结论。实施该法的主要目的是要提高教学过程的创造性，促使学生积极参与教学过程。运用这一教学方法时，教师要注意以下几点：第一，必须向学生提供必要的线索和信息，以便学生能够拥有合适的知识基础去填补内容不完全之处。第二，要认真把握好所留空白地带在该知识整体中的地位和作用。一般来说，教学内容中最关键和核心的部分不宜作为教学中的空白地带来处理，内容中难度特别大的部分也不宜作为空白地带来处理，以避免教学要求超出学生现有心理发展水平的现象。第三，在学生填补空白地带时，教师要善于引导他们去进行合理的推断、预测和联想，当学生的填补活动过于偏离正确内容时，教师要及时地做出纠正，让他们少走弯路。第四，简单的内容教师可让学生独立思考并填补，复杂的内容则要让学生通过集体讨论来填补。

创新策略教学应遵循的步骤有：①第一，每次只介绍少量策略。第二，在不同任务上提供分散的练习。第三，教师作为榜样。第四，向学生强调策略使用的价值。第五，个性化的反馈和教学。第六，确立迁移的时机。第七，维持学生动机。第八，鼓励习惯化的反思和计划。

创新学习策略的培养途径主要有：②第一，营造宽松和谐的课堂氛围，建立民主平等的师生关系，使学生敢创新。第二，创设丰富的教学情境，特别是创设问题情境，激发学生的兴趣和求知欲，使学生想创新。第三，留给学生思考的时间和空间，让学生自主学习、合作探究、交流互动，保障学生能创新。第四，引导学生学会观察、想象、分析、猜测、合情推理，学会有关的创造技能，使学生会创新。

第三节　学科学习策略

在一般情况下，学习者掌握和运用学科学习策略的能力是在学习中随经验的增长和积累而逐渐得到发展的。学习者通过对自己学科学习的反思

① [美]戴尔.申克著，韦小满等译：《学习理论：教育的视角》[M].南京：江苏教育出版社，2003，366—369.

② 石鸿波：让课堂充满创新活力——"新课程理念与小学课堂教学行动策略"第六部分学习指导[J].云南教育，2003(32)：32—36.

以及在学科学习过程中做出用什么方法处理新信息的决策，逐渐丰富自己拥有的学科学习策略的储备，发展灵活运用学科学习策略的能力，形成对自己学习的元认知并掌握一整套策划、启动、实施、监控、调节和评价学科学习的有用技能。与此同时，如果能对学生进行学科学习策略的教学和评价则更有助于学生成为一个专家级的有效的策略学习者。

一、中学语文学习的策略

经过小学阶段的学习，中学生已经初步掌握预习、听课、作业、复习等语文课堂学习的基本程序，形成了一定的语文学习习惯，如何在小学的基础上，提高中学生的语文学习效率呢？①

（一）发挥课堂效益，减少无用功

课堂教学是学生学习的基本形式。提高语文学习效率，首先要发挥好45分钟的课堂效益，学好“范例”，举一反三。这就要求专心听讲，力求“领悟”。所谓“领悟”，就是对老师讲课的内容通过大脑加工、思索、理解后得到了其中的精髓，把握了实质和内在规律。只有“领悟”，才能更深地记忆，才能举一反三，触类旁通。

为最大限度地提高45分钟的课堂效益，还要做到“听、看、记”同步进行。“听、看、记”同步进行，是一个人运用多种感官，从不同角度全面接受知识信息的一种综合的学习能力。“听”，就是听教师讲课；“看”，就是看教师黑板板书、挂图等教具以及自己的教科书；“记”，就是记笔记。也就是说语文课要做到边听、边看、边记，三者缺一，就会影响听课效果。笔记要记得清楚、完整。将教师讲课的板书，对重点、难点的解释和对教科书内容增补部分记下来。记笔记是对教师讲课内容的消化理解过程，同时，又为日后的复习奠定了基础。“听、看、记”三步同时进行，是多种感官协调工作的过程，有利于集中注意力，减少疲劳，激发兴趣，促进理解，是一种高效率的语文学习方法。

（二）取法于课内，获益于课外

学生将课内学到的语文知识和方法以及初步形成的能力迁移到课外，

① 王安琳.论中学语文学习策略[J].丹东师专学报，2000(2)：22—25.

从课外阅读、课外练笔、课外听说实践中汲取营养，增长见识，培养能力，这就是取法于课内，获益于课外。对于中学生来说，课外阅读涉猎的越多越广越好。只要是社会生活中接触到的各方面的情趣高尚、文笔精湛的名篇时文都可以阅读。怎样使书读的又多收效又大呢？针对不同的阅读目的采取不同的阅读方法，不外乎两种，一是速读，一是精读。通过阅读，吸收他人的经验，扩充知识，丰富情感，增加能力。中学生的记忆力处在黄金时期。这一阶段，大量背诵名言警句、古典诗词、优秀篇章，将会为今后的一生奠定丰厚的基础。多种形式的语文课外活动，如演讲、论辩、朗诵、演课本剧，办班级日报、学科小报、作文比赛、书法比赛等都将会大大促进学生听、说、读、写等语文能力的提高。

（三）形成语文认识结构，确立阶段学习主攻方向

准确判定自己在语文学习中所处的水平位置和某一阶段的主攻方向，可以避免不必要的重复劳动和无用功，从而创造积极主动的语文学习局面。这就需要掌握语文的认知结构，形成语文的知识体系。

1. 从分析语文试题内容人手，形成“结构”

大型的语文考试，命题的依据是中学语文课程标准，命题的内容则体现中学语文教学目标。而平时的考试往往是整体目标中的一个局部。从分析这些语文试题内容入手，按照读、写、听、说四大类进行分类整理、综合、归纳，最后就可以形成一个语文认识结构图了。著名特级教师魏书生把这个结构图形象地比喻成语文知识树。

2. 从看一整套语文书入手，形成“结构”

如何看一整套语文书呢？针对一整套语文书，我们要采用选读和浏览的办法。

第一步，先看课本前的编辑“说明”，了解整套书的编辑体例。目的是形成一个粗略的“结构”轮廓。第二步，看“目录”。了解每册书所安排的单元数，记叙、说明、议论三大文体在每册书中所占比例，以及与之相配合的作文训练，知识短文的内容，从而在“结构”中呈现出每册书要掌握的学习重点。第三步，浏览课文内容。这里要先看每个单元的教学要求，每篇课文的学习重点和思考、练习题，弄清要求后再浏览你认为是重点的或感兴趣的课文内容，从而获得一个浅表的理解。这一步，是为搭起的知识结构框架充实梗概内容。

二、中学英语学习的策略①

现代英语教学已经越来越重视学习者的主体作用。教会学生学习已经成为英语教学的重要内容之一。我国教育都制订的《全日制义务教育、普通高级中学英语课程标准》中已经把学习策略规定为主要课程的主要课程目的之一。本文从以下四个方面探讨中学英语学习策略。

(一)认知策略

认知策略是学生为了完成具体学习任务而采取的步骤和方法。常见的中学英语学习策略有:

1. 根据需要预习

学生可以根据教师布置的预习提纲,或课后的习题来预习;提前识记词汇;圈出重点和难点为课堂学习做好准备,有利于自学能力的培养。

2. 集中注意力

关注重点,突破难点,仔细观察,专心上课。积极培养有意注意。

3. 积极思考

针对问题,积极思维,勤于思考,积极配合老师,不能教、学脱钩,另搞一套。

4. 善记要点

不要将老师说的和写的全部抄下,择其要点而从之。

5. 借助图表等非语言信息帮助理解或表达

有些课文的语言较难理解，我们可以借助其插图或表格的直观性来理解;也可利用图表来表达自己的思想。

6. 联想学习和记忆词汇

新课程标准对词汇的要求有较大的提高:七级 2400—2500,八级 3300(学会使用),九级 4500(学会使用)。记忆词汇是令学生最感头痛的问题,因此,要善于利用联想的方法来识记词汇。第一,用词根(root)、前缀(prefix)和后缀(suffix)扩大词汇量。第二,采用多种形式的归类方法扩大词汇量。在学习词汇时,可同时学习与其相关的词,如在学习 subject 时同时学习 English, Physics, Biology, Politics 等等。

---

① 龚朝阳.中学英语学习策略初探[J].基础教育外语教学研究,2005(1):14—17.

7. 主动及时复习、归纳、整理所学内容

单靠教师课堂上的复习、归纳是不够的。学生应自己主动及时进行复习、归纳和整理所学内容。根据艾宾浩斯遗忘曲线原理,科学地利用按词汇分类后循环记忆的方法来记忆词汇,由短时记忆最终达到长时记忆,从而,对老师所讲的零散的知识点进行归纳和整理。

学习不定式作动词的宾语时,可以将只能接不定式的动词进行归纳。我们将这些动词的第一个字母提出来组成一个生造词"Merdowphal"(音译"磨豆腐哄!")。其中:m–mean(打算),manage;e–expect;r–refuse;d–dare,desire,determine,decide,demand;o–offer;w–want,wish;p–promise,pretend,plan;h–hope;a–ask,agree,arrange;1–long,learn。只接动名词作宾语的动词有:Mepsckgarfid(音译"妹不吃咖啡的")。其中:m–miss,mind,mention;e–escape,enjoy,excuse(原谅);p–prevent,practice,putoff;s–save(避免),stand,stop,suggest;c–consider,can't help;k–keep(on);g–giveup;a–admit,advise,avoid,appreciate;r–recall,report,risk,resist;f–finish,forbid,feellike;i–imagine,include,d–delay,deny,dislike。

8. 意识并改正错误

在使用英语的过程中,能自我意识到错误并进行适当的纠正。

9. 有效借助母语

必要时能有效地借助母语知识去理解英语。阅读用母语写的有关英语知识的文章,用母语的结构同英语结构进行对比,努力实现正迁移,减少负迁移。

10. 课外阅读等

中国学生在英语环境中学习英语、接触英语的机会有限,大量阅读是学生习得英语的重要途径。因此,教师要有效地指导学生养成良好的课外阅读习惯。

(二)调控策略

调控策略是指学生对学习进行计划、实施、反思、评价和调整的策略。常见的中学英语学习的调控策略有:

1. 明确学习目标

学生要明确自己所在年级的课程的目标与要求,更要熟悉教材上每一个单元的目标。

2. 明确学习需要

根据自己学习英语的不同需要，而制定不同的学习目标，采用不同的学习方法。

3. 制定学习计划

要学习好，首先要制定一个切实可行的学习计划，用以指导自己的学习。“凡事预则立，不预则废。”有了计划就有了学习目标，也就有了学习动力和努力方向。计划可分为长期计划(一年或几年)、中期计划(一个学期)和短期计划(一个月或一周)。

4. 把握主要内容

学生要把握学习的主要内容，分清主次。在课内有意识地识记该课的生词、短语、句型、重点句子，力争在课内把这节课最重要的学习内容记住，当堂消化。

5. 反思自己

能注意了解和反思自己英语学习中的进步和不足，克服缺点，发扬优点。

6. 与老师或同学交流学习体会

经常请教老师给予自己学习方法的指导，汇报自己学习过程中的心得与体会，并能经常与同学交流，虚心学习同学的长处。

7. 积极参加课外英语活动

指导学生开展丰富多彩的课外活动，拓展学生发展空间：收听外电广播(如BBC，VOA)；编辑英语小报；举行英语节目汇演，如：小品，游戏，猜谜，讲英语故事和演课本剧等；建立英语实验基地—英语角，主要活动形式有：英语会话，学唱英语歌曲，开展英语讲座等；建立学生英语阅览室；举办英语竞赛，如：单词比赛，口语比赛，阅读比赛和英语综合能力比赛等。

(三)交流策略

交流策略是学生为了争取更多的交流机会，维持交流以及提高交流效果而采取的各种策略。常见的中学英语学习的交流策略有：

1. 积极探索适合自己的学习方法

矛盾的特殊性决定千人千面。每个学生可尝试不同的学习方法，然后进行比较，找到适合自己的学习方法。

2. 用英语与他人交流

在课内外英语学习和活动中尽可能用英语与他人交流。

3. 善于抓住用英语交流的机会

克服胆怯和自卑心理，勇于开口，不怕犯错误。抓住一切可用英语交际的机会。开口就是成功的一半。

4. 注意思想表达

在交流中，把注意力集中在思想表达上，不要拘泥于语法，能交流思想感情，达到交际的目的就行。一旦意识到出错，不必立即更正，只要以后再次遇到能改正过来就是了。

5. 善于利用体态语言

美国心理学家艾伯特梅拉宾（Mehrabian）指出，人们之间信息交流的总效果，7%来自语言（文学），38%来自语调，而55%来自动作表情。在交际中，必要时借助手势或表情等体态语进行交流。

6. 善于求助

在交流中遇到困难时，能有效地寻求帮助，向他人或直接向对方求助。

7. 了解中外交流习俗的差异

由于每个民族在各自的地理环境、历史背景、风俗习惯、宗教信仰、经济生活、价值观念、心理状态等方面都存在着不同程度的差异，因而每个民族的文化都有它独特的形态和内涵。文化决定语言，语言反映文化。

在上述策略的实施中，教师要指导学生去总结，要运用教学策略去激励学生，激发学生学习兴趣，正确运用评价机制，使学生体验到成功的乐趣，这有利于学生自信心的建立。

（四）资源策略

资源策略是学生合理并有效利用各种学习渠道和信息资源来学习和运用英语的策略，包括：

1. 通过音像资料丰富自己的学习

利用收音机、磁带、CD、光盘等学习英语。

2. 利用工具书查找信息

应自备至少一本中型英汉或双解词典，学会并熟悉使用各类工具书。

3. 注意生活中和媒体中所使用的英语

收集并学习各种商品的英语名称及英语说明书；留心各种报刊杂志上的英语；注意广播、电视、电影里的英语。留心处处皆学问。

4. 利用图书馆或网络资源

经常去学校图书馆或附近公共图书馆查找自己所需资料，有条件的可利用先进的网络资源，如：利用网络进行研究性学习《pretty 和 handsome 搭配新探》。

5. 充分且巧妙利用现有资源

由于各地经济与文化的发展不平衡，无论学校还是学生的硬件、软件建设存在着很大的差异。因此，学生必须从实际出发，充分且巧妙利用现有资源。实施上述策略时，教师应该身体力行，积极引导。在教学过程中，要有意识地培养学生的学习策略。所以，教师要研究每个学生的身心特点，探索共性、注重个性、尊重差异、因材施教，使每个学生都建立起适合自己的学习策略，使他们的学习方法更加科学，学习效果更加明显。

三、中学数学学习的策略

数学学习从广义上讲，是指数学知识和数学活动经验的获得以及由此产生的行为变化的过程；从狭义上讲，是指特定的学校教育情境中，根据教学大纲和教材，学生在教师的指导下有目的、有计划、有步骤地获得数学知识，形成数学技能、培养数学能力的过程。[①]在一定数学观的透视下，依据认知心理学原理，从以下六个方面初步探讨数学学习的策略和方法。

（一）注重感知

感知是数学学习的初始条件，但是，由于数学内容的高度抽象性，往往掩盖了它们与具体内容之间的关系，从而忽视了感知在数学学习中的作用。事实上，感知是过渡到抽象概念和命题必不可少的环节。在数学学习中，教师要善于向学生提供感知对象。例如，函数概念对中学生来说是一个比较抽象的概念。学生刚开始学习时困难较大。因此，教学中可利用较充分的感知材料，可选配如下四个实例：

（1）用解析式表示匀速运动中时间 t 与路程 s 之间的关系。

（2）圆半径与圆面积 A 之间的关系。

（3）列表表示某一河中水深 h 和水量之间的关系。

---

① 林问.数学学习策略和方法[J].福建师范大学福清分校学报，2002(2)：55—58.

(4)用图像表示某一天中时刻 t 与温度 T 之间的关系。

通过四个实例的学习，要求达到以下几个目的：

(1)使学生初步掌握量和变量的概念。

(2)使学生知道，变量的取值是有一定范围的。

(3)变量之间的变化是有一定规律的。

(4)使学生明确变量之间的变化规律不仅可以用数学式子表达，还可以利用列表和图像表示。在此基础上，再学习函数的概念就不会再感到抽象难懂了。

(二)深入理解

学习数学不仅要通过感知认识事物的表面现象和外部联系，获得感性认识，而且要在感性认识的基础上，通过理解，逐步达到对事物的理性认识。要达到对知识的理解，一般要注意抓以下几点：

1. 抓要点

例如，学习“线段的垂直平分线”这一概念时，可以抓住这样几个要点：第一，它是一条直线；第二，这条直线通过线段的中点；第三，这条直线垂直于这条线段。其中，第一点指出了它“是什么图形，第二点和第三点指出了它是怎样的图形。

2. 抓对比和联系

例如，学生在学习排列和组合时，可从对比和联系中加强理解，它们的不同点在排列数 Pm^n 不仅考虑集合的元素组合，而且考虑元素的排序，而组合数 Cm^n 仅仅考虑集合的元素组合，但不考虑元素的排序，它们的联系是 $Pm^n=Cm^n n!$。

(三)盘活认知结构

数学学习过程就是数学认知过程，即新的学习内容与学生原有的数学认知结构相互作用，并形成新的认知结构的过程。这种相互作用，有同化和顺应两种基本的形式。所谓同化，就是把新学习的内容纳入到原数学认知结构中去，从而扩大原有认知结构。所谓顺应，就是当原有认知结构不能接纳新的学习内容时，必须改过原有的认知结构，适应新学习内容。数学学习就是要善于对已有信息进行充分地提取，对新信息进行合理的编码，盘活认知结构，必要地、适时地进行同化或顺应，从而掌握新知识。例如，学生学习解析几何时，由于初等几何与解析几何的区别，而要改造初等几何认知结构，通过坐标系的建立，实现形数对应，通过曲线与方程部分内容的学习后，才能逐步掌握解析几何内容。这个学习过程就是改造原有初等几何的认知结构，以顺应解析几何学习需要，并建立新的认知结构。

（四）强化记忆

数学记忆是学生对感知过的或思考过的数学知识在头脑中的反映。对于学生的数学学习来说，离开了记忆，学生的数学能力就不可能得到发展。数学学习过程中，为了强化记忆，可以采用如下的记忆方法：

1. 系统记忆方法

数学知识具有很强的系统性，内在联系非常密切，学习应有计划地将各类知识及时整理使其系统化，从而提高记忆效果。例如，关于初等几何中的三角形的知识，可以通过归类整理，提高记忆效果。

2. 概括解题模式

根据记忆的激活延展理论，当知识的掌握达到一定的广度后，就可能建立深刻印象，长久保持。比如，波利亚对一类几何作图问题的求解概括成双轨迹模式。此模式是这样的，首先把问题简化为一点，然后把条件分为两部分，使每一部分变成未知点的一条轨迹，而每一条轨迹必定是一条直线或是一个圆。中学课程中几乎所有的传统作图都可直接应用双轨迹模式。

3. 对比记忆

将一些相似的数学材料，列出它们的相同点或相异点来比较进行记忆。例如，平面与空间图形的性质，微分与积分定义、公式可通过对比加深记忆。又如，二次函数 $y=ax^2+bx+c$，可依据 a、b、c 的特征来对函数和图像的性质进行记忆。

（五）经常反思

学生的数学学习主要方式是有意义接受学习。学生在学习过程中为了达到有意义学习的目的，就必须经常进行反思。爱因斯坦也说过："发展独立思考和独立判断的一般能力，应当始终放在首位，而不应当把获得的专业知识放在首位。"在数学学习中，反思可以有以下几种方式：

（1）反思命题的条件，即命题的条件可否削弱，或者有其它等价条件、充应"的中心环节。此外,适应有狭义和广义之分,前者是指当作为有机体的人遭受心理挫折时,主体利用自我防御机制来减轻压力,恢复心理平衡的内在过程,更多表现为无意识的适应过程,作为主体没有发挥其主观能动性来改变环境;而后者则是在前者的基础上,时间位于前者之后,伴随个体心理成熟和思维水平的提高,主体能够利用自身的调节系统,充分发挥自身潜能,从而使自身的内外环境达到平衡的过程。

Admas(1972)和 Lazarus(1969,1976)认为适应是面对环境压力的应对行为及能力;Bruno(1977)认为适应是满足个体心理需求的同时,与环境维持的一种和谐关系;Arkoff(1968)则将适应定义为"个人与环境交互作用"。由于个体在不断的寻求满足自身需求的过程中,也需同时承受来自外界环境的压力。因此,个体与环境之间便需要不断的彼此适应,以求达到人与环境和谐一致的状况。皮亚杰认为,智慧的本质从生物学来说是一种适应,有机体是在不断运动变化中,通过同化和顺应与环境取得平衡的。如果机体与环境失去平衡,就需要改变行为以重建平衡。这种动态变化过程就是适应。

国内学者大都以皮亚杰的"平衡说"作为理论基础,认为适应"既可以是一种过程,也可以是一种状态。有机体通过同化和顺应两种作用取得与环境的平衡,这种平衡的状态即适应状态;个体处于平衡——不平衡——平衡的动态变化过程即适应过程"。江光荣提出"适应是个人通过不断作身心调整在现实生活环境中维持一种良好、有效的生存状态的过程。"[①]许峰认为,"人的适应主要指对社会的适应,就是个体在自己努力或外界环境的作用下,形成符合社会生活条件和满足个体需求的某种心理—行为模式的能力。"[②]贾晓波在指出皮亚杰"平衡"论缺陷的同时,认为"当外部环境发生变化时主体通过自我调节系统作能动反应,使自己的心理活动和行为方式更加符合环境变化和自身发展的要求,使主体与环境达到新的平衡的过程。"[③]

(二)适应性

据车文博主编《心理咨询百科全书》解释,适应性(adaptability)是指"个体在社会组织系统、群体或文化经济因素的变化中,其生存功能、发展和目

① 江光荣.适应和发展——人生的两大基本任务[J].华中师范大学学报(哲学社会科学版),1995(6):19—23.

② 许峰.关于人的适应性培养的社会心理分析[J].教育研究与实验,2000(6):36—40.

③ 贾晓波.心理适应的本质与机制[J].天津师范大学学报(社会科学版),2001(1):19—23.